Detlef Vetten

50 Tage lebenslänglich

Detlef Vetten

50 Tage
lebenslänglich

Bibliografische Information der Deutschen Nationalbibliothek:
Die Deutsche Nationalbibliothek verzeichnet diese Publikation in der Deutschen Nationalbiblio-
grafie; Detaillierte bibliografische Daten sind im Internet über http:/dnb.d-nb.de abrufbar.

Für Fragen und Anregungen:
Detlef.Vetten@mvg-verlag.de

1. Auflage 2011

© 2011 by mvg Verlag, ein Imprint der Münchner Verlagsgruppe, München,
Nymphenburger Straße 86
D-80636 München
Tel.: 089 651285-0
Fax: 089 652096

Redaktion: Matthias Teiting, Duisburg
Umschlaggestaltung: Nele Schütz Design, München
Satz: HJR, Jürgen Echter, Landsberg am Lech
Druck: GGP Media GmbH, Pößneck
Printed in Germany

ISBN 978-3-86882-237-3

Weitere Infos zum Thema:

www.mvg-verlag.de
Gerne übersenden wir Ihnen unser aktuelles Verlagsprogramm.

INHALT

PROLOG

Schreien.
Delirieren.
Fixiert sein.

Wegdämmern.
Vollgepumpt sein.
Aufgeben.

Manchmal, wenn draußen
Der Sturm geht,
Ächzt die Station.

Manchmal heult einer in sein Kissen.
Und das Kissen stinkt
Nach Medizin.

Es gibt einen Fernseher,
Der läuft von fünf bis zehn.
Mit Ausnahme der Sonn- und Feiertage.

Weil – da ist man ja kulant:
Am Wochenende dürfen auch die
Irren länger.

In einem vernebelten
Raucherzimmer
Wird viel unnötig gelacht.

Ein Patiententelefon
Wimmert, zehn
Menschen springen zum Gespräch.

Telefonate.
Du wirst angerufen
Und abgehängt.

Du kannst auch auf
Den Gang gehen.
Vierzig Schritte, wenn du sie weit setzt.

Vierzig Schritte, rechtsrum: Der Mann
Mit dem Bürstenschnitt und dem sanften Blick,
Er hat sie hunderttausendmal getan.

Die Anstalt ist kalt, immer kalt.
Selbst wer an der Heizung kauert,
Wird frieren

Äste, Kälte, Schnee.
Du schaust raus, und nix geht.
Du bist drin, und es ist aus.

Freiheit?
Das Wort wird
Immer fremder.

DRIN

Der Tag, an dem Herr V. eingeliefert wurde, war ungemütlich. Es hatte morgens ein wenig nass geschneit, dann war alles grau gewesen. Er hatte aus dem Fenster seiner Wohnung gesehen, einen seichten Radiosender gehört und geweint. Draußen war der Freitagsverkehr über die Leopoldstraße gerauscht, die Passanten hatten versucht, mit ihren verhuschten Bewegungen dem Winterwetter zu entfliehen. Er hatte ein Glas Wein auf ex getrunken und sich geschüttelt. Es war ein ziemlicher Fusel gewesen.

Am Tag zuvor war er auf dem Arbeitsamt gewesen. Netter Betreuer, aus Sachsen. V. hatte wieder mal eine Frist übersehen, so leid es dem Amt tue, er habe keinen Anspruch mehr. Vielleicht sollte er die Formulare noch einmal ausfüllen, hatte der nette Sachse gemeint. Dann war V. wieder auf die Straße gegangen, hatte den letzten Stolz über Bord geworfen und war in Richtung der nächsten Bierbude abgebogen.

Langer, ermattender, die Trunkenheit verstärkender Heimweg durch die Stadt. In der eigenen Butze angekommen, hatte sich Herr V. endgültig abgeschossen.

Rheinhessen, lieblich.

Aufgewacht, Wein auf ex, die falsche Musik im Radio.

Im fünften Stockwerk. Die Balkontür aufmachen. Zwei Schritte. Über die Brüstung steigen. Alles ganz einfach.

Er hatte sich nicht getraut. Einen Freund angerufen. Der hatte den Arzt und die Polizei alarmiert. Dann waren sie bei ihm gewesen. Notarzt. Zwei Polizisten. Sanitäter, zwei an der Zahl. Einer von der Feuerwehr. Hatten in seinem Apartment gestanden und Herrn V. beguckt. Einen körperlich intakten, wenngleich sehr betrunkenen 50-jährigen Mann, der in Tränen aufgelöst war. Der versuchte, sein Unglück zu beschreiben: Frau weg, Kinder weg, Job weg, Krach mit der Freundin, das ganze Scheiß-Leben.

Er saß auf seinem ungemachten Bett. Die Polizistin hatte sich vor ihm niedergekniet – er trug nur verschlissene Boxershorts, und ihr Gesicht war von seinem unerregten, seit zwei Tagen nicht mehr gewaschenen Geschlecht eine Handbreit entfernt –, und sie hatte ihm zugehört, während der Kollege aufgepasst hatte. Dann hatte sie ihn gebeten, ein paar Sachen einzupacken, und man war im Lift ins Erdgeschoss gefahren. Es war ihm ziemlich egal gewesen. Er war betrunken genug gewesen, alles mitzumachen. Sie hatten Herrn V. in den Notarztwagen gesetzt und angeschnallt, die Tür war zugeschoben worden.

Leopoldstraße. Mittlerer Ring. Autobahnzubringer. Hinter Riem nach rechts. Eine Ortschaft. Ein paar Kurven, eine Unterführung. Langsamer. Durchs kleine Fenster waren höhere Gebäude zu sehen. Eine kurze Auffahrt. Stopp. Die Tür wurde aufgeschoben. Man hatte ihn losgeschnallt, er war aus dem Wagen getaumelt.

Herr V. war durch die automatische Tür gelotst worden, in einem Lift in den zweiten Stock gefahren, ausgestiegen, hatte ein Schließsystem passiert, man hatte ihn an einem verglasten Büro, einem Trimmrad vorbei durch einen – ihm endlos vorkommenden – Gang, ein paar seltsame Menschen passierend, zu einem Büro geführt, in dem ein Radio die gleiche Musik dudelte, die er in seinem Zimmer hatte laufen lassen. Man hatte ihn auf einen Stuhl gesetzt und ihm ein paar Fragen gestellt. Wie viel Alkohol? Seit wann? Warum? Wie er sich fühle? Er hatte blasen müssen. Er war sehr müde gewesen.

Ihn hatte das alles nicht interessiert. Man hatte ihn später in einen Schlafraum geführt und ihm ein Bett zugewiesen. Er hatte sich niedergelegt und um sich geblickt. Es hatte immer noch geschneit.

Ein grauenvoller Raum. Acht Betten plus eines für Intensivfälle. Schlafende, röchelnde, hässliche, stinkende Männer. Dauerlicht, das auch nicht gelöscht wird, als es später draußen Nacht wird. Das ist der Zeitpunkt, als Herr V. langsam realisiert: Ich bin drin.

Aber noch weiß er nicht, was das bedeutet. Noch schützt ihn der Alkohol. 2,4 Promille.

JULIANE KAUFT EIN

Zwei Stunden nach Herrn V. schon wieder ein Neuzugang. Eine Frau diesmal. Sehr betrunken. Der teure knöchellange Steppmantel ist auf einer Seite mit Erde verdreckt. Die Frau, älter als 60 wohl, hält sich nur mühsam auf den Beinen, wird von zwei Sanitätern gestützt. Aber sie zetert und wütet. Ihre Stimme ist stark und grell. Der Klang erfüllt die ganze Station.

Wäre sie nicht so betrunken, sie wäre eine aparte Person. Schlank ist sie, wohl vor Kurzem beim Friseur gewesen. Der hat ihr einen schicken frischen Schnitt in ihr kurzes blondes Haar gezaubert. Die Fingernägel sind penibel lachsrosa lackiert. Juliane Le Viseur trägt Designer-Jeans und unter dem roten Mantel einen gelben Kaschmirpullover. Die Stiefel hat sie aus der Maximilianstraße. Als sie sitzt, gibt ihr einer der Sanitäter eine Handtasche zurück, die mit Sicherheit ein kleines Vermögen gekostet hat.

Jetzt ist alles ein wenig angegriffen. Die Tasche hat bei dem Sturz ein paar Kratzer abbekommen und starrt vor Dreck. Mit den Stiefeln ist sie vor ein paar Stunden noch bis zu den Knöcheln durch den Isarschlamm gestapft – das sieht man auch. Die Haare sind verstrubbelt, das Make-up ist verlaufen. Sie hat ein wenig ins Höschen gemacht – die Dame riecht nicht mehr ausschließlich nach teurem Parfum.

Die Pfleger blicken auf die schreiende, schimpfende Trinkerin, dann sehen sie sich an. Das wird ein gutes Stück Arbeit, soll das wohl heißen.

»Würden Sie da bitte reinblasen?«, sagt der eine und reicht der Frau ein Gerät von der Größe einer überdimensionierten

Fernbedienung mit einem simplen Display. An einem Ende ist ein Mundstück angebracht. »Bitte, Sie kennen das ja.«

Sie will nicht. Dann müsse man sie fixieren und ihr solchermaßen etwas Blut abnehmen. Sie fügt sich und führt das Mundstück an die Lippen. Bläst hinein, nichts tut sich.

»Sie müssen sich schon ein bisserl Mühe geben. Probieren Sie es noch einmal.«

Juliane Le Viseur plagt sich. Irgendwann piept das Gerät endlich. Sie darf aufhören. Pflicht erfüllt. Da ist man schon ein wenig stolz. Sie lehnt sich auf dem Hocker zurück und atmet schwer. »Jetzt will ich aber heim«, japst sie. Der Pfleger, der ihr das Gerät aus der Hand genommen hat, schüttelt nachsichtig und kaum merklich den Kopf, während er das Display fixiert. Dann entfährt ihm ein »Uih!«.

Er reicht das Gerät seinem Kollegen. Der schaut drauf, blickt die Trinkerin an und fragt: »Wissen Sie, wie viel Sie haben?« Sie schüttelt den Kopf. »4,2. Dabei haben Sie jetzt seit eineinhalb Stunden keinen Alkohol mehr zu sich genommen. Das waren ja fast 4,5. Frau Le Viseur, das ist ganz schön viel.«

Jetzt fängt sie an zu schreien. Eine Unverschämtheit sei das. »Ihr wollt mich fertigmachen. Ein paar Piccolo habe ich gehabt, und vielleicht ein, zwei Cognac. Ihr wollt mich doch nur einsperren. Aber nicht mit mir – ich will mit meinem Anwalt telefonieren. Der holt mich hier ganz schnell raus. Und dann kümmert er sich um euch. Eure Namen will ich wissen, sofort.«

»Beruhigen Sie sich erst mal, Frau Le Viseur. Wenn Sie den Wert nicht glauben, dann machen wir den Test mit einem anderen Gerät noch einmal. Und natürlich können Sie mit Ihrem Anwalt telefonieren. Aber nicht mehr heute Abend, nicht in Ihrem Zustand. Gleich kommt die Ärztin, die wird

Ihnen das Gleiche sagen. Seien Sie bitte vernünftig, wir wollen Ihnen nur helfen.«

»Ich will nach Hause. Sofort. Auf der Stelle. Versteht ihr, auf der Stelle! Ich habe niemandem was getan.«

»Sie sind krank, Sie brauchen Hilfe. Ach, da kommt ja die Frau Doktor.«

Die Ärztin ist noch jung, 30 vielleicht. Spindeldürr, der weiße Kittel schlackert an ihrem Körper. Sie nimmt das Formular, das die Pfleger angelegt haben.

»Ah, Frau Le Viseur, wie geht es Ihnen?«

»Mir geht es gut. Ich will nach Hause, Frau Doktor.« Die Patientin hat ihre Stimme zurückgenommen, was das Lallen verstärkt. »Es ist alles in Ordnung. Ich möchte nur ein Taxi bestellen und heim. Ich habe ein großes Haus in Grünwald, ich habe Geld, ich muss morgen auf die Bank.«

»Aber Frau Le Viseur, morgen ist Samstag, da haben die Banken zu.«

Jetzt gellt die Stimme wieder. »Das ist doch ganz egal. Frau Doktor, Sie stecken mit denen unter einer Decke, ich werde Sie auch verklagen.«

Die Ärztin versucht ihre Patientin weiter zu beruhigen. »Frau Le Viseur, man hat 4,2 Promille bei Ihnen gemessen. Daran kann man sterben. Wir müssen Sie beobachten und Ihnen, wenn es nötig ist, die Medikamente geben, die Sie brauchen. Seien Sie sicher, dass ich Sie heute nicht mehr entlasse. Ich gebe Ihnen jetzt etwas für den Blutdruck. Sie erzählen mir, was passiert ist. In der Zwischenzeit richten wir ein sauberes Bett her, und dann legen Sie sich erst einmal hin. Anders geht das nicht. Und wenn Sie nicht aufhören zu schreien, schaden Sie sich nur.«

Einer der Pfleger hat mittlerweile eine Spritze aufgezogen. Juliane Le Viseurs Widerstand ist gebrochen. Sie beginnt zu schluchzen. Die Ärztin setzt die Spritze, lässt der Patientin Zeit. Sie bedeutet den Pflegern, sich ein wenig auf den Gang zurückzuziehen. Dort sind sie auf dem Sprung, für den Fall, dass noch einmal Leben in Juliane kommen sollte.

»Jetzt erzählen Sie mal, Frau Le Viseur, was ist denn passiert? Sie brauchen sich für nichts zu schämen. Wie gesagt, wir wollen Ihnen helfen. Und das geht am besten, wenn wir wissen, was los ist mit Ihnen.«

Und Juliane Le Viseur erzählt unter Schluchzen aus ihrem Leben:

Sie war glücklich verheiratet mit Richard. Den hatte sie bei einem Aufenthalt in Paris kennengelernt. Sie war Model für Hände, Augen und Nase gewesen. Manchmal auch für Unterwäsche, obwohl sie eigentlich zu klein war. Ihm gehörte das Hotel, in dem sie damals logierte. Er sah blendend aus, ein braun gebrannter sportlicher Erfolgstyp mit einem Charme, dem sich niemand entziehen konnte. Und er trug sie auf Händen. Wie man so sagt.

20 Jahre lebten sie in Frankreich. Kauften dann eine Villa in Grünwald, dem Nobelvorort von München, wo Juliane aufgewachsen war. Richard und sie hatten nie Kinder gewollt, waren einander genug.

Ein Leben auf der Überholspur. Heli-Skiing in Kanada, Shopping in New York, die besten Partys und Premieren in München, Freunde aus der ersten Reihe – und wenn ihnen danach war, fuhren sie übers Wochenende im Porsche in ihr schnuckeliges Haus am Gardasee, wo sie über ihren Steg die Surfboards zu Wasser ließen. Ab und zu Champagner zum Frühstück, ein Spitzenwein zum Dinner oder eine Maß Bier auf dem Oktoberfest; das war's dann auch, für Alkohol war in diesem wundervollen Leben nicht sehr viel Platz.

Bis Richard krank wurde. 55 war er erst, scheinbar ein Baum von Mann. Doch eines Tages meinte er, er werde mal zum Arzt gehen. Da stimme irgendetwas nicht. Er kam vom Doktor zurück und war ein anderer.

Wurde immer weniger. Nichts half. Die Muskeln verschwanden aus seinem Körper. Die besten Spezialisten der Welt schüttelten mit den Köpfen. Er musste ein letztes Mal in die Klinik. Sie war bei ihm, sah, wie er den Kampf allmählich verlor. Wenn sie abends in ihr Hotel kam, ging sie an die Minibar und trank etwas. Einen Cognac und einen Wein zu Beginn, dann wurde es mehr.

Das Sterben ihres Mannes dauerte einen Monat. Am Morgen, als aus der Klinik der Anruf kam, dass es vorbei sei, brauchte Juliane lange, bis sie begriff, was das hieß. Sie schlurfte zur Minibar. Die war leer. Sie rief den Roomservice und bestellte eine Flasche Cognac. Trank drei Gläser, dann fuhr sie ins Krankenhaus zu Richards Leiche.

Die bemerkenswerte Beerdigung erlebte Juliane nur in Trance. Es waren so viele Menschen da, so viele Männer hatten etwas über den Verstorbenen zu sagen. So viele seltsame Sachen. Sie hatte gedacht, irgendwann würde es vorbei sein mit diesem Schmerz, der sie zerriss, sobald sie nicht genügend Cognac hatte.

Sie wurde seltsam.

Die Freunde schoben es auf die Tabletten, umarmten sie und versprachen, sie würden immer da sein. Dann fuhren sie in ihre eigenen Leben zurück, und Juliane blieb allein in der großen Villa mit dem großen Garten und dem hohen Zaun drum herum.

Das war vor zwei Jahren. Die Freunde kamen bald nicht mehr. Wussten nichts anzufangen mit dieser Frau, die sich so gehen ließ. Es sprach sich herum, dass die Le Viseur trinke. Falsch, dass sie soff wie ein Loch.

Ihre neuen Freunde standen unter der Großhesseloher Brücke an einem Kiosk bei Bier und Schnaps und nahmen Juliane gern in ihrer Runde auf. Der Isar-Spaziergang dorthin dauerte eine Dreiviertelstunde – Juliane sagte sich, sie lebe ja gesund mit diesem eineinhalbstündigen Marsch und dem Zwischenstopp an der frischen Luft.

Und sie hatte noch einen neuen Freund: den Mann vom Tengelmann. Zu dem ging sie morgens, so gegen elf. Sie lud ihren Einkaufswagen voll – zwei Flaschen Sekt, eine Pulle Cognac, eine Flasche Wasser, was Leckeres für die Mikrowelle. Sie zahlte, der Mann verstaute die Waren. Einen Zwei-Zentiliter-Wodka und zwei Cognäcchen gab es für die Handtasche. In der Mittagspause würde er gegen gutes Trinkgeld den Rest der Ware in ihre Villa liefern, er hatte die Schlüssel.

Juliane machte sich auf den Weg. Hinunter zur Isar, wo sie einen der wenig begangenen Sandpfade benutzte. Ab und zu ein Nipperchen Wodka zur Stärkung. Beim Kiosk angekommen, bestellte sie nur Piccolo. Und immer nur vier Stück. Sie war ganz klar und disputierte klug und über jedes Thema mit den Männern. Juliane war die einzige Frau, und die Kerle machten ihr den Hof. Ab und zu durfte ihr einer einen Klaps auf den Po geben und bekam eine ausgesprochen freundliche Ermahnung. Einmal verschwand sie mit einem in den Sträuchern hinter dem Kiosk, doch es machte keinen Spaß.

Nach vier Piccolo begab sie sich auf den Heimweg. In der Villa angekommen, waren die Cognac-Minis leer, in der Küche stand der Nachschub. Es war ungefähr halb drei am Nachmittag. Jaja, Juliane Le Viseur hatte zeitlebens auf Pünktlichkeit geachtet.

Nun hatte sie frei. Machte es sich vor dem Fernseher gemütlich. Wenn sie in Form war, schaffte sie bis zu den *Ta-*

gesthemen eine Flasche Cognac und eine Flasche Sekt. Die andere war fürs Frühstück am nächsten Morgen.

Heute war der Todestag ihres Mannes. Zwei Jahre schon lag er unter der Erde – und es ging ihr noch immer nicht gut. Sie stand auf, frühstückte. Ging an den Schrank mit der eisernen Reserve. Goss sich einen Großen ein, noch einen und noch einen. Schon der Weg zum Tengelmann war beschwerlich. Sie besorgte ihre Einkäufe, die ihr Freund vom Supermarkt in Empfang nahm. Er gab ihr die Wegzehrung und eine Flasche Sekt (der Kiosk hatte im Winter geschlossen, man musste sich seine Getränke selbst mitbringen).

Sie packte alles in die geräumige Lacoste-Handtasche. Verließ den Laden und steuerte das kleine Bistro an der Ecke an, das um diese Zeit schon geöffnet hatte. Das tat sie sonst nie. Aber heute war sozusagen ein Feiertag.

Sie stand bis drei am Tresen, machte interessante Bekanntschaften, gab ein paar Runden aus. Schließlich raffte sie sich auf. Ging ein bisschen unsicher hinunter zur Isar (das war ja auch alles zu steil!). Sie musste an ihren Richard denken, ihr kamen die Tränen. Weinend wanderte sie zu ihren Freunden. Leerte dort den Sekt, machte sich auf den Rückweg.

Es dunkelte schon. Ein Schluck, jetzt waren der Wodka und die Cognacs alle. Sie tapste über den Sandweg. Es düsterte schon, und Juliane bemerkte die angeschwemmte Wurzel nicht, sie stolperte, fiel hin.

Frau Le Viseur blieb liegen. Sie weinte laut und sah in den Nachthimmel. Irgendwann beugte sich jemand – ein Jogger wohl – über sie und fragte etwas. Sie weinte weiter. Der Mann zog ein Handy aus der Tasche, später gesellten sich Sanitäter zu ihm. Die halfen ihr hoch und führten sie zu einem Auto mit vielen bunten Lichtern. Sie schnallten sie an, dann schlief sie ein bisschen.

So war das.

»Frau Le Viseur, das bekommen wir schon wieder hin«, sagt die junge Ärztin. »Ihr Bett ist jetzt auch fertig. Schlafen Sie gut.« Ein Pfleger nimmt sie am Arm. Das Bett ist weiß und kühl, und sie ist schrecklich matt. Sie lässt sich zudecken. Bevor sie einschläft, sagt sie mit gebrochener Stimme:

»Aber eins ist klar. Morgen will ich nach Hause.«

Übel- und andere Herrlichkeiten

Herr V. fühlt sich mies. Ihm ist schwummrig. Wenn er aufsteht, kann er gerade mal eine Runde auf dem Gang drehen, langsam, ohne einen Blick nach links oder rechts, ein bisschen schwankend. Dann aber nichts wie zurück ins Bett. Kein Buch interessiert ihn, ins Fernsehzimmer darf er ohnehin erst, wenn er aus dem Aufwachzimmer entlassen worden ist. So liegt er in seinem Bett und döst.

Der Tag auf der Station will nicht so recht vorbeigehen. Es gibt da das Frühstück und das Mittagessen und den Abendtisch. Wenn man schon länger auf Station ist, darf man nachmittags drei Stunden raus und abends dann fernsehen. Das schaffen einige. Andere sind vom Totschlagen der Zeit so müde, dass sie die Energie für das TV nicht aufbringen.

Bleierne Zeit, so sagt man wohl. Aufwachen um sechs, essen um halb acht, Essen at High Noon, halb sechs Abendbrot. Freigang zwischen zwei und fünf. Fernsehen nach dem Abendessen. Dreimal am Tag Medikamente. Manchmal ruft ein Pfleger etwas, manchmal lacht einer, manchmal klingelt das Patiententelefon. Visite, vor der viele Angst haben und zittrige Hände bekommen. An der Tür des Pflegerzimmers hängt oft das Schild »Nicht stören! Übergabe.« Die Bücher, die in der Geschlossenen ausliegen, sind sowieso miserabel.

Bleierne Zeit. Raucher haben es besser als Nichtraucher. Raucher latschen in das Kabuff, hören Bayern 1 und erzählen die immer gleichen Geschichten. Nichtraucher können nix mit sich anfangen, weil sie nicht rausdürfen. Nur den Gang rauf und runter.

Die Tabletten tun auch ihren Part. Sie machen träge. Also liegen die Patienten immer wieder tagsüber auf ihrem Bett und warten auf nichts. Manchmal hat man Glück: Dann kommt ein Neuer. So hat Herr V. begeistert die Ankunft eines hünenhaften Mannes beobachten dürfen, der 5,2 Promille hatte. Die Pfleger haben den Menschen wie einen alten Bekannten begrüßt – und während sie ihn verarzteten, erzählte er ohne Stocken einen Witz. Mit Pointe.

Das Zimmer, in dem Herr V. vor sich hin döst, ist schmucklos, sechs Betten stehen darin – und es gibt nichts, wohin man gern guckt. Alles ist hell und steril. Im Nachtkasten hat Herr V. eine Flasche Saft, ein paar Bücher, seine Schreibutensilien. In den ersten Tagen rührt er die Bücher nicht an – und wenn er etwas notiert, ist seine Schrift so krakelig, dass er sie kaum entziffern kann.

Er weiß nicht, wie lange sie ihn dabehalten werden, es interessiert ihn auch nicht. Nach den ersten Tagen hat er die Hoffnung aufgegeben, etwas könnte je wieder nach seinem Willen laufen.

Der neue Nachbar, ein freundlicher Saufkumpan, ist gestern Morgen eingeliefert worden. Er hat ein Frühstück verlangt, gierig drei Semmeln mitsamt Käse und Fleischwurst verschlungen, das Tablett entsorgt, sich hingelegt, zur Seite gedreht, und dann ist er eingeschlafen. Der ratzt Tag und Nacht. Lässt sich mit Tabletten und Essen vollstopfen, verrichtet seine Notdurft, geht alle paar Stunden eine rauchen und macht sich ansonsten eine ruhige Zeit.

Herr V. aber kann nicht schlafen. Er stiert an die Decke, hadert und lauert. Wenn sich etwas ereignet, bekommt er das mit. In einer Art Zeitlupe freilich. Er, der immer ein Notizbuch mit sich führt, ist kaum in der Lage, die Geschehnisse aufzuschreiben, die sich hier ereignen. Er führt den Stift mit

Mühe, die Buchstaben mutieren zu zackigen, zittrigen Gebilden. Die Notizen der ersten Tage wird er später nicht einmal selbst entziffern können.

Das Schicksal von Frau Le Viseur zum Beispiel. Die hatte nach dem ersten Einschlafen eine fürchterliche Nacht. Trotz der Medikamente ist sie immer wieder aufgewacht und hat ihren Weltschmerz in die Nacht gebrüllt. Als das Frühstück kam, so gegen halb acht, war sie kaum mehr zu halten. Raus wollte sie, nach Hause, sofort, ein Taxi, ihren Anwalt. Sie war noch sehr betrunken.

Eine Pflegerin verlor schließlich die Geduld. »Seien Sie jetzt sofort ruhig«, herrschte sie die Patientin an. »Sonst hole ich den Richter.«

Frau Le Viseurs Bettnachbarin – sie heißt Anne Eiberle, ist schon zum sechsten Mal in Haar – wollte Juliane Le Viseur helfen. Sie beugte sich zur Rasenden hinüber und sagte ein ums andere Mal: »Du, pass' auf! Nicht der Richter, nicht der Richter. Das geht nicht gut. Ich kenne das. Nicht der Richter, nicht der Richter.«

Juliane Le Viseur keifte: »Soll er doch kommen, der Scheiß-Richter. Dem werde ich schon was erzählen. Der muss mich hier rauslassen. Wo sind wir denn? Ruft ihn doch, euren Scheiß-Richter!«

Ob das ihr Ernst sei, fragte die Pflegerin, mit einem Ton der Hoffnung in der Stimme. Klar. Also, dann werde man ihn halt kommen lassen. Bis dahin möge sich Frau Le Viseur, bitte schön, ordentlich aufführen. Dieses Rumschreien werde dem Herrn Richter gar nicht gefallen.

»Ich weiß selber, wie ich mich zu benehmen habe. Und jetzt lasst mich gefälligst in Ruhe.« Danach sank die Patientin schwer atmend ins Kissen. Mitleidig sah Anne Eiberle zur Nachbarin.

Zwei Stunden später trat der Richter auf. Sein Gefolge bestand aus einer vor Scheu geduckt schleichenden Assistentin mit aufgeklapptem Laptop, der von der überlangen Schicht gezeichneten dürren Ärztin und zwei Pflegern. Die vier bauten sich vor Juliane Le Viseurs Bett auf. Die war eingeschlafen und schnarchte unregelmäßig.

Der Richter ist ein unansehnlicher Mann. Könnte 50 sein oder auch 60. Klein ist er, vielleicht 1,65 Meter groß. Dafür trägt er klobige braune Schuhe mit Plateausohlen. Sein brauner Anzug ist schon damals nicht kleidsam gewesen, als er ihn, lange ist es her, von der Stange gekauft hat. Außerdem scheint die Frau des Richters – wenn er denn eine hat – nicht gern zu bügeln. Auch das Waschmittel sollte mal gewechselt werden – der Kragen, einstmals weiß – ist ergraut. Nein, der Richter ist wirklich nicht gut angezogen.

Er hat ein ungesund helles Gesicht mit einem unstattlichen Schnauzer in der Mitte. Die Zähne sind schadhaft, die Augenbrauen buschig. Er hält sich nicht gerade, der kleine Richter. Der Rücken ist krumm. Er bewegt sich mit kurzen, watschelnden Schritten durch die Station. Wenn man ihn nicht kennt, könnte man vermuten, der Mann sei hier Patient.

Ja, das ist er, der Herr Richter. Muss man vor so einem Angst haben?

Ein Pfleger rüttelte an Juliane Le Viseurs Schulter. Die Frau wachte erschrocken auf. Sie versuchte sich zu erinnern, zu orientieren. Sie blickte auf die Versammlung vor ihrem Bett. Ganz unverschwommen sah sie die Personen nicht, langsam erkannte sie die impertinente Ärztin und die frechen Pfleger, aber wer war dieses verhuschte Persönchen mit dem Computer und wer dieser kleine, hässliche Mann?

Er stellte sich vor. Der Richter Soundso (er nuschelt ein wenig, deswegen verstand sie seinen Namen nicht) sei er, und sie habe nach ihm verlangt. Seine Aufgabe sei, zu beurteilen, ob ein Patient entlassen werden könne oder noch nicht.

Frau Le Viseur setzte sich auf, ordnete ihre Frisur ein wenig. Es tat ihr fast weh, die Konzentration halten zu müssen. »Ja, guten Tag, schön, dass Sie die Zeit gefunden haben. Sie werden sehen …«

Er regte keine Miene. Deswegen sei er ja hier. Um zu sehen, wie es ihr gehe.

»Also, wie geht es Ihnen?«

»Nicht gut, Herr Richter, ich möchte heim. Da habe ich mein eigenes Bett. Ich muss Dinge erledigen, kann nicht hierbleiben. Ich habe nichts angestellt, ich weiß gar nicht, warum ich hier bin.«

»Der Notarzt hat Sie gebracht, Sie hatten mehr als 4 Promille. Und Sie sind immer noch betrunken.«

»Aber …«

»Da gibt es kein Aber. Das sieht jeder. Und hören tut man es auch. Entschuldigen Sie uns bitte einen Augenblick, Frau Le Viseur.« Der Richter kehrte auf dem Absatz um und watschelte mit Frau Doktor ans Fenster. Was sie besprachen, konnte Juliane Le Viseur nicht hören. Gleich würde er zurückkommen und sie entlassen. So viel war schon mal sicher.

Er trat wieder an ihr Bett. »Also, Frau Le Viseur, ich bin mir da mit Frau Doktor einig. Sie brauchen dringend Behandlung. Sonst gefährden Sie sich selbst. Deswegen habe ich beschlossen, dass wir Sie 30 Tage in der Station unterbringen werden. Akzeptieren Sie das möglichst schnell, dann geht es Ihnen auch besser. Das ist ein amtlicher Beschluss und deswegen endgültig. Fräulein Miller, haben Sie das?«

Das Fräulein hatte hektisch in den Laptop getippt und hob jetzt den roten Kopf.

»Ja, Herr Richter, 30 Tage.«

»Gut«, sagte der Richter, und dann ohne den Anflug einer Freundlichkeit: »Der schriftliche Beschluss wird Ihnen morgen zugestellt, Frau Le Viseur, ich wünsche gute Besserung.« Dann verließ er mit kurzen Schritten, seine Entourage im Gefolge, das Aufwachzimmer der Frauen.

So war das mit der ersten Zwangseinweisung, die Herr V. mitbekommen hat. Das ist jetzt gerade mal zwei Tage her. Er bekommt allmählich ein Gespür dafür, dass ihm für die Zeit, die er hier verbringen muss, die Persönlichkeit genommen worden ist. Er wird gefüttert, gespritzt, darf dies nicht und muss jenes. Vieles gefällt einem nicht. Aber Widerspruch ist zwecklos – man will ja nicht den Richter vor dem Bett haben.

Da ist zum Beispiel die Sache mit dem »Herr«. Herr V. hier, Herr V. da. Klingt ungemein höflich. Man könnte glatt meinen, die Leute von der Station hätten Respekt vor ihm. Ist aber nicht so. Das »Herr« verhindert alles Zwischenmenschliche. Ein Patient ist ein Patient ist ein Patient. Und bleibt es auch. Säufer, Schluckspecht, lächerliche Nummer. Einer, den man am besten auf Distanz hält. Man kümmert sich, man füllt Formulare aus, man misst den Blutdruck und passt auf, dass die Medikamente nach Vorschrift eingenommen werden. Man hält die »Frauen« und »Herren« still. In diesen Tagen wächst der Zorn des Herrn V. auf die Anstalt. Die stellen doch mit ihm an, was sie wollen.

Er döst ein. Da gellt die Stimme des unsympathischen jungen Pflegers mit dem langen blonden Haar und dem Ohrring durch die Station: »Herr V., Ihre Tabletten!«

Er steigt, so schnell er kann, aus dem Bett. Hastet schwankend durch die Station zum Glaskabuff neben dem Ausgang. Scheiße, hat er ganz vergessen, seine Tabletten.

Der Pfleger sieht ihn mahnend an. »Hier«, sagt er und kippt Herrn V. fünf kleine, weiße Pillen in die zitternde Rechte. Der wirft sie sich in den Rachen, verschüttet die Hälfte des Wassers, mit dem er nachspült.

»Schön schlucken«, sagt der Pfleger lächelnd.

Er schluckt das Zeug. Distra heißt es. Vor vier Tagen hat er noch nicht einmal gewusst, dass es so was gibt. Nun lernt er Distra kennen. Besser, als ihm lieb ist.

Distra ersetzt den Alkohol. Distra ist wichtig für Trinker. Distra verhindert das Delir. Distra macht einen weichen, unangenehmen Rausch. Herr V. mag das Zeug nicht und er mag die Menschen nicht, die ihm den Stoff in hoher Dosis verschreiben. Denn nun können sie ihm sagen: »Solange wir das nicht ganz ausgeschlichen haben, können Sie hier nicht raus.«

Distra hält Herrn V. in der Geschlossenen.

Sarah und Rocco I

Als Rocco eingeliefert wird, ist Sarah schon seit gut zwei Wochen auf der Station. Sie hat sich ganz ordentlich eingelebt. Keine Vorkommnisse, Sarah ist unauffällig. Die letzten Verbände am Arm sind abgenommen worden, die Wunden verheilen gut. Wenn sie allein sein will, lässt man sie in Ruhe. Sarah fühlt sich, alles in allem, nicht schlecht. Sie ist nicht sehr verzweifelt. Vielleicht liegt es an den Medis. Ist auch egal. Hauptsache, der Himmel fällt ihr nicht auf den Kopf.

Sie promeniert gerade mit einer anderen Insassin über den Gang, als die Wärter Rocco in die Station schleifen. Der Junge brüllt wie am Spieß.

Er sieht verheerend aus. An der linken Wange klebt verkrustetes Blut, über dem Auge zieht sich eine Wunde durch die Braue. Die verdreckte Jeans ist am Knie aufgerissen. T-Shirt und Lederjacke starren vor Schmutz.

Es ist immer ein Spektakel, wenn ein Neuer angeliefert wird. Doch Roccos Show ist was Besonderes. So aggressiv sind die Alkis selten. Eher kommen sie schon gebrochen durch die Eingangsschleuse. Lassen sich den Gang entlang zum Raum der Pfleger führen, sacken dort auf einen Stuhl und fügen sich in das, was so mit einem angestellt wird, wenn man vorerst auf der Geschlossenen wird wohnen müssen: blasen, Blut abnehmen lassen, Arm hergeben für die Herz-Kreislauf-Kontrollen, Fragen beantworten, Pillen schlucken, in den Aufwachraum geführt werden, hinlegen, anfangen mit dem Warten.

Rocco aber ist kein gewöhnlicher Alki. Er gebärdet sich wie toll. Er zerrt an den Pflegern. Was ihm nichts nützt, denn

die Männer sind eineinhalb Köpfe größer als er, der latten-
dürre Schlacks.

»Gehn S', jetzt machen S' halt keinen Ärger. Es hilft ja eh
nix.«

»Von dir Wichser brauche ich mir gar nichts sagen lassen.
Ich mach' dich fertig, ich schieb' dir die Eier in den Arsch,
ich mach dich ein, bis deine Mutter dich nicht mehr kennt.«

Er schreit es so laut heraus, dass es sogar die Vor-sich-hin-
Dämmernden auf der Aufwachstation mitbekommen.

Die Wärter lassen sich nicht aus der Ruhe bringen. Schritt
für Schritt schleppen sie Rocco über den Gang. Erstaunlich,
wie viel Kraft in so einem Bürscherl steckt. Da muss man
schon achtgeben, dass einem der Bub nicht aus dem Griff
witscht. Also packt man lieber ein bisschen strenger an. Man
will dem Typen nicht auch noch hinterherrennen.

»Ihr Arschlöcher, ihr tut mir weh. Ihr seid doch Verbrecher,
das ist Körperverletzung.«

»Benimm' dich, dann verletzt dich auch niemand.«

»Sacklutscher. Steck' ihn dir selbst rein.«

»Du bist ja ein ganz Toller. Kennst recht viele schöne Wörter, gell?«

»Klar, Arschloch. Kannst du einen drauf lassen. Sacklutscher.
Arschzapfen. Loser. Tunte. Invalidenschwanz. Hackfresse.
Dönergesicht. Schwuler Fickfehler. Soll ich weitermachen?«

»Wennst kannst.«

»Immer, immer, du Pimmelflöte! Du Schmalspurwichser!
Du Fotzenschlecker! Du Wichswurst! Du Nuttenenkel! Du
Motherfucker, du!«

Lauter kann Rocco nicht.

Jetzt ist es auch genug. Einer der Wärter dreht ihm lächelnd
den Arm hinter den Rücken. Es muss sehr wehtun, denn Rocco hört mit dem Fluchen auf und geht jaulend in die Knie.

»So«, sagt der Wärter freundlich, »jetzt haben wir uns ausgetobt. Jetzt gehen wir schön still weiter.«

Sie erreichen den Raum der Pfleger, den Raum, in den die Pfleger sich zurückziehen. Dorthin kommt jeder Neue zur ersten medizinischen Behandlung, erst danach geht es in den Aufwachraum. Wenn ein Patient etwas will, muss er in den Pflegerraum vordringen, was allerdings ein schwieriges Unterfangen ist, weil die Tür verschlossen ist und die meisten Pfleger einfach keine Lust auf die Patienten und ihre ständigen Wünsche haben.

Marcus, der Schicht hat, wartet an der Tür und meint: »Sie sind Rocco Meinertz, richtig?«

»Kannst mich mal.«

»Herr Meinertz, lassen Sie uns das klarstellen: Wir wollen Ihnen helfen. Sie sind aufgegriffen worden und man hat sie zu uns gebracht, weil sie nicht mehr auf sich aufpassen konnten. Hier sind Sie gut aufgehoben. Wir werden jetzt …«

Rocco schreit nicht mehr. Es ist wie ein Knurren, als er sagt: »Haste mir eigentlich nicht zugehört? Du kannst mich mal.«

»Herr Meinertz, das muss alles sein. Wir untersuchen Sie, Sie schlafen sich aus – und der Rest wird sich finden.«

Marcus' Stimme beruhigt den Neuen ein wenig. Rocco erklärt: »Meinetwegen untersucht ihr mich. Aber dann will ich gehen. Mein Hund wartet.«

»Ist Ihr Hund allein?«

»Nee, bei Kumpels.«

»Na, sehen Sie, dann ist ja vorerst alles in Ordnung. Wir können Sie in diesem Zustand nicht wieder auf die Straße lassen, das müssen Sie einsehen.«

Marcus hat die Manschette zum Messen des Blutdrucks um Roccos Oberarm gelegt, zieht den Klettverschluss stramm, pumpt mit dem Gummiball die Manschette auf, lässt Luft ab, sieht auf die Anzeige, murmelt ein anerkennendes »Oh«, schreibt die 160/100 in eine neu angelegte Akte. Er sieht Rocco an. »Ich würde gern den Alkohol testen.«

»Ich hab' schon bei den Bullen geblasen.«

»Das ist eine Weile her. Wir brauchen den Wert bei Ihrer Einlieferung.« Bedächtig steckt Marcus ein neues Mundstück aufs Messgerät. »Ich glaube, Sie kennen das.« Er gibt Rocco den Kasten. Rocco erledigt alles mit Routine. Er wirkt gelassen.

»2,1«, sagt Marcus.

Rocco reagiert nicht.

»Ich gebe Ihnen noch etwas für den Kreislauf und bring' Sie dann in den Aufwachraum. Schlafen Sie erst mal aus, morgen sieht alles schon viel besser aus. Haben Sie Hunger?«

»Nee, rauchen könnte ich eine.«

»Okay, haben Sie noch Zigaretten? Wenn nicht, bekommen Sie ausnahmsweise eine von uns.«

Rocco meint, das sei gut so. Marcus kramt eine Fluppe aus der Schublade, gibt sie dem Neuen, zündet sie ihm an und bittet ihn, auf dem Balkon zu rauchen. Rocco gibt sich Mühe, cool zu gehen, was nicht sehr lässig aussieht. Er zieht die Tür hinter sich zu, raucht mit tiefen, langen Zügen, bläst Kringel und blickt durch die Gitterstäbe ins Freie. Es beginnt dunkel zu werden.

Sein Hund bekommt um diese Zeit immer Futter. Egal, wie scheiße es Rocco auch geht – das Füttern von Werther vergisst er nie. Hoffentlich checken die Kumpels alles, die sind zurzeit so schräg drauf. Eigentlich müsste Rocco bei Werther sein.

Ein letzter Zug. Er wirft den Stummel auf den Boden. Rocco – 2,1 Promille im Hirn und sieben fette Lines Speed in der Nase – trifft eine Entscheidung:

Er wird jetzt gehen. Er hat die Leute lang genug mit seiner Person beehrt.

Rocco stößt die Tür auf und geht nicht zurück zum Pflegerraum, sondern dreht seitlich ab in Richtung Ausgang. Er guckt nicht rechts und nicht links, er sieht nicht die Patienten, die ihn neugierig beobachten, er hört nicht Marcus, der ruft: »Herr Meinertz, wo wollen Sie denn hin?«

Er geht zu seinem Hund. Murmelt im Stakkato, was er Werther erzählen wird.

Alter, Werther, die Spasten können mich mal, ich zisch jetzt ab. Dieser Puff is nix für mich, wenn die meinen, sie können mir sagen, was ich zu tun hab, ham se sich geschnitten, aber gewaltig. Ich nehm jetz die S-Bahn, dann bin ich in ner Dreiviertelstunde bei dir, weg von dem Assi-Schuppen hier.

Was geht's denn diese Faschisten an, was ich rotz oder wie viel ich baller, is doch mein Ding!

Kann den Pennern doch schnuppe sein, was wir machen!

Ich sag's dir, Werther, das sind alles nur arschgefickte Wichser hier. Ham doch alle n' Schlag. Wenn ich mir 'ne Scheiß-Klapse anglotzen will, geh ich ins Kino, so'n Dreck aber auch. Alter, weißte noch, wie ich dir das erste Mal aus'm Wachtmann Studer vorgelesen hab? Der Atze, der det geschrieben hat, war auch in der Klapse. 'N paar Mal. Der Fredi, 'ne, Friedrich Glauser, weißte noch? Der gelbschwarze Schinken, den ich beim Ostbahnhof verloren hab.

He, Werther, weißte was? Morgen haun wir hier ab, ich mach die Asche klar und wir kaufen uns den Schmöker einfach noch mal, genau, Alter, so machen wir das!

Wird Zeit, dass ich mein' Arsch hochbekomm.

Bin schon voll happy, wenn ich an dich denk, aber eins sag ich dir, wenn die Pissknitten dir nix zu fressen gegeben haben, dann klatscht's, aber keinen Beifall!

Rocco Meinertz bekommt die Tür nicht auf. Hinter seinem Rücken haben sich ein paar Patienten versammelt und gucken interessiert zu, wie er an der Klinke rüttelt. Da kann er zerren, wie er will – das Lämpchen oberhalb der Tür leuchtet rot. Das tut es die meiste Zeit. So ist das nun mal hier.

Hinter den Gaffern sitzt Sarah auf einem Stuhl und gruselt sich. Das ist nicht schön, was dem Jungen passiert. Wenn man davon absieht, dass er einen im Tee hat und ziemlich dreckig ist, ist er wahrscheinlich ganz passabel. Sie mag solche Typen. Die tun, als wären sie die größten Macker, aber innendrin sind die meisten dann ganz weich. Ach, das geht sie nichts an. Sie steht auf und geht zu ihrem Zimmer. Sie will gar nicht sehen, wie sich das alles entwickelt. Sarah schließt die Tür, legt sich aufs Bett und nimmt ihr Buch zur Hand. Schön, dass sie wieder Bock auf Rilke hat.

Das Lämpchen wechselt auf Grün. Die Tür öffnet sich. Draußen stehen die beiden Breitschultrigen von vorhin und sehen nicht sehr freundlich aus. Einer bekommt Rocco zu greifen, dreht ihm sofort wieder schmerzhaft den Arm auf den Rücken.

»Herr Meinertz, es reicht, Sie gehen jetzt schlafen.«

»Was soll der Scheiß, Alter? Lass mich los, ich geh nach Hause.«

»Ihr Zuhause ist jetzt hier.« Sie gehen ziemlich grob mit dem jungen Mann um. Tragen ihn mehr, als sie ihn führen.

Im Aufwachraum schläft einer seinen Rausch aus. Die anderen fünf sehen zur Tür, als Rocco hereingeschleppt wird. Zwei haben sich aufgesetzt, die anderen die Kopfkissen so gelegt, dass sie besser sehen können.

Marcus wartet neben einem freien Bett. Die Gurte hat er schon parat gelegt. Sie sind aus einem reißfesten, schmutzigweißen Material mit dicken Lederschnallen. Mit dem Zeug könnte man einen Bullen binden.

»Herr Meinertz«, sagt Marcus und versucht, sich nicht anmerken zu lassen, wie sehr ihn die Angelegenheit anstrengt, »ich tue das nicht gern. Aber es ist zu Ihrem Besten. Sie müssen zur Ruhe kommen. Wir werden Sie fixieren. Und dann bekommen Sie eine Spritze. Das wird Ihnen helfen. Wenn Sie mitmachen, muss ich nur die Arme fixieren. Aber wenn Sie sich weiter so aufführen, müssen wir auch Ihre Beine und eventuell den Körper anschnallen. Ich will das nicht – aber Sie müssen uns schon helfen.«

»Lass dir doch einen blasen von den zwei Typen, du Kinderficker.«

Die Wärter zwingen Rocco aufs Bett. Einer stemmt sich mit dem ganzen Gewicht auf die Füße des Patienten – so, jetzt kann der die Beine keinen Millimeter mehr bewegen. Der andere drückt Roccos Arme aufs Bett – jetzt kann der nur noch den Kopf bewegen. Aber da kommt er nicht weit. Die Adern schwellen aus dem Hals, Rocco Meinertz schleudert seinen Schädel nach links, nach rechts, nach oben, nach unten ins Kissen.

Aus dem Mund fliegt Speichel. Ein bisschen kotzt der Junge, ein wenig spuckt er um sich. Er schnappt, beißt in die Luft. Er jault und heult, er ächzt und stößt Schimpfwörter aus.

Ruhig schnallt Marcus die Ledermanschetten um die Handgelenke des Patienten. Er zurrt ganz fest zu. Jetzt kann der Wärter die Arme loslassen. Rocco bäumt sich mit dem Oberkörper auf, so weit das geht. »Bitte, Herr Meinertz, hören Sie auf. Sonst …«

»Fick dich! Fick dich! Fickt euch doch alle!«

»Sie haben es nicht anders gewollt.«

Nun sind die Füße dran. Marcus bringt die Sache schnell zu Ende. Er sagt zu den Wärtern: »Wir probieren es erst mit einer Spritze. Mehr fixieren ist, glaube ich, nicht nötig. Er wird gleich ruhig.«

»Na, hoffen wir es«, sagt der Wärter und sieht den sich windenden und immer noch zappelnden Rocco angewidert an.

Marcus hat die Spritze schon aufgezogen und setzt sie Rocco in den Unterarm, der von einem der Wärter festgehalten wird.

Starker Stoff. Wirkt nach zwei Minuten. Röchelnd fällt Rocco in sich zusammen. Sein Gesicht fällt zur Seite, Spucke läuft aus dem Mundwinkel.

»Morgen geht es Ihnen besser«, sagt Marcus. »Versuchen Sie zu schlafen. Und wenn Sie pinkeln müssen, rufen Sie. Wir helfen Ihnen dann.«

»Ach, fick dich doch«, murmelt Rocco.

Dann beginnt er zu weinen. Leises Schluchzen. Und wieder und wieder und wieder und ohne Ende.

Die anderen im Aufwachraum kümmern sich wieder um ihre Angelegenheiten. Die Show ist zu Ende. Was es wohl gleich zum Essen gibt?

Ein paar Zimmer weiter. Sarah weint. Ihre Nachbarin fragt, was mit ihr sei. »Rilke ist doch zu schön«, sagt Sarah. Wer denn Rilke sei, fragt die andere. »Na ja«, sagt Sarah, der Schriftsteller, dessen Gedichte sie gerade lese.

»Lass' mal hören.«

Du Dunkelheit, aus der ich stamme
ich liebe dich mehr als die Flamme,
welche die Welt begrenzt,
indem sie glänzt
mich nicht so sehr verhinderte am Wachen -:
für irgend einen Kreis,

aus dem heraus kein Wesen von ihr weiß.
Aber die Dunkelheit hält alles an sich:
Gestalten und Flammen, Tiere und mich, wie sie's errafft,
Menschen und Mächte –
Und es kann sein: eine große Kraft
rührt sich in meiner Nachbarschaft.
Ich glaube an Nächte.

Die Bettnachbarin fragt, ob es fertig sei. Ja, sagt Sarah, fertig. Ob der – wie heißt er noch mal? – immer solche Sachen schreibe?

»Eigentlich schon.«

»Na dann«, sagt die andere und dreht sich um.

ALTE GEFÜHLE I

Gute Pfleger! Solche mit einem großen Herzen, Mitgefühl für die Patienten! Solche mit einer schier endlosen Geduld! Die sich dem Stress nicht durch ungesund viele Zigarettenpausen entziehen, sondern die, wenn sie mal Luft haben, auf einen der Patienten zugehen und ein persönliches Wort für ihn haben. Die die Patienten besser kennen, als das die Ärzteschaft tut.

Gute Pfleger! Natürlich gibt es sie in Haar. Marcus und sein Kollege Jürgen zum Beispiel. Zwei rechte Mannsbilder, Lederhosen-Models. Marcus hat das dicke, schwarze Haar zum Zopf gebunden. Könnte auch vor der Disco an der Tür stehen, wenn er nicht so freundliche Augen hätte. Sein Kollege kommt noch martialischer daher. Das Haar raspelkurz, die Arme eines Bodybuilders. Auch er lacht viel und ist immer zur Stelle, wenn jemand Hilfe braucht.

Einmal, so nach sieben Tagen, löst sich an Herrn V.s rechtem Schuh der Schnürsenkel. V., immer noch sehr zittrig, bückt sich mühsam und versucht, einen Knoten zu knüpfen. Marcus steht weit entfernt am Ende des Gangs und stapelt konzentriert Wäsche in einen Schrank.

Verdammtes Bändel! Scheiß-Zittern! Bei den alltäglichen Anforderungen wie etwa dem Binden einer Schleife wird Herrn V. in diesen Tagen bewusst, wie sehr er sich kaputtgesoffen hat. Die Hände schlackern, der Oberkörper schwankt. Unten am Bändel tut sich nichts. Der ganze beschämende Vorgang dauert sicher drei, vier Minuten. Danach ist V. schweißüberströmt und schleicht zurück ins männerleere

Zimmer, wo er sich bäuchlings aufs Bett legt und überlegt, ob er heulen soll.

Da legt sich eine schwere Hand auf seine Schulter. Marcus steht über ihm und meint, das solle er nicht überbewerten. »Hätten S' halt was g'sagt, dann hätt' ich Ihnen geholfen. Wissen S', des haben S' bald hinter sich, Sie machen große Fortschritte. Das wird schon.«

Dann geht er mit seinem selbstverständlichen Schritt aus dem Zimmer. Der Patient dreht sich um, sieht Marcus nach und beschließt, dass es keinen Grund zum Heulen gibt.

So sind sie, die guten, die menschlichen Pfleger. Die machen keine großen Worte, sie sind die Meister der kleinen Geste. Sie verdienen beschämend schlecht, reiben sich in ihrem Job auf – und haben immer noch ein Lächeln für andere übrig.

Marcus ist ein massiger Mann. Zwei Kinder hat er – wahrscheinlich. Einmal hat V. durchs Fenster gesehen, wie Marcus mit einer Frau und einem Kinderwagen draußen im Freien spazieren gegangen ist. Er konnte hin, wo er wollte. Draußen schien die Sonne an einem kalten Tag. Die Frau hatte ein Kind an der Hand, war sehr blond und unschuldig und schien sehr glücklich. Marcus sah noch wuchtiger als sonst aus, als er ein kleines Kind aus dem Wagen hob und auf die Wangen küsste.

V. erinnerte sich. Er kannte den Geruch des Kindes da draußen, er wusste, wie es war, so einen kleinen Schrazen in den Händen zu halten und zu beschützen, er kannte das Gefühl des Mannes da draußen. Vor seiner Scheidung war V. auch ein Vater gewesen. Er spürte, wie das Selbstmitleid in ihm hochkroch. So war das immer, wenn er an seinen Sohn dachte. Am Vorabend war im Fernsehzimmer ein Film mit Walter Matthau gelaufen. V. hatte sich in die Runde gesetzt und zugesehen. Matthau hatte einen Bier trinkenden, abgehalfterten Baseball-Profi gespielt, der einen Haufen unbegabter Kinder durch die Meisterschaft führen sollte. Natürlich hatten die Kids jede Menge Schwierigkeiten gemacht und am Anfang alle Spiele verloren. Doch dann wendete sich das Blatt und die Kinder begannen den schrulligen Coach zu lieben. Schließlich gewannen sie die Meisterschaft und spritzten Matthau mit Bier voll.

Es hatte eine Szene gegeben, in der Matthau den begabtesten und wildesten Jungen beim Spiel beobachtete. Der Junge machte einen ganz wichtigen Punkt, und Matthau konnte nicht anders: Er musste das Kind lieben. Drehte sich weg und wischte sich verschämt die Augen.

V. saß im Fernsehraum der Klapse und sah einen Jungen im Alter des Kindes, das mal seines gewesen war. Er sah Matthau ein bisschen heulen – und heulte selbst. Verdammt, das tat wirklich weh.

Nun blickte V. aus dem vergitterten Fenster und spürte sein Herz.

Sie waren immer schön gewesen, diese Gefühle mit den eigenen Kindern. Heiter waren sie gewesen und innig. Und soweit er sich erinnerte, waren es ungetrübt glückliche Gefühle gewesen.

Er würde um diese Gefühle kämpfen. Wie lang der Kampf auch dauern mochte.

WO SAN DE RINDVIECHER?

Anne Eiberle legt den Arm um Juliane Le Viseur, die noch sehr schwach auf den Beinen ist. Ein ungleiches Paar sind die beiden. Hier Juliane, der Anne gerade die Haare gemacht hat. Ganz apart sieht sie schon wieder aus. Zierlich, damenhaft, ein wenig aufgebrezelt. Sie trägt den roten Steppmantel, der gereinigt worden ist. Trotzdem friert sie. Auf dieser Station ist es immer kühl, alle Patienten haben zumindest einen Pullover an. Und neben Juliane ihre neue Freundin Anne: eine robuste, großknochige Frau mit einem imposanten Busen. Sie trägt verschlissene Jeans, ein kariertes Männerhemd und einen blauen Anorak. Ihre Hände sind rau, die Fingernägel hat sie nicht lackiert, das dunkle Haar hat sie zweckmäßig kurz stutzen lassen. Volle sinnliche Lippen, die Nase ein bisschen knubblig, rote Wangen und rund um die grünen Augen lachen ein Dutzend Falten – das ist Anne, die Bäuerin.

Die Frauen lehnen sich an die Rippen des Heizkörpers und blicken auf die Auffahrt zum Hintereingang des Hauptgebäudes von Haar. Dort wird man angeliefert – und wenn sich die automatische Tür hinter einem geschlossen hat, ist man drin. Na ja, das kennt man ja nun.

Es hat wieder zu schneien begonnen. Ein Mann eilt mit zwischen den Schultern eingezogenem Kopf in Richtung Geländeausgang. »Schau an, der Oberarzt. Der hat es aber eilig«, sagt Anne und grient. »Wo der wohl hinwill?«

Es ist seltsam: Vieles, was Anne so sagt, klingt irgendwie frivol. Sie erzählt gern derbe Witze und lässt sich über die Qualitäten sämtlicher Männer aus, die ihr über den Weg laufen. Gestern hat sie Juliane bis ins Detail beschrieben, wie sie ihrem Hengst beisteht, wenn er beim Bespringen Probleme hat. »Ein Schwanz, dick wie ein Arm. Du nimmst ihn so in die Hand und führst ihn ein. Ganz einfach ist das.«

»Ihh«, hat Juliane gemacht und sich pro forma geschüttelt. Dabei hört sie die Geschichten ganz gern. Die sind so unverkünstelt, so aus der prallen Natur. Die Erzählungen lenken sie für einen Moment von der Tristesse der Station ab. Und außerdem ist Anne eine wirklich gute Freundin. Eine, an deren breite Schulter man sich anlehnen kann.

Eine zudem, von deren Erfahrung Juliane zu profitieren gelernt hat.

»Haar ist meine zweite Heimat«, sagt sie und lacht ihr heiteres Lachen. »Die kennen mich gut hier.« Wenn Anne von ihren Aufenthalten in Bayerns größter Irrenanstalt erzählt, klingt das, als würde sie Urlaubserlebnisse zum Besten geben. Das ist ihr persönlicher Schutz gegen die Erkenntnis, dass der Kampf gegen den Alkohol wohl verloren ist.

Sie macht kein Hehl daraus. »Ich werde immer wieder hierherkommen«, sagt sie. »Der Zug ist abgefahren.« Da werden ihre Augen dann doch ganz dunkel und das Lächeln verschwindet. Aber warum, fragt man, und sie erzählt. So, wie es ihre Art ist. Ohne Schnörkel, ohne Selbstbetrug. Es ist, als ob sie aus dem verkorksten Leben einer anderen berichten würde.

Anne ist im Allgäu aufgewachsen. In einem Weiler im Alpenvorland. Sie kann sich noch gut an die Zeiten erinnern, als es nur Schotterstraßen im Dorf gab. Die Kindheit in den Sechzigern war unbekümmert. Im Winter hatte es viel Schnee, im Sommer war es heiß. Der Winter war ihr lieber. Da holte man sich zwar durchfrorene Finger, wenn man draußen spielte. Aber man konnte wenigstens nach Herzenslust spielen. Im Sommer musste sie schon bald auf dem Feld helfen. Spielen? Das war nicht drin.

Geheiratet hat sie, als sie 21 war, vor 34 Jahren. Man hat die Hochzeit bescheiden gehalten. Der Hof ihrer Eltern war klein, und sie hatte drei Geschwister. Der Bräutigam aus einem Ort in der Nachbarschaft brachte zwar einen kleinen Wohlstand in die Ehe – gut Vieh im Stall und einen Zuchthengst auf der Koppel –, doch er war ein sparsamer Zeitgenosse. »Ach, Schmarrn, der ist so was von geizig. Wenn der mir zu Weihnachten einen Mixer schenkt, dann ist der von Aldi.«

Den größten Hof des Dorfes aufbauen wollte sich Bauer Eiberle. Dafür muss sich eins im kargen Allgäu schon ordentlich nach der Decke strecken. Für den Nachfolger muss gesorgt werden, ein richtiges Geld muss her, im Stall muss was wachsen. Darauf hat der Eiberle schon ein Auge gehabt.

Drei Madl hat er seiner Frau gemacht, erst das vierte Kind war ein Bub. Dann war's auch gut. Bauer Eiberle stellte die Begattung ein – bis auf die raren Nächte, in denen er später als gewöhnlich vom Schafkopfen am Freitag heimkam. Dann hatte es Freibier gegeben oder er hatte sich vergessen und sein Budget überschritten. Im Rausch überkam es ihn dann schon einmal, und er fiel über seine Frau her. »Ich hab' des nicht mehr gebraucht. War immer froh, wenn es vorbei war. Rein, raus, aus die Maus. Ich war ja viel zu müd' für den Schmarrn.«

Die Romantik hat sich Anne aus dem Fernseher geholt – jedenfalls, bis sie auf der Chaiselongue einschlief. Sie hat das Leben einer Frau nie anders als entbehrungsreich gekannt. Denn der Mann hat ihr nicht nur die Kinder geschenkt, um die er sich nach der Zeugung kaum mehr kümmerte, er hatte ja nun auch das Geldverdienen im Sinn. Und das ging nur, wenn er Arbeit abseits vom Hof hatte. Für eine gute Mark hat er sich überall verdingt. Als Maurer, bei den Malern, im Straßenbau. Eine Zeit lang fuhr er Lkw – da war er wochenlang vom Hof, und wenn er nach Hause kam, wollte er vor der nächsten großen Fahrt erst einmal schlafen. Die Landwirtschaft, die ständig wuchs, musste Anne allein bewältigen. Die Tage dauerten von fünf in der Früh bis acht, neun Uhr abends. Für Romantik vor dem Fernseher war da nicht mehr viel Kraft.

Die Kinder wuchsen, beendeten die Schule, fanden Arbeit, heirateten. Bald gab es Enkel, was für eine Freude.

Von wegen! Anne hatte immer gedacht, sie würde hart arbeiten. Doch jetzt, wo sie auch nicht mehr die Jüngste war, hatte sie wieder Kleinkinder zu versorgen. Der Zuchthengst, 20 Stück Vieh im Stall, das Geflügel und der Gemüsegarten, die Felder, der Hof, die Stube, die Küche, die Wäsche, die Enkel. Und dann der Mann, der mittlerweile in einer Fabrik untergekommen war und abends müde aufs Sofa sank.

Und um diese Zeit begann die Geschichte ihrer Sauferei. »Monatelang trinke ich nichts. Ich mache den Einkauf im Supermarkt und bemerke den Schnaps im Regal gar nicht. Ich erledige meine Arbeit, wie man das von mir kennt. Wenn einer was von mir will, dann mache ich das halt. Aber irgendwann kann ich dann nicht mehr.«

Dieser Zustand kündigt sich nicht an. Eines Morgens wacht sie auf und geht nicht in den Stall. »Fangt der Scheiß wieder an«, brummt ihr Mann, lässt sie liegen, versorgt das Vieh und fährt zur Arbeit. Die Kinder ziehen mit den Enkeln ab, die Anne eigentlich versorgen sollte, und deponieren die Kleinen bei den Nachbarn.

Später am Vormittag rappelt sie sich hoch, fährt zum Supermarkt, kauft Schnaps und Wein. Wenn der Mann von der

Arbeit kommt, liegt sie im Wohnzimmer und schläft ihren Rausch aus. Man lässt sie, wo sie ist. Das geht ein paar Tage so. Dann hat sie solche Granatenräusche, dass man den Notarzt holen muss. Und der weist sie ein.

Anne Eiberle – diese Frau, die wirklich ein schöneres Leben verdient hätte – lacht: »Schade! Von der Fahrt nach München habe ich noch nie etwas mitbekommen. War immer zu besoffen. Mein Rekord bei Einlieferung war 3,5. Dann legen sie mich in den Aufwachraum – und am nächsten Morgen bin ich auch schon ansprechbar. Die Pfleger und die Ärzte sind alle sehr nett zu mir.« Sie ist ja auch eine Perle von Patientin. Meistens gut gelaunt, nie problematisch, bestens versichert. So eine wie Anne Eiberle wünschen sich die Doktoren, die Leute von der Verwaltung, die Pfleger. Die darf ruhig wiederkommen.

Manchmal zieht sie sich zurück. Mit ihrem Unglücklich-Sein will sie niemanden behelligen. Meistens befällt sie dieser Zustand an den Wochenenden oder Feiertagen. »Ganz blöd ist es, wenn ich zu Weihnachten hier sitze wie diesmal. Wetten wir, dass übermorgen wieder mal niemand kommt?«

Übermorgen, das ist Heiligabend.

Als ob sie keine Familie hätte! Keiner kommt. Kein Kind, der Mann schon gar nicht. Das Telefon klingelt nicht, sie bekommt keine Post. Sie hat viel Zeit, sich um so arme Hascherl wie Juliane zu kümmern.

Dann wird eines Tages ihr Aufenthalt in Haar zu Ende sein. Die Medikamente sind »ausgeschlichen«, wie die Ärzte das zufrieden nennen. Sie wird ihre Sachen packen, sogar ein wenig wehmütig sein. Wird sich von den vielen neuen und alten Freunden verabschieden. Zu den Pflegern gehen, jedem die Hand geben. Die werden nicht wie ansonsten üblich »Passen Sie auf sich auf!« oder »San S' brav!« sagen, sie werden nur »Pfüa Gott« oder »Auf Wiedersehen« wünschen.

Alle wissen eben, dass, wenn alles gut geht und sie sich beim nächsten Mal nicht zu Tode säuft, Anne Eiberle wieder in Haar aufkreuzen wird. Immer wieder.

Die Tür nach draußen wird aufgehen, Annes Mann wird die Station betreten. Manchmal ist er wenigstens so weit Kavalier, dass er ihre Tasche trägt. »Tschüss«, wird Anne über die breiten Schultern zurückrufen und dem Gemahl in die Freiheit folgen, die für sie nur Arbeit und Mühsal bedeutet.

Doch noch ist es nicht so weit. Noch sind die Medikamente nicht ausgeschlichen. Noch hat sie Urlaub auf Station. Anne Eiberle, die Bäuerin, lacht. »Seit ich Haar kenne, frage ich mich: Wo san de Rindviecher eigentlich? Draußen in der Stadt oder bei uns daheim im Stall? Hier auf der Station lernst eine Menge über den Menschen. Schau, Juliane, ich kann dir nur einen Rat geben: Du musst das Positive sehen. Wenn die Pfleger gut sind, lässt sich hier ganz gemütlich leben.«

RUNDE UM RUNDE

Sie gehen im Gleichschritt. 39 Schritte auf der Innenbahn, 42 auf der äußeren. Anne geht außen, sie muss mehr Meter machen. Rainer ist schon immer innen gegangen. 39 Schritte auf abgewetztem Linoleum. Immer linksrum. Vorbei an den Pflegern, vorbei am Raucherzimmer, vorbei am Aufwachraum und an den Duschkabinen. Vorbei und noch mal vorbei und noch mal vorbei. Sie gehen und gehen und reden und reden. Linksrum, linksrum, nicht stehen bleiben.

Rainer sieht gut aus. Das schwarze Haar ist bürstenkurz geschoren, sein Bart wächst schnell und schwarz. Er ist braun gebrannt, hat hohe Wangen und ein kerniges Kinn – die braunen Augen kontrastieren angenehm mit seinem markigen Gesicht. Groß ist Rainer, ein imposanter Mann mit breiten Schultern. Die Jeans sitzt eng an den muskulösen Beinen und über einem festen Hintern, die oberen zwei Knöpfe des Holzfällerhemds sind geöffnet, Rainer hat viele Haare auf der Brust. Er ist ein Bild von einem Kerl.

Eine lange Zeit hat er darauf gebaut, dass das Leben ihm gut sein würde. War es aber nicht. Das Leben hat ihm übel mitgespielt.

Was ist passiert?, fragen die Kumpel, die ihn länger nicht gesehen haben.

Er zuckt dann mit den Schultern und meint: »Die Sauferei, weißt eh.«

Momentan ist er in Sicherheit. In Haar geht es ihm gut. Er braucht keinen Alkohol. Jeden Morgen klappert er die Mitpatienten ab und fragt, was er ihnen vom Edeka mitbringen soll. Sie geben ihre Bestellungen auf, er notiert alles säuberlich in einer zierlichen, akkuraten Schrift, lässt sich von den Pflegern die Tür aufsperren und geht einkaufen. Nie vergisst er etwas, seine Abrechnungen stimmen bis auf den letzten Cent. Rainer ist die Zuverlässigkeit in Person.

Abends hat er die Hoheit übers TV-Programm. Schon Stunden bevor das Fernsehen erlaubt ist, studiert Rainer die Illustrierte. Und entscheidet sich dann für Sendungen, die auch eine Mehrheit interessiert. Echt, Rainer ist ein guter Spezl. Alle mögen ihn.

Und niemand kann sich vorstellen, wie ihm alles entgleist, daheim bei seiner hübschen Frau, wo alles so gut gerichtet ist für ein behütetes Leben.

Wenn er in Ingolstadt aus seinem Haus geht (Doppelhaushälfte, bis auf einen kleinen Rest abbezahlt, kleiner Garten mit Hollywoodschaukel, Mercedes im Carport), hat er ungefähr 30 Schritte bis zum Bistro, und dann braucht er nichts mehr zu sagen. Sie bringen ihm den Schnaps und das Bier, da gibt es kein Fragen. Später wird er dann nach Hause wanken, wenn sie schließen, und wird neben seiner Frau in komatösen Schlaf fallen oder auf der Wohnzimmercouch vor dem laufenden Fernseher übernachten. Oder er wird nicht nach Hause gehen, sondern sich noch auf die Suche nach einer weiteren Kneipe machen. Dann wird er sich vielleicht mit jemandem prügeln, den er kennt oder nicht. Er wird nicht anders können. Das hat er so gelernt, irgendwie, im Lauf der Zeit.

Am nächsten Morgen wird sich Rainer selbst nicht besonders mögen. Vielleicht, wenn er schon zu lange »draußen« ist, hat er schon wieder zu zittern begonnen und wird sich ungeschickt beim Morgenkaffee anstellen. Seine Frau sagt dazu schon lange nichts mehr. Sie hört auch weg, wenn er wieder mal beteuert, jetzt sei Schluss mit der Sauferei. Sie weiß, wenn diese Sprüche kommen, dann hat er etwas angestellt in der Nacht zuvor.

Die Sauferei, ist eh klar. Die hat eigene Gesetze.

Was soll das Gerede davon, dass man einfach nur das erste Glas nicht trinken muss? Er kommt gar nicht erst am Bistro vorbei. Er geht weg von seiner wunderhübschen blonden Frau und von seinen zwei Kindern – Söhne sind sie und wohlgeraten. Er geht weg von ihnen ins Desaster. Nach 30 Schritten zweigt er ab in seine persönliche Hölle.

Alles hat so im Ungefähren begonnen. Rainer, du wirst ein Crack, haben alle gesagt. Du kannst rückwärts so schnell auf Schlittschuhen laufen wie andere vorwärts. Wenn du willst, triffst du mit dem Puck auf 15 Meter eine Blechdose – meistens jedenfalls. Wenn du dich auf dem Eis mit einem Gegenspieler haust, musst du nicht mal die Handschuhe ausziehen. Du bist fast immer der Sieger.

Du bist der Große, der Hüne, der Held. Hast alle Frauen der Stadt, wenn du magst. Kannst jedes Radio und jeden Fernseher reparieren, und als die Computer erfunden worden sind, warst du vorn dabei. In Ingolstadt sagen sie, du bist fast so was wie der bayerische Mister Media Markt.

Du hast deine Frau gefunden und warst immer noch der Held der Stadt. Ihr habt Turniere und Meisterschaften gewonnen. Ihr musstet feiern. Du hast viele Tore geschossen und wurdest auf Schultern getragen. Schampus, Schaumwein, Bier, später dann ein Schnapserl.

Rainer, du wolltest immer überholen. Du wolltest die, die dir im Weg standen, wegfegen. Du hast aber nie wirklich gewusst, was du willst. Und dann kam der Tag, an dem du versagt hast.

Ein ganz normales Heimspiel, die Eishalle ist voll, und du warst vormittags im Bistro. Es ist halt so – du gehst jetzt schon am Morgen ins Bistro.

Also, nach dem Bistro zum Stadion. Du bist ein bissel spät, steigst hastig in die Montur, schnürst die Schuhe (Doppelknoten, der Kumpel hält den Daumen auf die Schleife), schlüpfst in die Handschuhe, greifst den Schläger und stakst mit den Kameraden in die Halle. Sie spielen den Triumphmarsch, die Leute toben, als der Sprecher deinen Namen plärrt. Alle Spots auf dich, du grinst lässig und hebst die Arme, als ob ihr schon gewonnen hättet.

Eishockey ist ein ehrlicher Job. Du fährst auf den anderen los, und ihr macht das Ding untereinander aus. Du rammst ihn, er rammt dich. Kein Pardon. Manchmal musst du die Handschuhe ausziehen und dich hauen. Dann ist es auch wieder gut.

Du fährst zum Mittelpunkt im Mitteldrittel. Vorwärts und rückwärts, es ist wie ein Tanz. Du stellst dich zum Bully bereit. Die Leute hören auf zu kreischen. Du siehst dem anderen in die Augen. Ihr werdet um den Puck kämpfen. Um den Sieg. Das Match beginnt. Alles wie immer. Körper gegen Körper. Du führst den Puck, du gehst deinem Team beim Siegen voran. Das Schwitzen beginnt. Es ist dieser Kampf, den du so gut kennst. Wie immer eben.

Dann, so scheint es dir, geht die Welt unter. Alles dreht sich. Die Schlittschuhe gehorchen dir nicht mehr. Und du knallst mit dem Hinterkopf auf den Boden. Liegst mit dem Rücken auf dem Eis, blickst an die Hallendecke, kommst nicht mehr hoch.

Das war's.

Es war wohl ein Bodycheck: Der andere hat dich von vorn genommen und gerammt. Es war nicht schön, wehgetan hat es auch.

Da liegst du. Es ist still geworden in der Halle, die Menschen begreifen, dass da auf dem Eis ein Drama passiert. Andere Spieler und die Schiedsrichter stehen über dir und sprechen wohl mit dir. Du kannst ihnen nicht recht folgen, du lallst unsinnige Antworten. Du bist ausgeknockt. Hast gar nicht geahnt, dass einen das Leben so schnell von den Beinen hauen kann.

Es ist nicht so einfach, einen Menschen aus dem Gleis zu schmeißen. Aber wenn es denn gelingt, hat es eine Wucht.

Und dann wirst du eingewiesen, du Star, du Allergrößter. Kommst in die Klapse und musst ganz schnell begreifen, wie es um dich steht.

Wenn Rainer seine Runden auf Station 2b dreht, erzählt er ab und zu von diesem Abend in der Eishalle. Als sie ihn auf der Trage in die Kabine brachten und der Arzt in seine Augen guckte und fragte, ob er was getrunken hätte. Er kannte den Doc, sie waren befreundet, spielten zusammen Tennis, hatten viele Siege gefeiert. Und jetzt musste er sagen, ja, er hatte getrunken.

Rainers Trinker-Karriere – die öffentliche – begann mit einem Paukenschlag. Er kam am übernächsten Tag sogar in die Zeitung. Das kriegte er allerdings nicht mit. Denn da lag er in der Aufwachstation und wunderte sich, dass so kleine Tabletten einen so wirr machen konnten.

Was denn Rainers Frau gegen seine Trinkerei gemacht habe, will Anne wissen. »Die hat dich do ein paarmal besucht. Eine ganz Hübsche ist das – und ihr habt euch doch lieb!«

Das stimmt wohl. Rainer hat seine Frau auch immer zuvorkommend behandelt. Er kann sich nicht erinnern, dass man einmal groß gestritten hätte. Sie war immer die gewesen, die er auf Händen tragen wollte. Eine tolle Mutter, eine sexy Frau, eine, die einem ein schönes Nest baut. Also, das war alles mehr als in Ordnung gewesen.

»Und was ist dann schiefgelaufen?«

Wenn er das erklären könnte. Er wollte ja nicht saufen, anfangs hat er mitgetan, weil es Teil des ganzen Spiels war. Und hernach hat sich vieles so eingeschlichen. Er hat nicht gemerkt, ab wann er die Geschichte nicht mehr im Griff hatte. Und natürlich hat ihm seine Frau irgendwann gesagt, dass es jetzt nicht mehr normal ist. Aber er hat sein Geschäft geführt und trainiert und ist mit den Buben zum Kicken gegangen und hat in der Saison manchmal drei Spiele in einer Woche gemacht. So etwas schafft doch ein Säufer gar nicht.

Verwöhnt hat er seine Frau. Im Sommer haben sie immer einen langen Urlaub in der Sonne gemacht. Da ging es auch viel besser mit dem Alkohol. Man trank abends gemeinsam eine Flasche Wein, aber das war doch okay. Man hatte tolle Nächte, wie frischverliebt. Und mit den Buben hatte er am Strand so viel Spaß. Seine Frau hoffte nach solch einem Urlaub wieder, dass es so weitergehen würde. Aber das Bistro war nach der Rückkehr immer noch nur 30 Meter von daheim entfernt. Und, logisch, er ging wieder hin.

»Ja, und wie stellst du dir das alles weiter vor? Was wird denn jetzt mit euch?«

Rainer zuckt mit den Schultern und bleibt einen Moment lang stehen. Er weiß es ehrlich nicht. Jetzt ist er seit knapp drei Wochen auf der Station. Mittlerweile kennen sie ihn hier, zum fünften Mal ist er gebracht worden. Und die Intervalle werden kürzer. Nein, er weiß es wirklich nicht.

Rainer, der starke Mann, hat seine Kraft aufgebraucht. Wenn er hier bei der Beschäftigungstherapie an einem Speckstein herumschnibbelt oder ein Bildchen malt, fühlt er sich gut aufgehoben. Er freut sich auf die Besuche der Familie, aber er ist auch jedes Mal froh, wenn der Stress vorbei und die Besuchszeit um ist. Er will nichts mehr hören von den restlichen Hypotheken fürs Haus und von den geschäftlichen oder schulischen Dingen. Das wird seine Frau schon regeln.

Manchmal besuchen ihn Mannschaftskameraden. Mit denen geht er dann in die Cafeteria. Sie bestellen Weißbier, er Milchkaffee und Apfelkuchen. Sie sagen, dass er gut aussieht und dass das alles schon wieder wird. Er sieht, wie sie das Weizen trinken – und wenn er die Kaffeetasse zum Mund führt, zittert nichts. Dann fühlt er sich richtig gut, so ein bisschen überlegen.

Die Spezl hauen ihm auf die Schultern und steigen ins Auto (was ein richtiger Bayer ist, der schafft die A 8 nach Ingolstadt auch mit zwei Weizen im Kopf). Der Wagen der Freunde verschwindet durch die Unterführung, Rainer sieht nicht einmal hinterher. Es ist Zeit – er hat nur bis um fünf Ausgang, in zehn Minuten muss er wieder auf Station sein. Forschen Schritts marschiert er zurück.

Eine Stunde sind sie jetzt im Kreis gewandert, Anna und er. Sie haben wieder einmal viel zu plaudern gehabt. War doch angenehm. Klar, sie hätten auch draußen auf dem Gelände Ausgang gehabt. Aber manchmal ist man einfach zu träge, sich den Anorak und die dicken Schuhe anzuziehen. Das bisschen Bewegung kann man schließlich auch hier drinnen haben. Und alles ist viel übersichtlicher. 39 Schritte und 42 Schritte. Innenkurve und Außenbahn. Jetzt erst mal zwei Zigaretten im Raucherraum. In 40 Minuten ist Abendessen, danach wird Rainer den Fernsehapparat anknipsen. Zuerst gibt es Vorabendserien – unter anderem die *Rosenheim-Cops*, da wird es immer rappelvoll im Fernsehraum. Danach *Himmlische Töchter* mit Fritz Wepper, da hat man immer gut zum Lachen. Und zum Abschluss *Dr. House* – die Pfleger geben dienstags eine Ausnahmegenehmigung bis viertel nach zehn, damit alle *Dr. House* zu Ende gucken können.

Das ist fein, denn die Serie macht so ungeahnte Kapriolen, dass man schon wissen will, wie alles ausgeht. Es muss schließlich alles seine Ordnung haben auf 2b. Sonst wird man ja irre.

SARAH UND ROCCO II

» D anke.«
Rocco bringt das Wort nur unter Anstrengung hervor.
Verwundert blickt ihn Sarah an. Der Kerl kann ja doch
sprechen! Jetzt sitzt sie schon seit zwei Tagen im Speiseraum
neben ihm. Er ist recht schnell von der Aufwachstation in ein
Viererzimmer verlegt worden. Nach seinem Wutauftritt bei
der Einlieferung hat man nichts mehr von ihm gehört. Kein
Wort – bis auf die einsilbigen Antworten, wenn ein Arzt etwas von ihm wissen wollte, und auch nach seiner Verlegung
hat sich da nichts geändert. Rocco zog sprachlos seine Bahn.
Er rauchte auf dem Balkon und nicht im Raucherzimmer. Er
saß abends teilnahmslos im Fernsehraum und kümmerte sich
scheinbar nicht um das, was um ihn herum vorging. Unvermittelt stand er auf und ging aufs Zimmer.

Bei den Mahlzeiten leerte er schweigend den Teller, trank
ein wenig, trug das Geschirr zurück und war wieder weg.

Zuerst versuchte es Sarah noch mit Reden. Sie erzählte von
sich, sie versuchte es mit Tratsch und Klatsch aus der Klapse.
Sarah fragte Rocco, ob es ihm besser gehe. Sie redete über die
Pfleger und riss Witze. Alle lachten. Rocco verzog keine Miene. Fragen beantwortete er nicht. Bei den Mahlzeiten leerte
er schweigend den Teller, trank ein wenig, trug das Geschirr
zurück und war wieder weg.

Irgendwann gab Sarah auf. Na, dann eben nicht, du Stoffel.

Und jetzt sagt der Typ »Danke«, weil sie ihm den Salzstreuer hingeschoben hat. Sie sieht hinüber, er hat sich wieder
über sein Essen gemacht.

»Ey, stumm biste also nicht.«

»Warum?«

»Na ja, besonders viel haste nicht gesagt, seit du bei uns bist.«

»Was gibt es schon zu reden? Ich sitze meine Zeit ab – und dann bin ich weg. Oder glaubst du, dass mir das hier gefällt?«

»Nee, das gefällt keinem. Halt, stimmt nicht. Siehste den René da drüben?«

»Den Mageren, der dauernd am Quatschen ist?«

»Genau. Der fühlt sich pudelwohl. Immer, wenn sie ihn rauslassen wollen, kommt er vom Freigang mit 'ner Fahne zurück. Dann muss verlängert werden. Die checken natürlich auch, was Sache ist. Lassen ihn machen, weil er nett ist und harmlos. Der fährt die Tour, bis es draußen wieder wärmer ist. Dann ist er so lange clean, bis er rauskann.«

»Was macht das denn für einen Sinn?«

»Na, der tippelt durch ganz Deutschland. Kennt alle großen Klapsen von hier bis Hamburg. Im Sommer ist er auf Achse. Und wenn es ungemütlich wird, sucht er sich eine Bleibe. Kriegt seine Distra, hat ein warmes, sauberes Bett, Essen satt und Fernsehen, wenn ihm danach ist. Feines Leben.«

»Könnte ich nicht. Das ist doch total öde hier. Du hast gesagt, dass du wegen Alkohol hier bist – und weil du dich ritzt.«

»Ach, das haste dann doch mitbekommen.«

»Klar. Bin doch nicht blöd.«

»Finde ich gut. Du, wollen wir nach dem Essen ein Stück gehen?«

»Ich darf erst in ein paar Tagen raus. Und wenn ich mich nicht irre, hast du auch keinen Freigang.«

»Nee, erst in drei Tagen. Und dann auch nur eine Stunde in Begleitung. Mit ›Gehen‹ meine ich auf dem Gang. Immer die Runde, weißte.«

»Wenn du meinst.«

Sie tragen ihre Teller und das Besteck in die Küche, wo Herr V. seit Neuestem alles in die große Spülmaschine stapelt. »Netter Typ«, raunt Sarah Rocco beim Verlassen der Küche zu. Herr V. hat es gehört und lächelt verlegen.

Vor dem »Gehen« gibt es Medikamente. Rocco bekommt Distra und etwas für den Kreislauf, der immer noch auf Übertouren läuft. Für Sarah liegt eine hübsche, kleine Konfektmischung parat. Ganz schön viele Drogen, meint Rocco. »Ach«, sagt sie, »man gewöhnt sich dran – und es hilft. Ich bin schon viel ruhiger. Und geritzt habe ich mich das letzte Mal vor zwei Wochen.«

Sie drehen ihre Runden. Sarah hat einen weichen, sicheren Gang. Rocco bewegt sich, wie das seiner Meinung nach ein Mann tun muss. Hat er mal auf einem Foto gesehen, das James Dean zeigt. Der Kopf ist gesenkt, die Augen fixieren einen Punkt auf dem Boden. Die Hände hat er in die Hosentaschen gestopft, die Schultern ein wenig nach vorn geschoben. Jetzt wäre eine Zigarette gut – die könnte er nachlässig aus dem Mundwinkel baumeln lassen.

Er bleibt stehen. »Warum machst du das?«

»Was?«

»Die Scheiße mit dem Ritzen.«

»Ach, das. Ich frage dich auch nicht, warum du das mit den Drogen machst.«

»Schon gut, okay. Wie lang bist du denn schon hier?«

»Fast einen Monat. Aber nicht mehr lang. Sie haben gesagt, ich komme bald in ein offenes Haus hier auf dem Gelände.«

»Und willst du das?«

»Ist besser als das hier drinnen.«

»Schon klar – aber du bist doch nicht blöd. Du hast hier nichts verloren.«

»Erzähl' das mal meinen Eltern.«

»Wie meinst du das?«

»Später vielleicht. Lass uns jetzt von was anderem reden, bitte.«

»Okay, erzähl' doch mal – was machst du gerne?«

»Lesen.«

»Toll. Ich auch. Was denn so?«

»Im Augenblick bin ich an einer Biografie über Egon Schiele. Das war ein ...«

»... weiß schon – dieser Maler.«

»Toll. Warum kennst du denn den Schiele?«

»Ich lese auch, stell dir vor. Nein, im Ernst. Ich habe beim Hugendubel ...«

»Wie? Beim Hugendubel?«

»Ja, da stiefel' ich manchmal rein und besorge mir ein Buch. Setze mich da hin, wo die Stühle sind, und lese, bis sie mich rausschmeißen. An dem Tag mit dem Schiele habe ich Glück gehabt. Ich habe fast das ganze Buch durchgemacht.«

»Wie? Gelesen?«

»Nicht richtig. Ich habe die Bilder angeguckt und über das Leben von dem Typen gelesen. Der war ja auch so ein Durchgeknallter.«

Sarah sieht Rocco genauer an. Jetzt, wo er frisch geduscht ist und sich das Gesicht glatt rasiert hat, sieht er eigentlich ganz interessant aus. Die Augenfarbe – das müsste zwischen Blau und Grün sein. Das Piercing auf der Zunge sieht man nicht, ist auch ganz gut so. Er trägt eine saubere Jeans und ein zu oft gewaschenes T-Shirt. Die Haare sind zu lang, und er kämmt sich wohl nicht gern. Ein bisschen schaut er aus wie ein junger Einstein mit Piercing.

Dünn ist Rocco, mit hohen Wangenknochen. Wenn er nicht so auf Macker machen würde, wäre er ein ganz Süßer. Ihre beste Freundin steht auf diese Typen. Wie es wohl ist, wenn Rocco lacht? Warum lacht er eigentlich nicht?

»Wie meinst du das – durchgeknallt?«

»Einer, der die Frauen so malt, hat entweder einen an der Waffel oder er traut sich eine Menge. Ich glaube, er hat gewusst, was er getan hat. Aber ich glaube, dass die meisten Künstler sowieso mal einen an der Waffel haben. Und außerdem war er im Knast. Weil er es mit den kleinen Mädchen hatte. Stimmt doch, oder?«

»Ja, im Knast war er schon. Ein paar Tage, glaube ich. Aber in dem Buch, das ich da lese, steht, dass der Richter, der ihn verknackt hat, selbst Pornozeichnungen mit kleinen Mädchen gesammelt hat. Und der Schiele wollte nur malen – gemacht hat er mit den Mädchen nix.«

»Dann glauben wir das mal.«

Sie gehen schweigend. Sie fühlen sich gut. Haben vergessen, dass sie ihre Runde in der Geschlossenen von Haar drehen.

Später begleitet sie ihn auf den Balkon. Sie friert, er zieht seinen Pulli aus und legt ihn ihr über die Schultern. Dann steckt er sich die Zigarette an. Er genießt das Rauchen – zum ersten Mal seit langer Zeit. Wann hat er eigentlich das Rauchen je so genossen? Er friert gar nicht.

»Weißt du überhaupt«, fragt Rocco, »dass ich einen Hund habe?«

»Toll. Wie heißt er?«

»Werther«, sagt er.

Was für ein süßes Gesicht er hat, denkt sie, als Rocco beginnt, von seinem Hund zu erzählen.

HÖRIG I

Wie ist ihm das nur geschehen? Gerd Ammersberger hockt auf seinem Bett und blickt ungläubig durch den Aufwachraum. Hier gehört er nicht her, wirklich nicht. Er nimmt die Brille ab, setzt sie wieder auf. Seine Gedanken sind ganz klar. Keine Spur mehr von dem Rausch, mit dem er vor ein paar Stunden eingeschlafen ist. Er stützt sich mit den Armen auf der Bettkante ab und versucht, seines Entsetzens Herr zu werden.

Hat sie es also endlich geschafft! Jetzt hat sie ihn so weit. Gerd Ammersberger in der Klapse!

V. spricht den Neuen an. »Sieht schlimmer aus, als es ist. Du wirst dich dran gewöhnen.« Herr V. ist frisch rasiert und fühlt sich ganz gut. Er hat sich mittlerweile auf zehn Distra am Tag runtergearbeitet, da geht es einem schon viel besser. Noch ein oder zwei Tage, und er wird die Aufwachstation verlassen und ein zivileres Zimmer beziehen dürfen. Herr V. macht keinen Ärger, er hat seine Ungeduld inzwischen unter Kontrolle. Und er ist ziemlich wach – wenn sich etwas auf der Station tut, ist das für ihn ein angenehmer Zeitvertreib. Dieser Mann, den sie gerade neben ihn gelegt haben, sieht interessant aus: gepflegt, nicht erkennbar betrunken, aber völlig verstört. Der ist zum ersten Mal hier, das sieht man.

Als Herr V. den Mann anspricht, reagiert der dankbar. Er dreht sich zu V. um und sagt: »Daran werde ich mich sicher nicht gewöhnen. Das ist ja grauenhaft.«

So habe er an den ersten Tagen auch empfunden, erwidert Herr V., aber mit der Zeit gebe sich das. Garantiert. »Du bist doch eh gut beieinander. Wie viel?«

»Wie bitte?« Der Neue ist wirklich sehr neu.

»Was haben sie bei dir gemessen? 1,5 Promille, schätz' ich mal.«

»Ach so. Nein. 1,2 haben sie, glaube ich, gesagt.«

»Is ja nix. Was ist denn mit dir passiert?«

Gerd Ammersberger ist ein gebildeter Mensch. Als Manager hat er sich in die oberste Etage eines großen Verlags hochgearbeitet. Ein fähiger Mann, das wissen alle. Ein paar Gegner hat er sich gemacht, aber bei seinem Team ist er beliebt. Auf Ammersberger kann man bauen, den kann man morgens um drei anrufen und um Rat fragen, der hat immer die passende Lösung parat. Vielleicht noch zwei, drei Jahre – dann ist er reif für einen Vorstandsposten.

Und er ist ein Manager, der über den Tellerrand guckt. In Ammersbergers Bibliothek stehen mehr als 10 000 Bände, er besucht jede wichtige Ausstellung, man sieht ihn im Theater und im Konzert. Gerd Ammersberger wird zu Podiumsdiskussionen eingeladen, bei denen die Teilnehmer sich über Moral und modernes Business unterhalten. Er ist einer, dem die Menschen gern zuhören.

Und jetzt das! Das ist echte Fallhöhe, denkt Ammersberger.

Wie ist er nur an diese Frau geraten? Wann hat sie begonnen, ihn zu zerstören, wann hat er damit begonnen, sich selbst zu vernichten? War sie wirklich so bösartig oder bildet er sich das alles nur ein, weil er die Kontrolle verloren hat? Egal, jetzt ist er hier gelandet. Vielleicht ist das das Ende.

Im Nebenraum liegt ein alter Mann und hält in einer fremden kehligen Sprache einen Monolog. Ammersberger hört hin, und sein Bettnachbar meint: »Der redt nicht mehr lang. Der ist am Sterben.«

Ammersberger erschrickt wie bisher selten in seinem Leben. Der andere wiederholt seine Frage von vorhin:

»Was ist denn mit dir passiert?«

Und Gerd Ammersberger beginnt zu erzählen.

In seinem Leben war alles so klar gewesen. Gerd Ammersberger besuchte ein renommiertes Internat. Die Schüler – nur Buben – wurden von Benediktinern noch nach den Regeln einer vergangenen Zeit erzogen. Hier wuchs die Elite heran. Es wurde gebetet und gearbeitet und fürs Leben gelernt. Auf dumme Ideen kam keiner. Vormittags paukte man die Pflicht weg, nachmittags wurden der Körper und die musischen Begabungen bedient. Sport, Chor, Lernpflichtstunden, Abendessen, Freistudium. Die Patres griffen in der Unterstufe durch und siebten aus. Wer es bis zur achten Klasse gebracht hatte, durfte bis zum Abi bleiben. In der elften mussten die jungen Männer ins benachbarte Lyzeum und dort einen Tanzkurs mit den Zehntklässlerinnen machen. Leichtes Knutschen war geduldet, mehr nicht. In der Oberstufe stiegen die Burschen manchmal samstags aus dem Fenster und radelten ins Nachbardorf, wo sie Bier tranken.

Gerd war dabei, nur mit dem Bier hatte er es nicht so. Er war der beste Sportler der Schule. Alles konnte er, alles probierte er. Einmal wurde ein Judokurs angeboten. Der Trainer kam aus dem Nachbarort und hatte einen schwarzen Gürtel. Ein großer, durchtrainierter Kerl war das. Aber in der dritten Stunde machte er den Fehler, Ammersberger auf die Matte zu holen, um einen besonders pfiffigen Wurf zu demonstrieren. Ammersberger stellte sich vor den Trainer und wehrte sich wie geheißen. Er fiel nicht, er wackelte nicht einmal – und aus war's mit dem Respekt der Klasse vorm Trainer.

Gerd war Stürmer in der Fußballmannschaft der Schule. Im Eishockeyteam stand er im Tor. Er schwamm bei der Bayerischen mit, gehörte zu den besten Skifahrern seines Jahrgangs. Und als er 17 war, entdeckte er das Radfahren.

Seine Eltern kauften ihm eine italienische Rennmaschine, schwarz – und es war geschehen um Gerd Ammersberger. Fast jeden Tag trainierte er. Setzte sich nach dem Mittagessen auf den Bock und verschwand zwei, drei Stunden in den Bergen. Er war zwar ein wenig zu schwer für die Pässe, doch in der Ebene zog er weg wie eine Maschine. Der Direktor gab ihm per Sondererlaubnis frei, damit er an den Rennen teilnehmen konnte – und Gerd Ammersberger war immer vorn dabei.

Er war einer, der viel lachte. Auch auf dem Rad sah man meist einen strahlenden Gerd Ammersberger. Aber er konnte sich auch schinden. Er hatte Spaß daran, seinen Körper zu Dingen zu zwingen, die wehtaten. Wenn er von seinen Fahrten zurückkam, das Rad in den Unterstand gestellt hatte und nach dem Duschen mit wohlig matten Beinen am Schreibtisch saß und lernte, war Gerd mit sich sehr einverstanden. Aufgabe erledigt, nicht gekniffen.

Den Klassenkameraden kam Gerds Sportelei zwar ein wenig absonderlich vor – aber weil er klug, locker und ein prima Kumpel war (er ließ bei den Schulaufgaben spicken, in der Disco riss er mit seinem Charme ganze Mädchenklassen auf, er machte jeden Unfug mit, nur Bier trank er nicht in erwünschter Menge), war er einer, dem sie zuhörten.

Er mochte die Zeit in der Oberstufe. Pater Justus, der Deutsch gab, zeigte ihm die Kunst des Lesens. In fast allen Fächern tat er sich leicht. Überhaupt, er musste sich nicht oft mit Widrigkeiten herumschlagen. Erster Beischlaf, Führerschein, Jugendmeisterschaft bei den Abfahrern – Gerd Ammersberger punktete immer.

Ja, das war schon alles sehr okay. Zum Abi bekam jeder eine Zigarre und von manchen Patres das Du angeboten.

Eine gute Jugend.

Dann das Studium. Gerd Ammersberger belegte Philosophie, Jura, arbeitete in den Ferien als Praktikant in den Redaktionen und Anzeigenabteilungen verschiedener Zeitungen. Er durchlief das Studium in kürzestmöglicher Frist, sicherte sich beizeiten eine Stelle bei dem großen Verlag seiner Wahl. Ammersberger war 24, als er ins Berufsleben einscherte. Die Hörner hatte er sich während des Studiums abgewetzt, nun ließ er es ruhiger angehen. Seine Freundin sah wundervoll aus, mit ihr würde er später eine Familie gründen. Doch zuerst einmal musste Karriere gemacht werden.

Ammersberger arbeitete durch. Im Urlaubsgepäck steckten Akten, Feierabend kannte er nicht, an den Wochenenden war er zumindest vormittags im Büro. Seine Sportkollegen kamen aus der Branche – bei der Radtour am Sonntag oder nach dem Tennis wurden unter der Dusche oder in der Sauna schon die nächsten Deals eingefädelt. Und wenn Ammersberger das Karriere-Machen unterbrach, büffelte er Philosophie und bereitete seine Doktorarbeit vor. Der Mann war eine Denk- und Arbeitsmaschine.

Er merkte kaum, wie ihm die Freundin abhanden geriet. Eines Abends kam er ins Apartment zurück, und ihre Schrankhälfte war leer. Ein Brief, knapper ging es nicht: »Ich hoffe, Du lässt es Dir gut gehen. Ruf' mich bitte nicht an.«

Ammersberger – der sonst nicht trank – nahm drei Tage frei und kaufte an der Tankstelle Whisky und Bier. Am dritten Tag schüttete er die Reste weg und konzentrierte sich weiter auf seine Karriere.

Zwei Jahre Hamburg, ein Jahr London. Ammersberger lernte Russisch und brachte Verlagsprojekte in Moskau ans Laufen. Der Mann hat ein goldenes Händchen, hieß es in der Branche. Die Konkurrenz wollte ihn abwerben, aber Gerd

Ammersberger, mittlerweile Dr. phil., hatte für seine Zukunft anderes im Sinn. Er wartete darauf, dass man ihn nach München zurückholte – viel Geduld brauchte er nicht.

Anfang 30 war er jetzt, steckte voller Ideen. Seine Verlegerin lud ihn mittlerweile zu ihrem monatlichen Suppenessen ein. Das war ein Novum: Jemand aus ihrem Haus durfte mit am Tisch sitzen, wenn sich die Großkopferten der Stadt an einem Sonntagmorgen auf der Dachterrasse ihres Penthouses trafen und ihre Netzwerke flochten. Da war der allgegenwärtige Oberbürgermeister, der aus dem Stand stundenlang spritzige Reden halten konnte. Da war der Vordenker des Autobauers – wenn er nicht gerade an irgendeiner Formel-1-Rennstrecke stand und »seine« Piloten anfeuerte. Da war die Industrielle, die als Sekretärin bei ihrem späteren Mann angefangen hatte – und jetzt, nach seinem Tod, alle Strippen des eher unübersichtlichen Imperiums fest in den Händen hielt. Da war der Filmmogul, den sie sogar in Hollywood hofierten, und der Schriftsteller, der vor 30 Jahren mal einen Weltbestseller geschrieben hatte und danach abgetaucht war – ein Phantom der Kulturszene. Und immer wieder gesellten sich zum harten Kern der very important Suppenesser auch Nicht-Münchner, die gerade in der Stadt waren.

Gerade mal 30, noch nicht einmal im Vorstand – und schon am Sonntagstisch der Verlegerin: Gerd Ammersberger war ein Münchner auf der Überholspur. Er wohnte nicht mehr in der Stadt, hatte ein Haus am Starnberger See gemietet. Berg, Schlossstraße, mit Zugang zum Ufer, links ein Profifußballer des FC Bayern München, rechts wohnte ein in der Freizeit malender Schönheitschirurg.

Das Haus war viel zu groß, aber irgendwann würde schon eine Frau einziehen. Er hatte einen klaren Entwurf: bis 40 die Heirat mit einer zehn oder 15 Jahre Jüngeren (vorzugsweise ein Fräulein aus besseren Verhältnissen), zwei, drei Kinder, die er in der Schweiz aufs Internat schicken würde, spätestens mit 50 Chef im Verlag. Und dann – nun, er wusste nicht genau, was dann kommen würde. Aber es würde etwas Großes sein.

* * *

Schwarze Haare. Braun gebrannt von einem Skiurlaub in Sölden. Die Lippen glänzten purpurn. Kniehohe schwarze Lackstiefel, steingewaschene Jeans. Sehr enges T-Shirt unter der Lederjacke. Drunter zeichnete sich ein BH ab. Sie lachte ein bisschen zu laut. Aber es war Fasching, und in der Schwabinger Bar ging es hoch her – da waren alle überdreht. Sie stand am Tresen und trank Weißwein.

Gerd Ammersberger stand in der offenen Tür und schüttelte sich. Was für ein Sauwetter da draußen! Es hatte wieder angefangen zu schneien. Er würde den Wagen stehen lassen und ein Taxi nach Hause nehmen. Es war Freitag, und am Wochenende lag nichts Dringendes an. Ammersberger hatte vor den närrischen Tagen die wichtigen Geschäfte geregelt, jetzt würde er sich eine Auszeit gönnen.

War sein gutes Recht, oder?

Kaum einer arbeitete so hart. Er hatte kaum ein Privatleben – wenn man mal von den Theater- und Konzertbesuchen absah. Nur manchmal ließ er sich ein wenig gehen. Dann war er ein guter Gast im P1 oder einer der neuen Bars in der Nähe des Hauptbahnhofs. Ab und zu sprach er eine Frau an und landete mit ihr in einem Zimmer des Maritim. Privater wurde es nie.

Über Frauen machte er sich keine Gedanken. Eine Vielversprechende hatte er noch nicht getroffen – aber er konnte warten. In der Zwischenzeit regelte er das Körperliche nach Bedarf, das machte kein Kopfzerbrechen. Wenn nötig, bezahlte er für kompetente Begleitung.

Ein bisschen mehr Sorge machte Ammersberger, dass sich die Sache mit dem Alkohol nicht immer nach seinen Vorstellungen entwickelte. Er, der es liebte, Kontrolle über alles zu haben, verlor ab und zu die Übersicht.

Wochentags trank er nie, da funktionierte er perfekt. Doch wenn er am Freitag das Büro verließ, kam es nun immer öfter vor, dass er sich ganz ausklinkte. Er fuhr mit seinem Mountainbike durchs Alpenvorland, bis ihm schlecht war. Und dann kehrte er in einer gewöhnlichen Wirtschaft ein und betäubte das Magengrimmen mit Weißbier. Bald ging es ihm besser und er fühlte sich nicht mehr so leer.

Den Samstagabend verbrachte Ammersberger jetzt häufig vor dem Fernsehapparat. *Wetten dass...?* allein mit Gottschalk und einer Flasche Wein, beim *Sportstudio* schlief er auf der Couch ein und wachte vor dem Morgengrauen mit blödem Kopf auf. Den Sonntag brauchte Gerd Ammersberger dann zum Auslüften. Aber abends war er wieder fit genug, um die Geschäfte der kommenden Woche vorzubereiten.

Nun lärmte also der Fasching in seine heiße Phase. Draußen schneite es, an Sport war in den nächsten Tagen nicht zu denken. Da konnte er doch getrost mal fünfe gerade sein lassen.

Gerd Ammersberger drückte sich zwischen den Menschen durch in Richtung der Bar. »Servus«, rief ihm Claudio entgegen. »An Weißn?«

»Ja, aber gibst mir erst an Grappa. Ich komm' grad ausm Franziskaner. Brauch' was Gsundes.«

Claudio verstand und schenkte ein, während Ammersberger den Mantel auszog und unter den Tresen hängte. Gerd

griff zum Grappa und nahm die Medizin. Das tat gut, ehrlich.

»Hat's geschmeckt beim Franziskaner?«, fragte die
Schwarzhaarige, nachdem sie sich zu Ammersberger ge-
wandt hatte.

»Schon«, meinte er, noch nicht so recht bereit für ein be-
langloses Gespräch.

Sie redete weiter, als habe sie seine Distanz nicht bemerkt.
Sie sei erst unlängst in der Wirtschaft gewesen. Habe im
Marstall etwas von Kroetz gesehen. Irgendwie, sie wisse ja
nicht, aber irgendwie …

Jetzt war Ammersberger doch interessiert. Ob sie *Heimar-
beit* meine?

Genau! So habe das wohl geheißen. Na ja, vielleicht sei sie
ja altmodisch, aber gefallen habe ihr das nicht.

Ammersberger besah die Frau genauer. Klasse Figur. Sehr
sexy, volle Lippen und intensive, dunkle Augen. Das hatte
er sich nicht vorgestellt, als er die Bar betreten hatte: dass er
an diesem Abend noch ein interessantes Gespräch über das
Theater führen würde.

»Magst was trinken?«

Sie nickte und deutete auf ihr Glas. Was das für einer sei,
fragte er. Ein Südafrikaner, sagte sie. Den habe sie zum ersten
Mal auf einem wundervollen Gut unterm Tafelberg getrunken. »Sie können sich nicht vorstellen, wie schön das war.
Ich weiß es noch genau, wir hatten einen tollen Sonnenunter-
gang. Eine Art Zwiebelkuchen und dazu dieser Wein! Himm-
lisch!«

Also, erstens werde er den Wein auch versuchen (»Claudio, bringst uns zweimal so einen Südafrikaner. Und für
mich noch an Grappa. Magst auch einen?«). Zweitens heiße
er Gerd und schlage vor, dass man es mit dem »Du« halte

(er kniff die Augen ein wenig zusammen; er wusste, dass er dann entzückende Lachfalten hatte und ein bisschen aussah wie ein Lausbub). Und drittens (ganz harmlos schaute Gerd drein): Mit wem sie – wenn die Frage erlaubt sei – in Südafrika gewesen sei?

Also (ihre Augen bekamen etwas Helles, wenn sie lachte), erstens nehme sie gern auch einen Grappa. Zweitens heiße sie Franka und freue sich natürlich über das »Du« (wobei man auf das Getränk warten solle, bevor man das Ganze offiziell mache). Und drittens (jetzt vertauschte sie das Lachen mit einem privaten Lächeln und sah Gerd sehr direkt an) sei sie allein nach Südafrika gereist – drei Wochen Urlaub bei einer Freundin, die in Kapstadt lebe.

Das gefiel ihm. Claudio stellte vier Gläser auf den Tresen. »Franka«, sagte er, sie sagte »Gerd«. Armbeuge in Armbeuge, runter mit dem Grappa, ein Kuss auf den Mund.

Fester Druck der Lippen. Länger als erhofft. Sein Ellbogen streifte ihren Körper. Wirklich, ein toller Busen. Zurück in die Ausgangsposition. Blickkontakt: Sie hatte das gemerkt mit dem Ellbogen. Ein Zufall war das nicht gewesen.

Sehr gut.

»Jetzt werd' ich den mal probieren.« Ammersberger nahm einen Schluck vom Weißwein. Sie mochte es wohl ein wenig herber, fruchtig im Abgang. Nicht zu schwer.

Gut so. Sehr gut.

Kurz vor Mitternacht war es, als die beiden Brüderschaft tranken. Die Rushhour im Peppone hatte begonnen. Von überallher aus der Stadt kamen die Nachtschwärmer, es wurde eng am Tresen. Franka Sturm und Gerd Ammersberger bemerkten es nicht. Es war laut, aber sie konnten sich problemlos unterhalten. Als ein Tischchen in der Nische frei wurde, wechselten sie – und Claudio brachte zwei Portionen getrüffelte Ravioli.

So blendend hatte sich Ammersberger seit Langem nicht mehr unterhalten. Franka war noch jung – vielleicht gerade mal 25 –, doch was machte das? Mit ihr zu reden – das war wie Pingpong.

Auf dem Tisch zwischen ihnen stand in einem Kühler der Südafrikaner, zweimal hatte Claudio schon die Flaschen ausgewechselt. Nun ging die dritte zur Neige. »Ich glaube, ich bin reif fürs Bett«, sagte sie, hatte eine klare Stimme dabei. Er stimmte zu und fragte, ob man sich wiedersehen könne. »Freilich«, meinte sie, »gern. Wann?«

Am Sonntag vielleicht. Zum Brunch. Königshof wäre schick.

»Schöne Idee«, sagte sie. Um elf, sei das okay?

Klar. Elf am Sonntag. Königshof. Er freue sich. Ja, sagte sie. Ja.

Sie ließen sich Taxis kommen. Jeder verschwand in der verschneiten Nacht.

»Nach Berg am Starnberger See«, meinte er und lehnte sich zurück.

Gut, das alles. Sehr gut.

Dann fiel ihm ein, dass er nicht einmal eine Telefonnummer von ihr hatte. Und wie hieß Franka eigentlich mit Nachnamen?

Es folgte ein seltsamer Samstag für einen Kopfgesteuerten. Es hatte nichts mit seinem Kater zu tun, dass Gerd keinen kühlen Gedanken fassen mochte. Am Nachmittag radelte er nach München, um den Wagen in Schwabing abzuholen. Es schneite immer wieder ein wenig, es war kalt, aber das störte ihn nicht. Das wattige Gefühl in seinem Kopf verschwand, die Beine wurden zu Pleueln, das Bike war sein Freund.

Ihm war so sauwohl. Er versuchte, rational zu denken. Das musste doch zu erklären sein, was da gestern Nacht passiert war. Irgendetwas war diesmal anders als bei seinen sonstigen Frauengeschichten. Sie hatten ja gar nichts miteinander gehabt, Franka und er. Der Bruderschaftskuss und die Umarmung vor dem Peppone, mehr war doch nicht gewesen. Und jetzt kriegte er sie nicht aus seinem Denken. Was war denn an ihr dran? Schöne Frauen liefen rudelweise durch die Stadt, Sex bekam er nach Gusto.

Es war vielleicht ein bisschen ihr Lachen. Gurrend, lockend, voller Wärme und Nähe. Oder diese Art des Miteinander-Redens. Als kennte man sich schon seit ganz langer Zeit – und gleichzeitig immer gespannt auf das, was als Nächstes kommen würde. Sie hatten über Golf gesprochen und über die Ausstellung des verrückten Japaners im Haus der Kunst, über ihre Vorstellungen von der Zukunft und den Fluch der Mittelmäßigkeit. Sie hatte erklärt, dass das Leben für sie immer eine Herausforderung sein müsse und die Menschen in ihrem Leben ebenso. Durchschnittliche Frauen und Männer seien nur Zeitvergeudung. Sie hatte oft Sätze gesagt, die er im selben Augenblick gedacht hatte. Er hatte oft ausgesprochen, was ihr gerade durch den Kopf ging. Es war ein neues Abenteuer für ihn gewesen.

Und sie hatten sich so oft in die Augen gesehen. Schöne Augen hatte sie. Abgründig, lockend, prüfend, rätselhaft. Dann wieder ganz offen und nah.

Sie war intim mit ihm gewesen, dabei hatten sie sich nicht berührt. Sie waren allein miteinander gewesen in diesem Trubel von feiernden, lärmigen Menschen. Und er hatte sich mit sich im Reinen gefühlt – wie das ist, hatte er schon vergessen gehabt.

Ammersberger hatte die Isar erreicht und radelte am rechten Ufer über matschige Wege. Wunderbar, wie sich das Leben anfühlte. Nadelspitzenkalt auf den Wangen. Der letzte Alkohol verflog. Vorbei am Tierpark, weiter in Richtung der Innenstadt, linkerhand das Deutsche Museum. Der Uferweg war verwaist, das gefiel Ammersberger. Er fuhr über eine Brücke, weiter in den Englischen Garten. Hinein nach Schwabing. Vorbei am Peppone, eine Seitenstraße später bremste er vor seinem Wagen. Er montierte das Vorderrad vom Bike, verstaute alles im Fond.

Eilig hatte er es nicht. Nachdem er sich abgetrocknet hatte, fuhr er gemächlich aus der Stadt und auf der Olympiastraße neben der Autobahn in Richtung Süden. In Starnberg kaufte er – immer noch in der Radmontur – für den Rest des Wochenendes ein: ein Rumpsteak und eine Packung Pommes frites für den Abend, dazu einen südafrikanischen Rotwein. Brezen zum Aufbacken fürs Frühstück, ein bisschen Aufschnitt. Aus dem Presseregal die *Süddeutsche*, das neue *Manager Magazin*, die *FAZ* und die *tz*. Das Ganze kam zum Fahrrad, er fuhr aus der Stadt, machte noch einmal an der großen Tankstelle halt. Zwei Dosen Elephants für den Heimweg, eine öffnete er gleich nach dem Einbiegen auf die Landstraße. So etwas hatte er noch nie getan.

Herrschaftszeiten, fühlte er sich wohl! Für Sonntagmittag oder –abend hatte er nicht eingekauft. Er trödelte mit 50 Sachen über Land. Nahm einen großen Schluck und lächelte blöde: Nein, für Mittag und Abend hatte er nicht eingekauft. Er war schließlich verabredet.

Sie würde schon kommen.

Das Handy klingelte pünktlich um elf. Es tue ihr so leid, wirklich. Aber sie könne nicht. Ihr Hund sei krank geworden. Jetzt müsse sie erst einmal zum Tierarzt. Nein, das sei sehr nett, dass er ihr anbot, sie zu begleiten. Aber das mit dem Hund sei wirklich schlimm für sie. Das wolle sie erst einmal verarbeiten. Sie werde ihn anrufen, wenn alles wieder im Lot sei.

Ähm? Er blickte aus dem Fenster des Restaurants und versuchte ruhig zu atmen. Ähm?

Na ja, hörte er sich sagen, das sei nicht so schlimm. Natürlich gehe der Hund vor. Was er denn überhaupt habe?

Dabei ging ihm die verdammte Töle am Arsch vorbei.

Franka redete ohne Punkt und Komma. Irgendwie bekam er mit, dass der Hund die Scheißerei hatte – und außerdem seinen Fressnapf in der Frühe nicht angerührt. Er sei so ein lebenslustiges Tier und ein treuer Begleiter und was sie mit dem Hund nicht schon alles unternommen habe. Und weiter und weiter und noch eine Geschichte und noch eine Belanglosigkeit.

Ammersberger ärgerte sich. Der Livrierte vom Königshof guckte schon – oder bildete sich Ammersberger das nur ein?

»Du, Franka, das ist alles nicht so schlimm. Vielleicht klappt es ja ein andermal. Du hast ja meine Nummer.«

»Ja«, sagte sie und hatte eine ganz weiche Stimme. Sie würde ihn gleich zu Beginn der neuen Woche anrufen. Und er solle sich den Tag nicht verhageln lassen. Es tue ihr so leid ...

Blablabla. Gerd Ammersberger erhob sich, während er noch telefonierte. »Ich muss jetzt Schluss machen«, sagte er und gab sich Mühe, seine Stimme kalt klingen zu lassen. »Bis dann.«

Er bestellte den Tisch ab, stieg in den Wagen und fuhr zurück aufs Land. Der Himmel war ungemütlich grau, vielleicht würde es wieder schneien. Ein verlorener Tag. Gerd Ammersberger war es, als hätte er viel zu enge Unterwäsche an – da war so ein saublöder Druck auf der Brust. In Berg machte er am Seehotel halt und trank zwei Weißbier. Ein paar Wanderer ließen es sich bei Kaffee und Kuchen gut gehen. Ammersberger konnte sie nicht leiden.

Er bekam, dem Magengrimmen zum Trotz, Hunger. Er bestellte eine Speckplatte, noch ein Weißbier und einen Schnaps. Vergiss sie, sagte er sich und versuchte, sich auf einen Artikel in der Heimatzeitung zu konzentrieren, die er neben der Garderobe gefunden hatte. Er las die Geschichte bis zum Schluss durch – danach wusste er nicht, worum es ging. Gerd Ammersberger blickte durchs Fenster. Das Wasser auf dem See war kabbelig, Starnberg auf der anderen Seite nur verschwommen zu erkennen.

Sei's drum. Dann eben nicht. Kurz fühlte er sich, als hätte er großen Ballast abgeworfen. Dann merkte er, wie das seltsame Unwohlsein wieder in ihm hochkroch. Er vermisste diese Frau, die er nicht kannte. Er sah sie vor sich, obwohl er kein Bild hatte.

Vielleicht lag es am Alkohol, den er auf nüchternen Magen getrunken hatte – die Breze hatte er vor der Fahrt nach München nicht angerührt. Er war definitiv nicht der Gerd Ammersberger, den er kannte. Der kontrollierte Mann, der die Dinge immer im Griff hatte, weil er alles analysierte, ehe er agierte. Jetzt wurde er gar ein wenig weinerlich. Der graue See. Der trübe Himmel. Duster die Wirtsstube, so gar nicht heimelig. Zwei Tische weiter saßen zwei sehr junge Frauen, beide zu dick, mit einem kleinen blassen Jungen. Wer von den beiden die Mutter war, ließ sich nicht erkennen. Die Frauen tranken wortlos Irish Coffee, der Bub tunkte mürrisch Pommes in eine Ketchup-Lache. In einer Ecke dann noch ein Mann, der die Winterjacke nicht ausgezogen hatte, vor seinem Bier.

Einen derartigen Blues hatte Ammersberger nicht gehabt, seit seine Freundin ausgezogen war. Er trank das Weißbier aus und zahlte. Was sollte er jetzt zu Hause? Zum Arbeiten fehlte die Energie, nach Gesellschaft war ihm nicht, allein wollte er auch nicht sein. Er war sich selbst zu viel.

Er wendete den Wagen und fuhr nach Starnberg. Stellte das Auto am Bahnhof ab, nahm die S-Bahn nach München. Ammersberger schlurfte durch die vor Nässe glänzende Dachauer Straße, kehrte in einer Eckkneipe ein, landete am Stiglmaierplatz in einer nach ranzigem Fett stinkenden Kaschemme. Er stieg von Bier auf Weißwein um. Ein Stück die Schleißheimer stadtauswärts, Kneipe um Kneipe.

Es war dunkel, als er ein Taxi rufen ließ. »Nach Berg«, sagte er und schlief ein. Als ihn der Fahrer vor seinem Haus weckte, wusste er im ersten Augenblick nicht, wo er war. Und warum er war, wo er war.

Ja, genau so hatte das damals angefangen mit der Frau, die Gerd Ammersberger fast das Leben kosten würde.

✳ ✳ ✳

»Jaja, so hat es angefangen«, sagt Gerd Ammersberger und horcht wieder in den Nebenraum, aus dem diese grauenhaften Geräusche kommen. »Meinst wirklich, der stirbt?« Er schüttelt den Kopf und seine Augen sind ganz weit weg. Wirklich eine lange Geschichte. Aber jetzt sei er furchtbar müde, und da gebe es noch so einen seltsamen Schwindel. Die Tabletten vielleicht?

»Klar. Wie viel haben sie dir gegeben?«, fragt Herr V.

»Zwei.«

»Okay, das ist nicht schlimm. Aber du wirst gleich pennen. Wir reden, wenn du wieder wach bist. Man hat hier viel Zeit zum Reden.«

Alte Gefühle II

Wenn Herr V. in den Nächten wach liegt, dann denkt er immerfort über sich nach. Notizen in sein kleines Büchlein macht er allerdings noch immer keine. Dabei ist das Schreiben eigentlich sein Beruf. Es gibt Menschen, die sagen, er könne das. Er bekommt zumindest Geld dafür. Und er will nichts anderes tun, aber gleichzeitig gibt es nichts, das Herrn V. mehr Probleme macht als das Schreiben.

Das war natürlich nicht immer so. Wenn er die Schreibhure machte, fiel ihm nichts schwer. Dann rabottete er die Texte weg – und auf dem Konto kam das Geld an. Die Niederge-schlagenheit über diese zynische Art des Schreibens ließ sich wegtrinken.

Dann – da hatte er gerade den Fünfzigsten hinter sich – fing er eines Morgens unvermittelt und unvorbereitet mit einem Roman an. Der wuchs in großer Eile. Er legte die Manu-skriptblätter gut sichtbar auf seinen Schreibtisch und hoffte, seine Frau werde das lesen.

Sie las nicht.

Er sprach sie an.

Sie sagte, sie wolle das nicht.

Sie hatten lange nicht miteinander geschlafen.

Er ging aus einer Ehe weg, die nach außen perfekt ausge-sehen hatte.

Angst.

Sich anzugucken.

Aber es ist an der Zeit. Sich selbst muss er sich allmählich stellen.

Er kommt nicht darum herum, sich aufzuschreiben.

Haar. Da ist er. Liegt auf dem sehr weißen Laken in der Aufwachstation – mal ist ein sabbernder Neuankömmling neben ihm, mal hat der Nachbar ins Distra-Leben gefunden und redet sich sein Leben von der Seele, mal ist Herr V. froh, dass er allein ist.

Er hat, zefix, viel Zeit, über sich nachzudenken.

1,72, schlank, sportlich.

Überhaupt, Sport: Da ist Herr V. hartnäckig. Er bildet sich etwas auf seinen Körper ein. Er kann vieles einigermaßen gut und fordert sich selbst gern heraus. Wenn ihm einer querkommt, haut er zu. Wenn er sich haut, verliert er alle Kontrolle.

Beim Gehen macht Herr V. den Rücken gerade. Wenn er nicht trinkt, sieht er nicht aus wie ein Trinker.

Doch das mit dem Trinken hat er gründlich gelernt. Erster Rausch, als die Eltern im Theater waren. Eckes Edelkirsch. In die Dusche gekotzt. Im Elite-Gymnasium spendierte Pater Athanasius nach dem bestandenem Abitur den Burschen Zigarren und Weißbier – schließlich waren sie jetzt Männer.

Am besten kam er bei den Weibern an, wenn er einen Kleinen gezwitschert hatte. Dann gab er sich als Bohemien, gern mal mit Baskenmütze. Hatte ja immer sein Büchlein bei sich, in das er was reinkritzelte. Und wenn ihn dann eine fragte, ob er denn der kühne Skifahrer sei, den sie am Nachmittag gesehen habe, und was er da schreibe, dann lief da schon was.

Am liebsten hatte er die älteren Damen. Die verstanden, was er meinte, wenn er nach dem Alk-Vorrat bei ihnen fragte. Und es war immer ganz nett mit den Damen.

Er studierte in Frankreich. Ohne Geld. Alkohol meist nur am Wochenende.

Er kam zurück. Fing als Journalist an. Waren das Räusche mit den Kollegen, die er verehrte! Er merkte nicht, wie er sich an den Alkohol verlor.

Karriere.

Das ist sein Ding nicht gewesen. Herr V. hat Preise gewonnen und war darüber so zornig, dass er trank. Er bekam wunderbare Angebote und hat sie in den Sack gehauen. Er war für seine Frau eine große Unwägbarkeit. Sie musste sich von ihm abgrenzen, sonst hätte sie ihn nicht ertragen. Sie wurde unnahbar.

Herr V. sitzt in der Geschlossenen ein – man kümmert sich nicht um ihn. Er ist ein Verlassener.

Er denkt an den Film mit Michael Douglas, in dem der einen Bürstenschnitt hat und von einem Normalo zu einem Outlaw mutiert.

Ist er, Herr V., auch so weit?

Er legt sich zurück aufs blütenweiße Laken und lächelt.

Nein.

Scheiße.

Nein.

Er hat nichts von einem Michael Douglas. Er ist ein Mensch, der in Haar gestrandet ist und immer noch denken kann.

Sarah und Rocco III

Weißt, Werther, es ist scheiße hier. Immer noch. Aber ich komm' ja bald raus. Das kriege ich hin. Und ich sag dir eins: Die Sarah ist toll.

Rocco steht am Fenster und blickt ins Wintergrau. Er sieht auf ein weiteres Gebäude, dahinter ragt die Spitze des Kirchturms auf. Es ist ein trostloser Anblick. Der Zeiger an der Turmuhr scheint stillzustehen. Die Glocke schlägt jede Viertelstunde – das klingt wie Hohn für Rocco, der eigentlich eher den Eindruck hat, sein Leben sei eingefroren.

Er murmelt halblaut vor sich hin, stellt sich seinen Hund vor. Das klappt immer.

In Frankfurt hat er Werther gefunden. Das war draußen in Rödelheim. In dem kleinen Park mit der Bierbude, vor der sich Rocco und ein paar andere die Zeit vertrieben. Sie lungerten auf den Bänken herum. Ab und zu tigerte einer zum Discounter in der Nähe des S-Bahnhofs und kaufte eine Tüte Wein und Schnaps. Wenn der Durst zu schnell kam, gab es was aus der Trinkhalle. Man kümmerte sich nicht um die alten Säufer, die da rumhingen. Mit denen hatte man nichts zu tun.

Sie waren ein halbes Dutzend Jungs und ein, zwei Mädchen. Es war Sommer, und das Leben war leicht. Sie lümmelten auf den Bänken herum oder lagen auf der Wiese. Rocco hatte immer was zum Lesen. Angst vor dem Abend gab es nicht, an der Nidda fand sich überall ein Platz zum Schlafen.

Eines Tages war Werther da. Da nannten ihn alle noch »Hund«. Er fragte nicht, gesellte sich einfach zur Gruppe.

Rocco mochte den struppigen Kerl sofort. Der Hund war kniehoch, von freundlicher Furchtlosigkeit. Das Drahthaar hatte die Farbe von Lehm und schmutzigem Weiß. Die Schnauze erinnerte an einen Terrier. Der Hund war wieselflink und fraß, was ihm unter die Zähne kam. Trotzdem war er zum Erbarmen mager.

Einmal kriegte er sich mit so einem Feine-Pinkel-Köter in die Wolle. Der war viel größer, wohl auch stärker. Vor allem aber hatte er einen Scheiß-Charakter. Schwänzelnd tanzte er an den Hund heran. Dann biss er zu. Schweigend. Ohne Vorwarnung, ohne ein Knurren. Es sah schlecht aus für den Hund. Der andere überrumpelte ihn mit der Wucht seines Körpers. Er verbiss sich in die Schulter des Hundes und ließ nicht mehr los. Der Hund wandt sich und gab Geräusche von sich, die Rocco noch nie gehört hatte.

Irgendwie schaffte es der Hund dann doch, sich loszumachen. Er fiel den Großen an. Immer wieder, mit wachsender Wut. Schnappte in die Flanken und die Läufe, biss in Bauch und griff den Hals an. Er hätte den Kampf gewonnen. Er, der Underdog, wäre der Champ des Parks gewesen.

Aber dann stand plötzlich der Besitzer des anderen Köters über den Kämpfern. Er peitschte mit der Leine auf den Hund ein, trat ihn mit den Füßen, dass er in weitem Bogen flog. Der Mann wollte sich gerade wieder über den Hund hermachen, als Rocco ihn am T-Shirt packte. »Noch einmal – und du hast große Schmerzen.« Der Mann leinte seinen Hund an, trollte sich. »Anzeigen werde ich euch«, brüllte er, als er den Park verließ.

Die Freunde hatten den Zwischenfall interessiert beobachtet. Genau wie die Trinker an der Halle. Nun war die Show zu Ende, man konnte sich wieder dem gemütlichen Teil des Tages widmen. Die Trinker brabbelten ihr Säufer-Gebrabbel.

Die jungen Leute ließen einen frisch gedrehten Joint die Runde machen.

Rocco rief den Hund. Der kam, zog allerdings ein Bein nach.

Schlimm sah er aus. Er blutete stark aus einer Wunde an der Schulter. Ein Hinterlauf war beschädigt. Auch über dem Auge hatte er was abbekommen, da schwoll schon alles an.

»Hat einer von euch noch Kohle?«, fragte Rocco.

»Wieso, es ist noch genug Stoff da.«

»Nein, das meine ich nicht. Ich muss mit dem Hund zum Doc.«

»Sag' mal, spinnst du jetzt total? Das Geld für die Töle ausgeben? Der wird wieder gesund. Wir gehen doch auch nicht wegen jedem Quatsch zum Arzt.«

»Also, habt ihr jetzt Kohle oder nicht?«

»Wirklich nicht.«

»Okay, dann krieg' ich das eben anders hin.«

Die Freunde sahen sich an und grinsten. Jeder spinnt auf seine Weise, sollte das wohl heißen. Rocco nahm den Hund in den Arm und ging los. Er wusste nicht, wohin er sich wenden sollte. Sie kamen zum S-Bahnhof, hielten sich rechts. Rocco kümmerte sich nicht um die beiden älteren Damen, die ihren Schwatz vor dem Gemüseladen unterbrachen, um dem jungen, ungepflegten Mann mit dem Hund auf dem Arm nachzugaffen.

Er hatte noch dunkel in Erinnerung, dass in der Thudichumstraße hinter dem Hochhaus ein Tierarzt praktizierte. Er klingelte, eine hübsche Brünette öffnete und staunte ihn an. Rocco, sonst nicht schüchtern, wurde ein bisschen rot. Er sei, er wolle, ob vielleicht der Doktor da sei.

Momentan sei keine Sprechstunde, sagte die Brünette, wirkte dabei aber nicht sehr abweisend.

Das wisse er und bitte auch um Entschuldigung. Aber der Hund habe gerade mit einem anderen gerauft und sei verletzt. Und er kenne sich damit nicht aus, da habe er gedacht ...

»Ist das Ihr Hund?«

Eigentlich nicht, stotterte Rocco. Der Hund begleite ihn seit ein paar Tagen. Und nun wisse er nicht, was er anfangen solle.

»Warten Sie bitte hier, ich gehe mal fragen.«

Kurz darauf kam die Tierärztin. Eine ältere Dame in Jeans und T-Shirt. Schlohweißes Haar, dickrandige Brille. »Na, dann wollen wir mal sehen«, sagte sie.

»Äh, da ist noch was.«

»Du hast kein Geld.«

»Genau.«

»Hab' ich mir schon gedacht. Komm, lass' mich mal.« Sie nahm ihm den Hund ab und ging voraus. Es roch angenehm. Nach Sauberkeit und geordneten Tagen. Im Behandlungs-zimmer legte sie den Hund auf einen stählernen Tisch. Sie tastete ihn ab, setzte ein Stethoskop auf seinen dürren Kör-per, guckte ihm in die Augen. Dann streichelte sie den Hund. »Der wird wieder, der ist zäh. Ich mache seine Wunden sau-ber und gebe dir was, das du in den nächsten Tagen in sein Futter tust. Du solltest dafür sorgen, dass er nicht so schnell wieder in Schwierigkeiten kommt.«

Rocco nickte. Es war seltsam: Er hatte ein sehr schönes Gefühl in diesem Augenblick.

Die Ärztin gab ihnen noch drei Probierpackungen mit Hundekeksen mit. Dann standen Rocco und der Hund in der Thudichumstraße und gehörten zusammen.

Rocco findet wieder in die Gegenwart zurück. Er blickt sich im Zimmer um. Sein Bett steht in der Nähe des Fensters, die anderen drei Betten sind auf der gegenüberliegenden Seite und am Ende des Zimmers aufgestellt. Ein kleiner Schrank muss für vier Menschen reichen, der Tisch ist belegt mit Nahrungsmitteln. Auf Roccos Nachttischchen stapeln sich Bücher, auch Herr V. liest viel. Ein Bett ist zurzeit nicht belegt, der andere Zimmergenosse, ein Italiener, hat auf dem Nachttisch eine Zigarillo-Packung und ein paar teure Magazine liegen. Der ist im Augenblick sicher wieder am Telefonieren. Mindestens drei Handys hat er eingeschleust und muss dauernd irgendwelche Heimlichkeiten verhandeln. Ansonsten ist der ganz nett. Auf jeden Fall lässt er Rocco in Ruhe.

Trotzdem: trostlos, das alles. Dieses Zimmer, in dem sich niemand zu Hause fühlen kann. Dieser vergitterte Balkon. Zum Kotzen, das alles.

Und doch!

Die Sarah ist toll. Ganz schön kaputt, aber das macht nichts. Die ist nicht wie der Rest. Eigentlich weiß ich nichts von ihr, aber das spürt man doch, wenn einer was Besonderes ist, oder? Steht auf Schiele – die gibt sich einfach nicht mit normalen Typen ab.

Weißte, Werther, so lange ich mich erinnern kann, habe ich auf Typen gestanden, die den Leuten nicht passen. Wir Loser müssen zusammenhalten.

Mann, was muss einem passiert sein, dass er sich mit 'ner Rasierklinge den Arm ritzt. Würde mir nicht im Traum einfallen. Wenn es mir zu viel wird, besorge ich mir Stoff oder 'ne Flasche Wodka – und ab geht die Post.

Weißte, Werther, wenn ich hier rauskomme, machen wir erst mal Urlaub. Fahren ein paar Wochen aufs Land, wenn's wieder wärmer wird. Das wird dir gefallen.

Rocco merkt nicht, dass Herr V. das Zimmer betreten hat. Der lächelt, als er den murmelnden jungen Mann sieht. Er will nur sein Buch holen, dann ist er auch schon wieder weg. Er macht ein Geräusch, das Rocco aufschrecken lässt.

»Tschuldigung«, sagt Herr V, »wollte nicht stören.«

»Macht ja nix.«

»Sag' mal, mit wem haste denn da geredet?«

»Mit meinem Hund. Brauchst nicht glauben, dass ich plemplem bin. Ich mache das immer so: Wenn mir etwas durch den Kopf geht und ich nachdenken muss, dann rede ich mit dem Hund. Normalerweise fällt das ja nicht auf. Jetzt ist das natürlich komisch. Der quatscht mit einem Hund, der gar nicht da ist.«

»Na und? Hier ist so vieles komisch, da fällst du gar nicht auf.«

Herr V. setzt sich auf sein Bett, Rocco hockt sich rittlings auf einen der Stühle am Tisch. Wie lang er noch habe?, fragt Rocco den älteren. Noch eine ganze Weile, sagt Herr V. Er bekomme ziemlich viel Distra. Es dauert, bis das ausgeschlichen ist.

»Vielleicht bin ich ja früher draußen als du«, sagt Rocco.

»Warum glaubst du das?«

»Ich bin jetzt auf zwei Distra. Die wollen mich loshaben. Ich liege denen doch nur auf der Tasche.«

»Und? Was machst du, wenn du draußen bist?«

Er kann es nicht so recht sagen, meint Rocco. Bisher war er sicher gewesen, dass er wieder zu den Kumpels zurückkehren würde. In der Stadt rumhängen. Scheiße bauen. Sich nicht von den Bullen ärgern lassen. Stoff organisieren. Die Zeit halt rumbringen, wie man es gelernt hat.

»Und jetzt?«

Alles anders, irgendwie. Da ist diese Sarah.

»Nettes Mädchen«, sagt Herr V. »Die mag dich.«

Das ist es eben. Er mag sie ja auch. War nicht so geplant. Er hatte ja gedacht, Gefühle seien schwul – außer man mag seinen Hund. Und jetzt denkt er dauernd an Sarah. Ist ihm schon so lange nicht passiert. Hat er so etwas überhaupt je gehabt?

Herr V. lächelt. Ihm gefällt dieser Typ, der sich in der Geschlossenen nicht verbiegen lässt. Nachdem sie ihn fixiert hatten, hat er sich verkapselt – und lässt auch jetzt nur wenige Menschen auf der Station an sich heran. Viele Mitpatienten fürchten die Unnahbarkeit Roccos. Doch seit er begonnen hat, mit Sarah die Runden zu drehen, wird er immer weicher und gesprächiger. Ein intelligenter Junge, der versucht, auf die Beine zu kommen.

»Du«, sagt Herr V. »Ich habe da eine Idee. Bevor ich das Abendessen herrichte, kommt kein Schwein in die Küche. Die Pfleger kreuzen bloß morgens manchmal auf. Nachmittags habe ich sie da noch nie gesehen. Wenn du willst, lasse ich euch rein und passe auf, dass ihr eure Ruhe habt. Ist doch Scheiße: immer auf dem Gang, immer auf dem Präsentierteller.«

»Ey, klasse. Meinst du, da läuft was?«

»Du wirst es herausfinden. Hauptsache, ihr seid für euch.«

»Geil. Ich muss sie halt noch fragen.«

»Dann mach’ das.«

»Ich guck’ mal, ob sie auf dem Gang oder im Raucherzimmer ist.«

Als Rocco aus dem Zimmer federt, vergisst er total, dass er cool gehen müsste. Er bewegt sich wie ein kleiner Bub, der zur Bescherung unter den Christbaum gerufen worden ist.

HÖRIG II

In einer der folgenden Nächte drückt Ammersberger sich im Bett neben Herrn V. mühsam hoch und blickt sich etwas ratlos um. »Weißt du, wo du bist?«, flüstert Herr V. Der andere nickt und fragt, wie lange er gepennt habe. Er sieht hinaus: stockdunkle Nacht. Aus den anderen Betten ist Schnarchen zu hören.

»Sechs Stunden vielleicht oder sieben. In zwei Stunden bringen sie das Frühstück.«

»Und warum schläfst du nicht?«

»Manchmal geht's und manchmal nicht. Ich kann mich nicht an das Licht gewöhnen. Und ich hab' daheim in der Nacht die Fenster offen. Na ja, nimmer lang, und ich komme in ein Viererzimmer, dann wird es besser.«

Wie lange der andere denn schon da sei, fragt Ammersberger. Sieben Tage, bald seien es acht, gibt Herr V. zurück. Er sei im Begriff, einen neuen Rekord auf der Station aufzustellen: Mit acht Tagen hätte er länger im Aufwachraum gelegen als irgendjemand vor ihm. Das sei ja schlimm, sagt Ammersberger, das könne er gar nicht fassen. Er sieht Herrn V. an – der ist rasiert, macht ein freundliches Gesicht und sieht irgendwie ganz intelligent aus.

»Ach, du meinst, du begreifst nicht, dass einer wie ich in der Klapse sitzt.« Herr V. ist belustigt. »Bist ja auch hier gelandet und kommst nicht von Deppenhausen.«

Stimmt. Franka! Gerd Ammersberger stiert vor sich hin.

»Magst weitererzählen? Das war spannend gestern mit der Frau.«

Klar kann er erzählen. Schaden wird es nicht.

»Dann lass uns nach draußen gehen. Dass wir die anderen nicht wecken.«

Den langen Gang entlang bis zur Sitzecke vor dem Raucherzimmer, in dem zwei mit ihren Zigaretten beschäftigt sind. Im Glaskabuff brütet ein Pfleger über Formularen. Er schaut nur kurz auf, als Ammersberger und Herr V. sich auf zwei der unbequemen Stühle setzen.

»Gerd heißt du, gell?«

»Genau – und du?

»Detlef.«

»Freut mich.« Ammersberger horcht seinem letzten Satz hinterher und muss grinsen. »Na ja, nicht wirklich, sorry.«

»Verstehe schon. Also, wir waren am Starnberger See. Die Schnepfe hat dich versetzt, du bist nach München und in der Schleißheimer abgestürzt, und dann hast du dich mit dem Taxi nach Hause bringen lassen.«

»Wie? Ach so, ja. Der Fahrer hat mich wecken müssen. So war ich noch nie hinüber. Ganz genau krieg' ich das auch nicht mehr zusammen. Ich war am nächsten Tag noch ziemlich neben mir.«

✳ ✳ ✳

Ein grässlicher Morgen. Ammersberger wachte auf der Couch seines Arbeitszimmers auf. Aus dem Radio kam klassische Musik – etwas Fröhliches, wie es sich für den frühen Faschingsmontag gehört. Wobei es so »früh« nicht mehr war: Es war kurz nach elf. Es musste wohl noch einmal geschneit haben, jetzt schien die Sonne. Ammersberger blickte über den schneegleißenden Park und den See zum winterlichen Starnberg. Zefix, tat ihm der Schädel weh. Er schleppte sich ins Bad, hielt den Kopf unter lauwarmes Wasser. Nein, das wurde nicht besser. Vielleicht ein Aspirin. Sinnend stand er vor dem Spiegel und betrachtete sein ramponiertes Gesicht.

Das war ganz schön heftig gewesen gestern in München. Wie war das noch mal? Der Stehausschank am Starnberger Flügelbahnhof, wo das Würstchen fett und das Bier schal gewesen war. Die Rotlichtbar in der Dachauer. Der Abstecher in ein Lokal, in dem allerdings kein Alkohol ausgeschenkt wurde (wie die sich wohl halten konnten in der Bahnhofsgegend?). Das Triana und das Karma – daran konnte er sich noch erinnern. Und dann war er wohl noch im Stadion gewesen.

Hatte er telefoniert? Eher nicht. Das tat er nicht, wenn er Alkohol trank. Nur nicht den Überblick verlieren. Was hatte er …? Stimmt, im Karma hatte er sich von dem Typen hinter der Bar einen Stift und Papier geben lassen. Was er da geschrieben hatte, würde er sicher in der Manteltasche finden. Er hatte ganz schön einen im Tee gehabt, wenn er so einen Kinderkram anstellte.

Franka – sie war ihm nicht aus dem Kopf gegangen. Ammersberger schüttelte sich und beschloss, auf eine Rasur zu verzichten. Ins Büro musste er erst wieder am Mittwoch. Er würde erst mal das Haus nicht verlassen und sich wieder auf die Beine stellen. Ja, exakt so würde er es machen.

Gerd Ammersberger kletterte die Wendeltreppe hinunter ins Erdgeschoss. Im Wohnzimmer lief der Fernseher, auf dem frei stehenden Küchenblock stand eine halb volle Flasche des australischen Weißweins, den er zu Hause am liebsten trank, daneben lagen die Brezen. Er goss sich ein Glas ein, trank aus. Noch eins – gegen den schlimmsten Durst. Ammersberger öffnete den Kühlschrank – da lag noch ein Wein, den zog er aus dem Fach, entkorkte ihn, pickte ein sauberes Glas aus dem Regal, wechselte ins Wohnzimmer, schaltete den Fernseher aus und klinkte sich mit der Stereoanlage ins Radioprogramm aus dem ersten Stock. Immer noch Faschings-Klassik, Mozart wohl, was locker Symphonisches. Er fläzte sich auf die weiße Ledercouch und sah in den Winter hinaus. Jetzt ging es schon ein bisschen besser.

Vergiss Franka!

Was hatte er da eigentlich in seinem Rausch geschrieben? Ammersberger stand auf und suchte den Mantel. Der lag in der Garderobe auf dem Boden, er hatte ihn wohl noch vor den Schuhen abgestreift. Weil er schon einmal da war, öffnete er gleich die Haustür – richtig, er hatte vergessen, den Schlüssel abzuziehen, der steckte noch. Ammersberger zog ihn ab, schloss die Tür. Ihn fröstelte.

In der linken Tasche fand er die Papiere. Sauber gefaltet – vielleicht war er doch nicht so besoffen gewesen. Egal. Er latschte wieder zur Couch.

Franka: Ich muss sie aus dem Kopf kriegen. Nein, ich muss sie kriegen. Ja, was denn? Ich brauche doch keine Frau in meinem Leben, ich brauche mein Leben.

Muss sie wiedersehen. Dann …

Den Rest konnte Ammersberger nicht entziffern. Da war ihm die Schrift gänzlich entgleist. Den Namen »Franka« sah er an einigen Stellen, die Wörter »liebe«, »verzehre« oder »leide«. Ein ziemliches Gesäusel.

Gerd Ammersberger legte die Notizen beiseite. Er würde sich berappeln. Das machte ja alles keinen Sinn. Heute noch ein Tag, an dem er die Wunden lecken würde. Niemand, der ihn dabei beobachten konnte. Die Vorstellung tat ihm gut.

Vom Australischen gab es noch ein paar Flaschen in der Speise. Er goss sich ein.

* * *

»War ja kein Beinbruch«, meint Herr V. »Du lernst jemanden kennen – und es klappt nicht. Deswegen, meinst du, bist du hier gelandet?«

Gerd Ammersberger – er sieht mittlerweile wie ein müder junger Mann aus, der in der letzten Nacht einen zu viel über den Durst getrunken hat – schüttelt den Kopf.

»Du, wenn es nach mir gegangen wäre, hätte es sich damit dann auch gehabt. Ich habe mir an dem Faschingsmontag noch einmal die Kante gegeben. War nicht so schwer, das kennst du vielleicht. Mittags bin ich eingeschlafen, nachmittags aufgewacht, habe mir noch einen Wein geholt und bin damit ins Bett. Am nächsten Tag war ich fix und fertig. Aber dann habe ich Sport gemacht und bin in die Sauna. Und in den nächsten Tagen habe ich nichts angerührt und gearbeitet wie ein Tier.«

Der Pfleger – Herr V. mag ihn nicht, der Mann hat einen Hang zum Sadistischen – hat die Arbeit an den Formularen beendet. Bevor er sich an die Medikamente macht, tritt er kurz aus seinem Kabuff. Er dehnt sich, gähnt und schlendert durch den Raum.

»Guten Morgen, die Herren. Schon wach?«

Sie nicken.

»Wie geht es Ihnen heut' früh, Herr Ammersberger? Sie sehen ganz gut aus.«

»Ach«, meint Gerd Ammersberger. Er fühle sich auch okay. Ein wenig lätschert vielleicht – das sei gestern ein bisserl viel Alkohol gewesen.

»Na ja, Sie waren schlecht beieinander.«

Jetzt sei er okay, versichert Ammersberger. Der Pfleger mustert ihn – was er denkt, kann man ihm nicht ansehen. Der Doktor werde ja am Vormittag kommen, dann werde man schon sehen. Der Pfleger dreht um und kehrt in sein Kabuff zurück. Die Medikamente müssen vorbereitet werden. Das ist immer eine ganz schöne Rumklauberei mit dem ganzen Pillen-Geschmarre. Bis man die Rationen für die Patienten zusammengestellt hat – das dauert. Der Pfleger schließt den Giftschrank auf.

»Aber das war wohl nicht alles«, will Herr V. wissen. »Irgendwie seid ihr dann ja zusammengekommen.«

»Hm. Ich hatte geglaubt, ich sei drüber weg. Wir hatten keinen Kontakt, ich glaube, zwei Wochen lang. Ein paarmal hätte ich sie gerne angerufen – aber ich hatte keine Nummer, und ihre Handynummer war unterdrückt gewesen. Von ihr war nichts zu hören. Mit der Zeit habe ich akzeptiert, dass das auch gut war so.«

»Ja, und?«

»So nach zwei Wochen klingelte mein Handy. Ich hatte keine Zeit, war auf dem Weg zu einem Meeting. Sie war dran. Du glaubst nicht, wie ich mich gefreut habe. Obwohl ich mir vorgenommen hatte, ganz cool zu sein, wenn wir uns wirklich noch einmal über den Weg laufen würden.«

* * *

Franka klang fröhlich. Der Hund sei wieder ganz gesund – es sei so schlimm gewesen, dass es ihm schlecht gegangen sei – wo er doch schon nicht mehr der Jüngste und wo er doch ihr Ein und Alles – und wie es denn eigentlich ihm, Gerd, gehe – ganz, ganz oft hätte sie an ihn gedacht, – ein schöner

Abend sei das gewesen bei Peppone – und sie hätte sich so gefreut über die Einladung – alles hatte schon bereitgelegen, die Klamotten und was man so braucht als Frau – doch dann hatte der Hund die Scheißerei bekommen – sie sei ihm ja so dankbar für sein Verständnis, ist ja durchaus nicht selbstverständlich – ob er die närrische Zeit heil und gesund? – und was er denn in den nächsten Tagen? – »… wollte ich fragen, ob du etwas vorhast. Vielleicht könnten wir mal wieder zusammen ausgehen?«

»Wieder« ist gut, dachte er. Sag Nein, dachte er sich, ist besser so.

»Klar können wir. Ich würde mich sehr freuen.«

Einen Monat gab sie sich spröde. Sie unternahmen viel zusammen. Theater, Konzerte, Ausstellungen. An einem Samstag waren sie in Garmisch beim Skifahren und danach im besten Haus am Platz beim Abendessen. Ein wunderbarer Tag.

Er holte sie in der Winzerer Straße ab, sie stand schon vor dem Haus. Weißer, auf Taille geschnittener Skianzug, ein Hauch von Make-up. Teure Skiausrüstung. Den Hund würde eine Nachbarin Gassi führen. »Auch abends«, sagte Franka und lächelte. »Und wenn es sein muss, auch morgen Früh. Wieder so ein Lächeln.

Sie war eine sportliche Frau, es machte Spaß, mit ihr über die Piste zu jagen. Sie hatten sich für die Kandahar entschieden – nur die und nichts anderes. Sie genossen den griffigen, harten Schnee, die Sonne, das rasante Fahren. Franka ging jedes Tempo mit, sie hatte – erzählte sie – schon mit vier das Skifahren gelernt. War mit ihren Eltern regelmäßig zweimal im Winter in Davos gewesen. Mittags machten sie bei Weißbier und Spaghetti Rast, ließen es danach ein wenig langsamer angehen und schnallten um halb fünf die Skier ab.

»Lass uns hier in Garmisch essen«, schlug sie vor. Sie habe in der Sporttasche etwas anzuziehen, und seine Jeans seien doch auch ganz lässig.

Man kannte ihn im Partenkirchener Hof – er war hier immer mit seiner Freundin eingekehrt, wenn sie in den Bergen unterwegs gewesen waren. Bestes Haus am Platz, prima Personal. Und die Frau Holzinger, die das Haus führte, kam persönlich an den Tisch, als ihr gemeldet wurde, der Herr Ammerberger sei – in neuer Begleitung – zu Gast. Man aß wunderbar: Orangensaft für ihn und Sherry für sie, Salat vom ganzen, frisch gekochten Hummer à la Walterspiel am Tisch zubereitet und Hummerrahmsuppe mit Rémy Martin, Crevetten, Scampi, Tournedos vom bayerischen Ochsen auf Schalotten-Barolo-Sauce, Gemüse vom Markt, Pommes galettes und Carré vom Pré-salé-Lamm mit Kräutern gratiniert, Grilltomate, Bohnen, Gratin dauphinoise. Danach am Tisch flambierte Crêpes suzettes und zum Abschluss Käse. Sie teilten sich einen »Grandes Places« aus dem Gut Gérin von der Côte-Rôtie für 80 Euro. Nach dem Käse nahm er einen doppelten Espresso und sie einen Grappa aus Bassano.

Er war beschwingt und leicht beschwipst. Fühlte sich aber noch gut genug, um zu fahren. Hinter Oberau ging es auf die Autobahn, zehn Kilometer weiter bat sie, er möge beim nächsten Parkplatz doch mal bitte rausfahren.

Dort küsste sie ihn. Ihre Zunge drang langsam in ihn ein. Forschend und fest. Sie schmeckte nach Knoblauch und ganz leicht nach Schnaps. Ihre Hände fuhren durch sein Haar. Ammersberger war erregt, drängte auf den Beifahrersitz. Franka kicherte. »Wie damals, als man noch in die Schule gegangen ist.« Sie schob ihn ein Stück von sich. »Das können wir bequemer haben.«

Da musste er ihr recht geben. Er startete den Motor und bog wieder auf die verwaiste Autobahn.

Kurz vor München meinte sie, es sei ein sehr schöner Tag gewesen, wirklich. Aber jetzt sei sie doch ein wenig müde. Er solle nicht böse sein: Ob er sie gleich nach Hause bringen könne?

Natürlich war er enttäuscht und fuhr Franka zurück in die Winzerer Straße zu ihrem Hund. Sie bat ihn nicht, mit in die Wohnung zu kommen. Also war es das dann. Als er selbst in seinem Haus war, spürte auch er, dass er angenehm müde war. Er öffnete einen Weißwein, schob Billie Holiday in die Musikanlage und ließ sich ein Bad ein.

Was für eine tolle Frau! Das hätte ich ja nicht gedacht – das ich mich verlieben kann.

Man kann nicht sagen, dass Ammersbergers Job unter der neuen Beziehung litt. Er hatte, wie man so sagt, einen Lauf. Was er anpackte, klappte. Die Verhandlungen mit den Russen vor allem. Die hatten ein halbes Jahr Katz und Maus mit ihm gespielt. Hatten ihn spüren lassen, dass sie kein Hochglanzmagazin aus München bräuchten. Der Markt in den großen Städten sei gesättigt, und auf dem Land war kein Rubel zu holen.

Zweimal war Ammersberger in Moskau gewesen, zweimal hatte seine Verlegerin die Russen an die Isar einfliegen lassen. Dann unterschrieb man. Es war ein guter Tag für den Verlag. »Herr Ammersberger, das haben Sie prima gemacht. Ich bin beeindruckt«, sagte die Verlegerin und bestellte ihn zum Abendessen ins Mark's im Mandarin Oriental. Beim anschließenden Drink meinte sie, es sei an der Zeit, dass Ammersberger in die Geschäftsleitung aufrücke. Er wurde rot – auch das machte ihn sympathisch.

Es war ein sehr lauer Maiabend. Alter Peter, Frauenkirche, Rathaus, dieses wunderbare Häuser-Gewoge. Er, Ammersberger, als der König der Stadt. Er, Ammersberger, als der

Mann, den keiner stoppen konnte. Die Verlegerin lächelte und meinte: »Sie haben es verdient.«

Sie war eine aparte Dame. 50 vielleicht. Chanel-Typ. Eine Frau, die sich nie vergaß und das Lächeln der Grausamkeit perfektioniert hatte. Sie war einer der bestimmenden Menschen der Münchner Gesellschaft – man wusste das, deswegen brauchte sie es auch nicht zu beweisen. Sie galt als großherzig (»Charity« ließ sich wiederum gut von der Steuer absetzen) und klug (wenn sie mal etwas nicht wusste, konnte sie das zumindest geschickt verbergen). Keine Skandale, keine dunklen Flecken. Ihr Mann, Fleisch-Großhändler, trat in der Öffentlichkeit kaum auf. Man wusste, dass er sehr gut mit den wichtigen Leuten in der Politik konnte. Und dass er, wenn er nicht in seinen Fabriken nach dem Rechten sah, in seinem Revier bei Kitzbühel auf Großwild ansaß oder bei einer Versteigerung für irgendein kitschiges Alpenpanorama mitbot.

Gabriele (»Sagen Sie doch Gabriele zu mir, Gerd«) erklärte, wie sie sich die nächsten Bewegungen des Verlags auf dem Markt vorstellte. Kühne Pläne hatte sie – sie wollte in den Sandkasten der Großen, und da baute sie auf Mitstreiter wie ihn.

Die Sonne war untergegangen und hatte ein leichtes Glimmen in der Stadt hinterlassen. Die Türme nur noch als Silhouetten. Ammersberger blickte in die Dämmerung, wo weit weg der Schattenriss des Olympiaturms zu erkennen war. Dort wartete in ihrer Wohnung Franka. »Wenn ihr fertig seid, ruf' mich an«, hatte sie gesagt. »Ich bin ja so gespannt, was sie will.«

Als er es bei ihr klingeln ließ, war es nach ein Uhr morgens. Er war nicht mehr ganz nüchtern. Gabriele war unter anderem auch eine Frau, die es trinkend gut mit Männern konnte. Selbst mit Männern, die Wodka-Deals mit den Russen durchzogen.

»Ich bin Geschäftsführer«, sagte er.

Franka am anderen Ende kreischte, er hörte den Köter dazu kläffen. »Geil«, krähte sie. »Geil, geil, geil. Ach, ich bin so stolz auf dich. Schatz, komm! Komm gleich zu mir. Wir müssen feiern. Morgen ist Samstag. Lass uns richtig feiern. Ich mache mich ein bisschen hübsch – und dann bist du schon da. Komm ganz schnell. Ja?«

Sicher würde er kommen. Er winkte nach einem Taxi.

An diesem Tag schliefen Franka Sturm und Gerd Ammerberger zum ersten Mal miteinander.

✳ ✳ ✳

»Und? Wie war es?« Herr V. fragt es eher beiläufig. Sein Interesse ist nicht besonders groß – er weiß nur, dass dieses Detail für Gerds Geschichte eventuell wichtig sein könnte. Nur – er kann mit Körperlichkeit nicht so sehr viel anfangen. Es ist seltsam: Seit er auf der Station ist, hat Sexualität für ihn keine Bedeutung. Zuerst war es wohl der akute Entzug. Doch der liegt hinter V. – und immer noch rührt sich nichts.

Die tun einem da was in die Medizin, sagen die Insider. Hier kann der steilste Hase vorbeikommen, es wird keinen jucken. Gelüste werden mit Kaffee und Zigaretten befriedigt – das muss reichen. Deswegen kann V. jetzt auch ganz gelassen nach den Bettqualitäten Frankas fragen.

Ammersberger bekommt große Augen. »Es war – wie soll ich sagen? – eine Sensation. Ich hatte das Gefühl, davor noch nie mit einer Frau gevögelt zu haben. Ich habe ja eine Weile gebraucht, bis ich begriffen habe …«

»Was begriffen?«

Die Augen voller Zorn und Traurigkeit.

»Was begriffen, was meinst du?«

»Na ja, dass das alles ein großer Betrug war. Dass sie mich beschissen hat nach Strich und Faden. Besonders im Bett.«

Eine faszinierend kluge Frau, mit einem Körper voller Wunderbarkeiten. Aber er erreichte sie nicht, auch nicht in den Augenblicken der größten Intimität. Er drang in sie ein. Sie stöhnte. Kratzte ihm mit sorgfältig gefeilten Fingern den Rücken blutig. Sie biss und schlug um sich. Sehr laut war sie, röhrte wie ein Tier, presste seinen Namen mit brechender Stimme hervor.

Und doch, wurde ihm klar, war sie in diesen Momenten gänzlich ungerührt. Ihm kam das Szenenfoto aus einem Film in den Sinn, das ihn immer befremdet und gleichzeitig aufgegeilt hatte:

Ein ansehnlicher Mann stößt von hinten in eine schlanke Frau mit kurzen schwarzen Haaren. Er hat weit aufgerissene Augen – das alles macht ihm sichtlich Spaß und scheint auch ein bisschen anstrengend zu sein. Sie liegt bäuchlings auf dem Bett, mit dem Kopf am Fußende, sie hat sich der Bequemlichkeit halber ein Kissen untergeschoben. Und während der Liebhaber also sein Werk verrichtet, liest sie in einem philosophischen Taschenbuch. Weder die Lektüre noch der Liebesakt beeindrucken sie sonderlich – die hübsche Frau ist gelangweilt.

So kam es Ammersberger nun oft vor, wenn Franka und er miteinander ins Bett gingen. Sie war einfach nicht da. Sie präsentierte ihm einen Körper, der alles machte, was ein Mann gern hat – aber sie war nicht dabei. Es war nur der Körper, mit dem er sich beschäftigte.

Klar, er wollte das abstellen. Es gefiel ihm nicht, er hatte keine Lust darauf. Sex war für ihn immer eine einfache Angelegenheit gewesen. Ein Begehren, eine Geschichte zwischen zwei Menschen. Mal wild, mal zart. Doch nie kompliziert. Sex war immer schön gewesen – nun ja, nicht immer. Aber wenn es mal nicht schön war, dann war es eben langweilig. Etwas, das er schnell abhakte. Über Sex hatte er sich nie groß Gedanken gemacht.

Jetzt mochte er nicht, was mit ihm geschah – aber mehr und mehr bestimmte das Denken an den Sex mit Franka seine Tage. Es konnte passieren, dass er im Büro eine wichtige Besprechung hatte und mit den Gedanken wegdriftete. Oder er saß vor dem Computer und starrte viertelstundenweise auf einen unbewegten Cursor.

Er musste das abstellen. Aber er schaffte es nicht. Sie gab ihn nicht frei.

Sie erregte ihn, wenn er es gar nicht wollte. Sie saßen im Fond des Taxis, und kurz vor dem Nationaltheater griff sie ihm in den Schritt des Smokings und knetete sein Glied, bis es schmerzhaft erigiert war. Bei Tempo 200 zog sie ihm den Reißverschluss auf und beugte sich mit dem Gesicht über ihn. »Bleib auf dem Gas«, forderte sie, bevor sie sein Glied in den Mund nahm. Beim Spaziergang durch den Englischen Garten führte sie seine Hand unter ihren Rock. Kein Höschen, natürlich. »Jetzt!«, sagte sie. Kaum ein Busch in der Nähe, natürlich. Machte nichts, sie wollte genommen werden, jetzt und hier und heftig, natürlich.

Sie wollte es meistens grob. Sie selbst war wenig zärtlich und sie wollte unsanft behandelt werden. »Schlag mich!«, sagte sie und schlug ihn.

Aber sicher konnte er sich ihrer nicht sein. Wenn er sich auf die harte Tour eingestellt hatte, wenn er gar versuchte, das alles wirklich zu mögen, weil es mit Franka zu tun hatte, dann düpierte sie ihn. »Musst du so derb mit mir sein?«, fragte sie, wenn er etwas tat, von dem er glaubte, es würde ihr gefallen. »Ich kann das nicht. Ich dachte, du liebst mich.« Und sie drehte sich um, war im nächsten Augenblick eingeschlafen.

Als ihm bewusst wurde, dass er mit ihrer Art nicht umgehen konnte, und als er sie deshalb ansprach, reagierte sie verständnislos. Was er wolle? Ob sie ihm nicht mehr gefalle? Ob er eine andere habe, die ihm mehr gebe? Sie ließ ihn ins Leere laufen bei seinen Versuchen, Harmonie in ihre Körperlichkeit zu bringen.

Er war verunsichert, doch er beschwerte sich nicht. Sie kam ins Schlafzimmer und trug ein schwarzes Baby Doll mit Spitzen, wie er das liebte. Es erregte ihn, den Ansatz ihres Hinterns zu sehen. In ihren Augen war Gier. Sie kroch auf dem Bett auf ihn zu, die Spitzen ihrer Brüste waren aufgerichtet. Sie ließ ihre Zunge in seinem Ohr kreisen, bis er es nicht mehr aushielt. Gerd griff ihren Po. Franka zuckte zurück und blickte ihn unwillig an.

Nicht jetzt, nicht heute, sagte sie und lächelte. Seine Erektion war ihm unangenehm. Sie knipste den Fernsehapparat an. Irgendeine Krimiserie. Franka richtete es sich gemütlich auf ihrem Kopfkissen ein. »War's das?«, fragte er. »Was?«, fragte sie zurück. »Ach nichts«, sagte er und guckte mit ihr fern. Irgendwann schlief sie ein – noch vor dem Ende der Krimifolge. Er schaute auf den Bildschirm und wusste nicht, was er eigentlich bei ihr wollte.

Sie lebte nicht schöner als er. Eigentlich war es vergleichsweise eng in dem Apartment in der Winzerer Straße. Keine Sauna, eine kleine Küche, alles nett eingerichtet – aber nichts Besonderes. Bei ihm draußen am See hingegen stimmte alles. Ein Ambiente, wie zusammengestellt für ein Bild in *Schöner Wohnen*. Er hatte das Haus mit der Hilfe eines befreundeten Innenarchitekten eingerichtet. Lang hatte er gesucht, bis er das passende Objekt gefunden hatte: sechs Zimmer, ein großer Wohnraum, das Büro und die Küche im Erdgeschoss, oben auf der Galerie die Bibliothek, das Schlafzimmer und das Bad. Ein weitläufiger Balkon nach Westen hin, toller Blick auf den See. Ein schmaler Ostbalkon, auf dem man wunderbar frühstücken konnte. Im Keller ein Fitnessraum, angrenzend die Sauna und der Whirlpool. Garage mit zwei Stellplätzen. 220 Quadratmeter, 1900 Euro kalt.

Das war schon was anderes als die 80 Quadratmeter in der Winzerer, vollgestellt mit Mädchenmöbeln und Krimskrams. Den Wohnraum dominierten ein Kleinkino-Flatscreen und eine Lümmellandschaft mit vielen bunten Kissen. Im Schlafzimmer hingen Gemälde aus dem späten Mittelalter, es gab mannshohe Pflanzen und das Bett war mit schwarzer Wäsche bezogen, weshalb der Raum insgesamt düster wirkte. Ein Zimmer führte ins Grüne – dort arbeitete Franka. Ein Stehpult, ein großer Zeichentisch, ein wandhohes Regal mit Foto-Accessoires.

Sie sei in der Werbung, erzählte sie – mehr nicht. Nur dass sie selbstständig tätig sei, ausschließlich für große Kunden. Franka steckte voller Einfälle: Ihr Denken hatte etwas Anarchisches. Sie akzeptierte große Namen nicht und durchbrach gern Regeln. Sie experimentierte mit der Sprache und ließ sich nicht blenden. Wenn ihr ein Buch nicht zusagte, flog es in den Müll. »Ich bin dann wütend auf den, der das geschrieben hat. Ich lasse mir nicht gern meine Zeit stehlen.«

Franka redete oft von ihren Projekten. Eine Imagekampagne für einen großen Stromerzeuger. Frische Ideen, mit der sie die Südtiroler Tourismuswerbung vorantrieb. Eine Ausstellung mit künstlerisch verfremdeten Fotografien zum Thema »Der Mensch wird observiert«. Oft redete sie davon, wie sie sich das alles vorstellte. Sie war begeistert vom Potenzial ihrer Einfälle – und was sie sagte, wie sie es sagte, überzeugte auch Gerd.

Manchmal zeichnete sie beim Abendessen Entwürfe auf Papierfitzelchen, die sie dann in die Handtasche steckte. Er sah zu, und es machte ihn geil. Sie hatte kurze, nicht gerade schlanke Finger von großer Anmut. Während der Stift übers Papier huschte, furchte sich Frankas Stirn. Sehr ernsthaft und ehrlich sah sie dann aus.

Einmal fragte er sie, ob er frühere Arbeiten von ihr sehen dürfe. Sie blickte ihn an. Zornig. Es sei besser, er würde jetzt gehen, meinte sie. Ob er etwas Falsches gesagt habe, wollte er wissen. Nein, trotzdem solle er gehen. Sie habe noch zu tun. Audienz beendet.

Eigentlich wusste er nicht, was sie tat. Sie arbeitete nicht, wie man sich das gemeinhin vorstellte. Arbeitete sie überhaupt? Auf dem Zeichentisch hatte sie immer das gleiche Chaos. Ausgedrückte Farbtuben, vertrocknet und unbrauchbar. Ungereinigte Pinsel – für den Müll. Zum Mikado-Spiel drapierte Stifte. Immer dieselben Entwürfe, auf denen sich nichts tat. Auf ihrem Tisch stand die Zeit still.

Sie ließ ihn nicht gern ins Arbeitszimmer. Wenn sie die Wohnung betraten, schaltete sie den Fernsehapparat ein, holte Wein und zwei Gläser aus dem Kühlschrank, zog die Schuhe aus, schlüpfte aus Rock oder Hose und machte es sich dann »gemütlich«. Sie kuschelte sich unter eine weiße Decke, rief: »Schatz, ich warte auf dich. Magst nicht endlich kommen?« Er schlüpfte zu ihr unter die Decke und sie sahen sich Krimiserien an, von denen er zuvor nie etwas gehört hatte. Sie tranken Weißwein – und er wartete, was kommen würde: ihre Wut oder ihre Sinnlichkeit.

* * *

Herr V. schüttelt den Kopf. »Verstehe ich nicht. Was heißt da Wut?«

»Ja, du hast nie gewusst, was der Abend bringt. Mal ist sie über mich hergefallen. Wir haben es dann auf dem Boden, vor dem Fernseher, auf dem Balkon, im Schlafzimmer gemacht. So was hätte ich mir vorher nie vorstellen können. Oder sie ist umgekippt. Von einem Augenblick zum nächsten war alles weg, was ich so geliebt habe. Dann war sie nur noch böse. Ich glaube, sie war vor allem wütend auf sich selbst und hat das dann auf mich übertragen.«

»Warum hast du nicht einfach Schluss gemacht?«

Auf der Station geht es unterdessen sehr lebhaft zu. Patienten drücken sich ins Raucherzimmer, aus dem viel läppisch lautes Lachen zu hören ist. Andere drehen ihre Morgenrunden vor dem Frühstück. Vor dem Fenster dämmert ein grauer Wintertag. Es ist halb acht, Zeit fürs Frühstück. Herr V. wiederholt seine Frage:

»Warum hast du nicht einfach Schluss gemacht?«

Gerd Ammersberger sieht jetzt alt aus. Er hat nur wenig Hunger und er wird sich bis zu seinem Termin beim Arzt wohl ins Bett legen. Wahrscheinlich werden sie ihn ein paar Tage im Krankenhaus behalten. Das ist nicht schön, aber er kann es nicht mehr ändern. Er versteht es freilich immer noch nicht, dass er hier sein muss: So betrunken war er doch nicht, als sie ihn abgeholt haben.

Das hat Franka klasse hinbekommen: Ammersberger, der Shootingstar vergangener Zeiten, hockt in der Klapse. Geht es noch schlimmer?

Ja, warum hat er nicht einfach Schluss gemacht, damals, als das noch möglich war?

Ammersberger sieht Herrn V. in die Augen. Ohne Bedauern in der Stimme stellt er fest: »Ich habe es versucht, und es hat nicht funktioniert. Ich vermute mal, ich war ihr hörig.«

Wie schnell ein Gesicht altern kann. Vor dem Frühstück sah Gerd Ammersberger aus wie ein ehrenwerter junger

Mann, der nach einem starken Kaffee und ein paar Stunden Schlaf wieder fit für die Gesellschaft sein würde. Doch jetzt ist das anders.

Der Arzt war da.

Wie es gewesen sei, will Herr V. wissen. Ach, er wolle nicht drüber reden, antwortet Gerd Ammersberger.

V. kennt das. Die Körpersprache der Patienten, die zum ersten Mal hier sind. Erst nach dem ersten oder zweiten Gespräch mit dem Doktor wird ihnen wirklich bewusst, wo sie gelandet sind. Dann knicken sie ein, sie haben keinen geraden Rücken mehr. Falls vorher noch ein bisschen Mut in ihren Gesichtern zu sehen gewesen ist – nach der ersten halbwegs nüchtern erlebten Sprechstunde sieht jeder resigniert aus.

»Welcher war's denn?«

»So ein Dünner. Krug oder so.«

»Ach, der Krugs. Das ist der Chef hier. Der ist eigentlich ganz in Ordnung.«

»Ich weiß nicht. Ich hab' dauernd den Eindruck gehabt, er nimmt mich nicht ernst.«

Kein Wunder, meint V., da habe Gerd nicht den Eindruck gehabt, das sei schon so: Die Ärzte können gar nicht anders – für sie sind die Menschen, die hier als Patienten eingeliefert werden, krank. Aus der Bahn geworfen durch den Alkoholismus. Man stellt sie mit Medikamenten ruhig, macht ihnen klar, dass sie nichts zu melden haben. Man sorgt dafür, dass sie schnell vergessen, was ein Selbstwert ist.

»Als ich hierherkam, hat mich die Ghedina aufgenommen. Das ist die Blonde, die heute auch Dienst hat. Ich war noch betrunken – nicht so klar wie du. Ich hatte noch ordentlich einen in der Kiste, da saß ich auch schon vor der. Zuerst habe ich gemeint, sie will mir helfen, wie man eben einem anderen hilft, dem es dreckig geht. Mit Trost und Verständnis und so. Wollte ihr immer meine Geschichte erzählen.

Aber das war nicht das Thema. Die wollte wissen, wie viel ich saufe und wie oft und seit wann und den ganzen Kram – ob es in der Familie noch mehr Alkoholiker gibt, ob ich schon mal ein Delir gehabt habe. Na ja, die ganze Scheiße halt. Bis es mir zu dumm geworden ist und ich gesagt habe: ›Frau Doktor, wollen Sie nicht wissen, warum ich trinke?‹

Da hat sie mich angeschaut, als ob ich der letzte Arsch wäre. ›Fakt ist: Sie waren betrunken und Sie sind es immer noch, wie ich sehe. Jetzt bringen wir Sie erst einmal auf Null und sorgen dafür, dass das Gift aus Ihrem System verschwindet. Dann werden wir schon sehen.‹ Ende der Unterhaltung. Bis heute hat die Dame nicht mehr mit mir gesprochen. Mach' dir keine Illusionen – hier wirst du verwaltet, nichts weiter.«

Genau diesen Eindruck hat Gerd auch. Doktor Krugs hatte ihm nicht einmal in die Augen gesehen. Nur wenn er sich selbst unbeobachtet glaubte, hatte er den Patienten angeschaut wie ein Objekt. Ammersberger kennt diese Typen aus vielen Verhandlungen. Mit denen wird er normalerweise schon deswegen fertig, weil er den Blickkontakt intensiviert. Das halten sie nicht aus. Manche versuchen, ihm standzuhalten, dann macht er es wie Cäsar: Er hat mal gelesen, dass der Cäsarenblick eine besonders wirksame Waffe sei: Du siehst scheinbar dem Gegenüber direkt ins Auge, dabei konzentrierst du dich auf seine Nasenwurzel. Der andere bekommt das Gefühl, du weichst ihm kein Jota aus, aber du selbst bleibst in der Situation ganz gelassen.

Also, mit dem Gucken und seinen Finessen kennt sich Ammersberger aus. Und so hatte er genau gespürt, wie ihn der Doktor musterte. Das war nicht freundlich gemeint gewesen. Der Mann kam Ammersberger eher etwas kalt vor.

Doktor Krugs ließ Gerd Ammersberger spüren, dass der sich schuldig gemacht hatte. Jetzt mussten eben andere ran und ihm aus der Patsche helfen.

»Hat er gesagt, wie lange du bleiben musst?«

»Nein. Ein paar Tage, wenn alles gut läuft, hat er gemeint.«

»Hört sich gut an. Kannst froh sein.«

Aber Gerd Ammersberger ist alles andere als froh. Ihm ist flau, er fühlt sich fremd. Wenigstens ist da dieser V., ein ganz vernünftiger Mensch. Der ist nicht auf den Mund gefallen, hat gescheite Ansichten. Und er kennt sich aus in dem Schuppen. Ammersberger will keine Fehler machen. Möglichst schnell raus hier – dann wird er sehen, was ihm noch alles blüht.

Die Frau ist ja unberechenbar.

V.s Stimme holt Ammersberger aus seinem Sinnieren:

»Wie meinst du das: Dass diese Franka dich hier reingebracht hat?«

Nun, er hat sein Leben mit der Zeit verloren. Zuerst hat er nicht gemerkt, was da mit ihm geschah. Wann fing das eigentlich genau an?

Vielleicht an dem Morgen, als er zum ersten Mal nicht zur Arbeit ging.

* * *

Auf dem Olympiaberg, tagsüber. Franka und Gerd sitzen auf einer eisernen grünen Bank. Davor Franko, ein Tan-and-white-Beagle, der sich mit einem Stück Holz vergnügt. Hinter der Bank beginnt eine große Wiese, auf der ein Vater mit seinen Kindern Fußball spielt. Zwei Jugendliche werfen Frisbee. Menschen gehen spazieren, führen ihre Hunde aus. Weiß-blauer Himmel. Die Stadt summt, ein

Postkartenidyll mit den vielen Türmen und dem Alpenpanorama im Süden.

Gerd greift in seinen Rucksack, zieht eine Sektflasche heraus und öffnet sie. Franka hält die Flasche, während er zwei schöne Gläser aus dem Rucksack fischt. Er schenkt ein, sie stoßen an.

Gerd: »Auf dich!«

Franka: »Auf uns! Ach, ist das schön hier oben. Ich genieße es jedes Mal neu. Ich bin so froh, dass wir den Platz entdeckt haben.«

Gerd: »Geht mir genauso. Aber ein bisschen ein schlechtes Gefühl habe ich doch.«

Franka: »Weil du nicht im Büro bist? Ach geh' – du hast es dir verdient, mal einen Tag auszuspannen. Wenn ich dran denke, was du gearbeitet hast, seit wir uns kennen. Da darfst ruhig mal einen Tag Auszeit nehmen. Und draufkommen tun sie dir eh nicht.«

Gerd: »Und wenn jetzt grad heute ein Kollege …«

Franka: »Die sind alle im Büro – es ist Werktag, schon vergessen?« Sie lachen und blinzeln in die Sonne. Er füllt die leeren Gläser auf. Sie stoßen an. Franka hat gerötete Augen, er ist nicht rasiert. »Haben wir was zum Essen dabei? So einen klitzekleinen Snack, bevor wir nach Hause gehen?«

Gerd: »Logisch.« Gerd kramt im Rucksack. Dann hat er sie gefunden: Leberkässemmeln, sorgsam in Stanniol verpackt. Sie dampfen, als er sie auspackt. Eine für Franka, eine für ihn.

Franka: »Uihh, toll!« Sie beißt ins Brötchen. Man sieht ihr an, dass sie das Herzhafte mag. »Die sind richtig fein. Und sag', was hast du für daheim?«

Gerd: »Überraschung.«

Franka: »Nein! Sag's halt.« Sie knabbert an seinem Ohr.

Gerd: »Ey, das ist nicht fair.«

Franka: »Sag's!«

Gerd: »Okay. Also, die haben heute argentinische Steaks gehabt ...«

Franka: »Au fein, machen wir die mit Pommes?«

Gerd: »Wenn du willst. Sag' mal, hast du nachmittags was vor?«

Franka: »Weiß nicht, 'ne Ausstellung? Wir könnten ja mal in der *Süddeutschen* gucken. Wir waren schon lange nicht mehr in einer Ausstellung.«

Gerd: »Gute Idee. Nein, halt. In der Stadt lasse ich mich lieber nicht blicken. Ich habe Grippe oder so was, offiziell.«

Franka: »Ach ja, klar. Ist doch nicht so schlimm. Dann machen wir es uns bei mir kuschelig. Wir holen uns ein paar Videos und gucken Filme. Vielleicht ein bisschen Sex?« Sie unterbricht das Trinken, um heftig zu knabbern. Gerds Hand krabbelt unter ihr T-Shirt. Sie schiebt ihn weg. »Nicht hier. Später, vielleicht.«

Gerd: »Okay. Filme-Gucken finde ich gut. Wäre noch besser, wenn es nicht so schönes Wetter wäre.«

Franka: »Wir machen einfach die Rollos zu. Dann sehen wir nicht, dass draußen die Sonne scheint. Weißt was? Ich bin jetzt so richtig scharf auf dich. Es ist so schön, dass wir zusammen sind. Ich weiß gar nicht, wie ich vor deiner Zeit gelebt habe. Und ich finde es toll, dass du heute nicht zur Arbeit gegangen bist.«

Gerd: »Na ja, ich muss halt aufpassen, dass ich auf dem Laufenden bin. Du glaubst nicht, wie schnell die Russen einem auf der Nase rumtanzen.«

Franka: »Ja, aber das ist morgen. Und heute ist heute. Schau mal, die Berge sind zum Greifen nah. Haben wir eigentlich noch einen Sekt für die Wanderschaft dabei?«

Gerd: »Klar.« Er öffnet Flasche Nummer zwei. Gießt ein, sie stoßen an, trinken auf ex. Eine ältere Dame mit zwei Pudeln müht sich den Berg hoch, bleibt vor der Bank stehen. Die Pudel scharwenzeln um Franko herum – man kennt sich und mag sich.

Ältere Dame: »Da schau her, das reizende Paar. Scho lang nimma gseng. Ham's Urlaub? Ah, Schmarrn – Sie ham ja g'heirat, gell?«

Franka: »Ja, letzte Woche. Mei, ich sage Ihnen, es war so schön. In Tirol. Ganz kleiner Kreis, nur ein paar Freunde. Keine Familie. Herrlich. Und heute hat der Gerd freigenommen. Ist ja eine Sünde, an so einem schönen Tag im Büro zu hocken. Mögn S' auch einen Sekt? Wir können ein Glas sauber machen.«

Ältere Dame: »Ganz lieb von Ihnen. Nein, des is, glaub' ich, nix für mich. Da hätte ich ja am helllichten Tag einen Schwips.«

Franka: »So schlimm wird es schon nicht sein. Gehen S' zu, setzen Sie sich einen Moment her.«

Ältere Dame: »Naa, ich hab' noch so viel zu erledigen. Wir werden jetzt amal weitermachen. Waren Sie schon in dem Biergarten, wo wir uns einmal getroffen haben?«

Franka: »Nein, aber das ist eine prima Idee. Der müsste ja jetzt geöffnet sein. Da sitzt man wunderbar. Gerd, den muss ich dir zeigen.«

Ältere Dame: »Also, man sieht sich. Macht es gut, ihr beiden.« Die Pudel sind schon auf dem Sprung. Die ältere Dame zockelt über die Wiese.

Gerd: »Nette Frau. Was war das mit dem Biergarten? Habe ich da was verpasst?«

Franka: »Nein, Schatz. Wahrscheinlich kennst du den sogar. Da sind wir schon oft beim Joggen vorbeigekommen.

Erinnerst du dich an die Hütte mit den Biertischen davor. ›Olympia-Alm‹ heißt es da. Der Wirt macht ein Riesengeschäft. Da bin ich im Sommer oft. Im Winter hat er zwar auch offen, aber da mag ich nicht dort sitzen. Aber im Sommer ist es toll. Weißt was, wir trinken aus und kehren auf dem Rückweg da auf eine Maß ein.«

Gerd: »Hört sich gut an. Du, es ist wirklich schön mit dir. Hättest du dir vor drei Monaten gedacht, dass du bald verheiratet sein würdest?«

Franka: »Nein, Schatz. Wirklich nicht. Und jetzt mag ich mir gar nicht vorstellen, wie es wäre, wenn es nicht so wäre. Lass uns austrinken und zusammenpacken. Es wird dir gefallen in der ›Alm‹. Den Wirt kenne ich gut. Beim ersten Mal im Jahr gibt der mir immer was aus. Der wird sich wundern, wenn ich nicht allein komme.«

Sie leeren die halbe Flasche im Express-Tempo. Franko streckt sich und kommt auf die Beine. Gerd wirft das Stanniol und die leere Flasche in den Müllbehälter neben der Bank. Franka und er stehen auf, sehen noch einmal in Richtung Süden – auf der Zugspitze liegt noch der letzte Schnee, ansonsten stechen helle Kalkwände in den Föhnhimmel. Franka und Gerd haben das Glück im Gesicht. Sie zieht ihn zu sich heran und küsst ihn. Voller Leidenschaft, den rechten Oberschenkel schiebt sie zwischen seine Beine.

Es war einer dieser Münchner Föhntage, an denen empfindliche Menschen vom Kopfweh malträtiert werden. Die Natur freilich ist von einer unvergleichlichen Heiterkeit. Die weißen Flusen am Himmel sind wie in die Welt getupft. Der Tag flirrt so dahin. Du lässt deiner Lebenslust freien Lauf – und, hastdunichtgesehn – macht die Sonne den Abgang.

Sie hatten beim Wirt gesessen, einem Jugoslawen. Wie Franka es geahnt hatte: Erst mal gab es eine Runde aufs

Haus. Ein etwas schwülstiger Rotwein, recht gewöhnungsbedürftig. Eigentlich eher etwas für Winterabende – aber geschenkt ist geschenkt. Nach dem zweiten Viertel trank sich der Wein ganz flott. Sagte zumindest Franka, Gerd kam nicht ganz klar mit der Schwere des Alkohols.

Am Tisch war ein Kommen und Gehen. Anderl, der Wirt, hatte es gern gesellig. Mittags saß ein Pärchen am Tisch – bessergestellte Büromenschen von BMW, die am Arbeitsplatz ein heimliches Gspusi angefangen hatten und hier ungestört Händchen halten durften. Die beiden wurden abgelöst von einem kleinen Trupp Gartenarbeiter mit einem großen Bierdurst. Später verschnaufte ein Rentner aus Milbertshofen in der Alm – jeden Tag marschierte er zwei Stunden durch den Park und auf den Berg, und bevor er in sein Einzimmer-Apartment an der Schleißheimer zurückkehrte, trank er beim Anderl seine zwei Weizen und Obstler.

Franka und Gerd blieben hocken. Sie hielten sich an den Händen und malten sich ihre Zukunft aus. Er würde noch ein paar Jahre im Verlag arbeiten und seine Position stärken. Dann könnten sie ein gemeinsames Unternehmen gründen. Eine Kreativ-Agentur, ganz fein, nur Premium-Kunden.

Anderl saß daneben, hörte zu und sah seine verliebten Gäste wohlwollend an. Tolle junge Menschen, denen die Welt gehörte.

An den Nebentisch setzte sich ein braun gebrannter Mann mit einem Weißbier, schlug die Zeitung auf und begann zu lesen. Franko umkurvte den Fremden und nahm Witterung auf. Der Mann ließ den Beagle an der Hand schnüffeln. Franka lächelte strahlend hinüber – ein bisschen sehr strahlend, fand Gerd. Sein Glas war leer. »Geh', Anderl, keinen Wein mehr für mich. Der ist zu stark am Nachmittag. Ich nehme jetzt lieber ein Helles.« Anderl griente und gab seinem

Angestellten hinterm Tresen einen Wink. Franka musterte Gerd. »Was? Machst schlapp? Also, ich mag den Wein, kann ich noch einen haben?« Ganz aufgekratzt war sie jetzt. Kein bisschen romantisch. Ihre Aussprache war glasklar, ein wenig metallen die Stimme: Das Melodische, das er sehr mochte, war weg. Er kannte das – jetzt wirkte bei Franka der Alkohol.

»Wollen wir heim«, fragte er. Sie sah ihn erstaunt an. Dann meinte sie kühl: »Es ist grad mal drei. Wenn du heim willst, dann geh' halt. Ich bleibe auf jeden Fall.« Anderl zog die Augenbrauen kaum merklich hoch.

»Okay«, meinte Gerd. Erst mal werde er pinkeln, dann sähe man schon. Als er von der Toilette zurückkam, saß Franka nicht mehr beim Anderl, sondern am Nebentisch, dem braun gebrannten Menschen gegenüber. Sie teilten sich eine Breze, Branko kriegte ab und zu ein Stückerl ab. Franka und der Fremde lachten.

Gerd Ammersberger leerte das Glas. »Ich gehe ein Stück spazieren«, meinte er. »Okay«, sagte sie, ohne den Kopf zu ihm zu drehen. Es gab da wohl etwas ganz Wichtiges mit dem Braungebrannten zu besprechen. Nun denn, Gerd verabschiedete sich von Anderl, der die Szene gern noch länger beobachtet hätte. Dann machte er sich auf den Weg. Als er die Alm verließ, hörte er in seinem Rücken Frankas Lachen. Ein bisschen blechern und trotzdem mit diesem Girren, das einen ganz wuschig machen konnte.

Für einen Werktag war viel los. Die Menschen zog es in die Sonne. Gerd stapfte die letzten Schritte zur Aussichtstraße. Ein wenig war er aus der Puste – das ärgerte ihn, denn noch vor Kurzem wäre er hier hochgejoggt, ohne sich sonderlich anzustrengen. Ammersberger stützte sich aufs Geländer und blickte nach Süden. Die Chiemgauer, das Brauneck und die

Benediktenwand. Zugspitze, Alpspitze Ettaler Mandl, Hörnle. Die Allgäuer Alpen …

Es gab ihm einen Stich. Viele der Berge, die er da mit weißen Spitzen in den Horizont zacken sah, hatte er bestiegen. Fast alle. Er konnte es sich in diesem Moment vorstellen, wie es war, nachmittags nach einer erfüllenden Tour ins Tal zurückzumarschieren. Der Anorak steckte im Rucksack, die Ärmel hatte man hochgekrempelt, die erste Sonne des Jahres tat den Armen gut. Die geschulterten Skier zwackten ein wenig, die Schuhe polterten über eine Forststraße und fühlten sich zu schwer an. Aber all das scherte einen nicht. Man hatte noch den Schneegeruch in der Nase, die Gedanken waren leicht, das Leben in der Stadt weit weg und nicht sehr von Belang. Dann war man am Auto, verstaute die Ausrüstung, schlüpfte in ein frisches T-Shirt und die ausgelatschten Laufschuhe, die man zeitlebens nicht wegschmeißen würde. Man setzte sich ans Steuer, schob eine CD in den Player – was Hartes, Männliches von Iggy Pop vielleicht oder so. Fuhr los, zurück ins normale Leben.

Und alles war okay. Er mochte die späten Frühjahrstouren.

Ach was! Sentimentales Zeug! Klar, er war in diesem Jahr nicht ein einziges Mal mit den Skiern auf Tour gewesen. Zehn Tage mit Franka in Ischgl. Trofana Royal – drunter machte man es nicht. Jeden Tag zu spät auf die Piste, jeden Abend zu lang an der Bar. Und mittags immer ein ausgiebiger »Einkehrschwung«. Er hatte das Wort nie gemocht. Skifahren war für ihn immer ein ehrlicher Sport gewesen. Harte Anstiege, spannende Abfahrten – so mochte er es. Diese schicke Variante in Ischgl war nicht nach seinem Geschmack gewesen.

Gerd sah immer noch nach Süden und mochte sich nicht besonders. Es war kurz vor vier am Nachmittag, unten auf der »Alm« turtelte Franka mit einem Fremden. Kurz vor vier – die Welt lockte, aber er konnte sich zu nichts mehr aufraffen. In seinem Kopf summte es, der Rausch war nicht willkommen, aber er hatte sich eingenistet.

Nein! Er war eben nicht so betrunken, dass ihm das nichts mehr ausgemacht hätte. Er sah die Dinge klar, und sie gefielen ihm nicht. So, dachte Gerd Ammersberger, geht das nicht weiter. Mit der Schludrigkeit ist jetzt Schluss. Von morgen an trainiere ich. In der Arbeit werden die Zügel angezogen. Konzerte, Theater, Ausstellungen – Kultur, ich komme.

Eine aparte Blonde lächelte ihn an, er lächelte zurück. Nett sieht sie aus, dachte er, richtig süß. Wenn ich nicht verheiratet wäre …

Blödes Zwicken im Bauch. Welcher Teufel Franka vorhin wohl geritten hatte? Sich einfach zu dem Stenz am Nebentisch zu hocken. Sie tat das ja nicht zum ersten Mal. Immer häufiger in der letzten Zeit, wenn er es recht bedachte. Na ja, sie war auch schon beschwipst gewesen. Obwohl: Das hatte ja nun wirklich nichts zu sagen bei ihr. Sie trank nun mal gern.

Trotzdem würde er heute mal aufs Land fahren. Er wollte in Ruhe ausschlafen, um morgen im Büro fit zu sein. Noch einmal blickte Gerd Ammersberger nach Süden – bald seid ihr dran, ihr Berge, dachte er vergnügt – und machte sich an den Abstieg. Er machte einen Bogen um die »Alm«, marschierte zu einem Taxistand und ließ sich – mit einem Stopp an der Tankstelle – an den See chauffieren.

In seinem Haus drehte er zuerst einmal die Heizung auf und machte Feuer im Kamin. Ließ ein Bad ein, öffnete das zweite »Elephants«. Das letzte Mal Trinken. Gerd Ammersberger stieg in die Wanne, dachte ganz kurz an seine Frau. Das Bier schmeckte wirklich prima. Nach gutem Gewissen.

Die Tanke, in der er die »Elephants« gekauft hatte, kannte er gut. Das Regal mit den »Elephant«-Dosen befindet sich in Brusthöhe. Den Sekt gibt es linkerhand, »Faber« ist der preiswerteste, kostet sechs Euro und ein paar Zerdrückte.

Seit ein paar Monaten hatten ihn die »Elephants« und »Fabers« begleitet. Franka, die Getränke – und die Tankstellen mit ihren Verkaufsräumen, in denen die Beleuchtung jeden Pickel sehen lässt. In München an der Dietlindenstraße oder ganz draußen auf der Leopold oder in der Nähe des Stachus. In Dietersheim bei Garching. Oder Lenggries. Oder Tutzing. Nur Tankstellen mit »Elephants« im Regal sind gute Tankstellen.

»Das Elephant Beer ist« – so steht es bei Wikipedia – »ein helles, nicht trübes Starkbier der Carlsberg Brauerei.

Es enthält in Deutschland 7,5 Prozent Alkohol, die seltener zu findende, dänische Originalversion hat 7,2 Prozent. Der Geschmack lässt sich als malzig beschreiben.

Das Elefantenmotiv spielte eine tragende Rolle in der Geschichte der Brauerei Carlsberg. Im Jahre 1901 errichtete der Architekt J. L. Dahlerup für Carl Jacobsen, den Sohn des Firmengründers, auf der Insel Bornholm einen von vier Elefantenreliefs gestützten Turm. Jacobsens Inspiration hierfür war ein Elefantenobelisk in Rom. Nachdem das Elefantenmotiv die Familie Carlsberg über 50 Jahre begleitet hatte, wurde 1955 schließlich das Elephant Beer auf den Markt gebracht, zunächst unter dem Namen ›Export Lager Beer‹. Nachdem es in Ghana, damals auch der Goldküste und Nigeria verkauft wurde, startete Carlsberg am 9. November 1959 den Verkauf in Dänemark. ›Elephant‹ wird weltweit exportiert, einige örtliche Brauereien stellen das Bier weiterhin nach dem Originalrezept her.«

Man muss es – so meint Ammersberger, der Kenner – recht kühl trinken. Weil es ohnehin sehr samtig wirkt, wird eine gewisse Schwülstigkeit angenehm aufgehoben, wenn das Bier aus einer Dose kommt, die so kalt ist, dass sie beim Entnehmen aus dem Regal sofort beschlägt. Am besten lässt man die vordersten beiden Dosen unangetastet und greift weiter nach hinten. Das geht freilich nur, wenn die Hände nicht zittern. Ist einfach peinlich, mit Tremor-Händen die »Elephants« aus der Kühlwand auf den Fußboden zu schubsen, und die kollern dann so in der Tanke rum. Alles schon gehabt.

Aber davon mal abgesehen: Er hat in der letzten Zeit ein seltsames Doppelspiel kultiviert. Zuerst den Köper herausgefordert. Dann schwitzend die Tanke geentert, zwei »Elephants« oder eine Pulle Sekt auf den Weg. Die letzten vier, fünf Kilometer ist er gemütlich vor sich hin geschlendert und hat zu trinken begonnen. Zuerst ein paar große Schlucke gegen den Durst. Das stieg sofort ins Hirn. Das Denken wurde schnell übermütig. Gut fühlte sich der Körper an, heiß und auf Hochtouren.

Er hatte diese Art des »Auslaufens« genossen. An der Isar entlang, beim Seehaus links ab. Im Olympiapark hatte er die zweite Dose geleert, dann machte er noch einen Schlenker zur »Alm« – oder er lief direkt zu Franka. Die saß meist vor dem Fernseher, trank Sekt oder Weißwein und war meist sehr zärtlich. Sie tupfte ihm mit einem Handtuch den Schweiß aus dem Gesicht, stellte ihm ein gefülltes Glas hin. Sah sehr verführerisch aus. Ja, es ging ihm gut. Sauwohl fühlte er sich, Herrschaftszeiten noch einmal.

Damals war Gerd Ammersberger nicht bewusst, wie schnell es mit ihm bergab ging. Und er hatte keine Ahnung, wer Franka wirklich war.

✳ ✳ ✳

Herr V. hat zugehört, ohne einmal dazwischenzufragen. Jetzt schweigt Ammersberger schon seit Längerem, ist wohl in Gedanken beim Elephants und der Badewanne. V. fragt: »Was war denn das für ein Scheiß mit der Heirat?«

»Ich kann es mir auch nicht erklären. Irgendwann hat sie es mal erwähnt, wir haben darüber geredet wie über einen Film. Eigentlich geht es dich nichts an, aber weil du nichts Besseres zu tun hast, machst du dir halt den Spaß und quatschst drüber. War nichts Besonderes, am Anfang. Wo würden wir wohl heiraten, wen sollten wir einladen, was gibt es zum Essen, Hochzeitsreise oder nicht? Das war so eine Spielerei – ich habe nicht gemerkt, dass sie es ernst meint. Als mir das klar wurde, war es irgendwie schon zu spät.«

V. sagt, er könne sich das nicht recht erklären. So wie er den Ammersberger kennengelernt habe, sei der doch ein Mensch, der keine unüberlegten Dinge macht. Nein, meint Gerd Ammersberger, das sei kein Wesenszug von ihm. Und er könne es selbst nicht begreifen. »Wenn ich das, was mir da passiert ist, in einem Film sehen würde, würde ich das übertrieben finden. Aber es ist passiert. Das mit der Hochzeit war ja erst der Anfang.«

Also, noch mal, wiederholt V.: »Wie ist es zu dieser Hochzeit gekommen?«

»Na ja, Franka hat immer öfter drüber gesprochen. Eigentlich hat sie nur noch vom Heiraten und von unserer Liebe geredet. Sie hat gemeint, dass man eh schon dauernd zusammenwohnen würde und dass sie nur auf mich gewartet hätte. Dass sie sich ganz sicher wäre – ich und sonst keiner.

Das hat mir gefallen. Und ich habe sie angebetet. Eine schöne Frau, witzig, klug, eine, die ich überall vorzeigen konnte und die meine Karriere verstand. Wir hatten die gleichen Interessen.«

»Und das mit dem Trinken war auch super.«

»Nein, nach den ersten Treffen wurde es weniger. Wir haben zusammen gekocht und dann natürlich einen Wein zum Essen gehabt. Danach haben wir miteinander geschlafen – und ich sag' dir, das war am Anfang der pure Wahnsinn. Die Frau vögelt einem das Hirn aus dem Kopf. Wenn ich nach Hause kam, hatte sie oft schon so Sachen arrangiert. Also, kreativ ist sie.«

»Sag' mal, du spinnst ja immer noch, wenn du von ihr erzählst.«

* * *

Plötzlich war vieles schwer geworden. Die Leichtigkeit von früher war auf einmal nicht mehr da. Sicher erledigte Ammersberger im Büro weiterhin alles mit großer Zuverlässigkeit. Doch er vermisste die alte Souveränität. Es gab Aufgaben, zu denen er sich zwingen musste. Er verschob Termine und Treffen. Meetings waren ihm auf einmal ein Graus – ihn ödeten die endlosen Diskussionen an. Ammersberger zog sich jetzt gern in sein Büro zurück und machte die Tür hinter sich zu.

Sport trieb er nun am liebsten allein. Er sagte die Tennis- und Squashabende mit den Kumpels ab. Er machte seinen Job, ging jeden Tag zum Joggen in den Park – und den Rest der Zeit verbrachte er mit Franka.

Manchmal schafften sie es ins Theater oder ins Kino. Aber immer wieder stellte er fest, dass er sehenswerte Ausstellungen in der Stadt verpasst hatte. Man konnte sich auch nichts so recht vornehmen. Franka war der unzuverlässigste Mensch, dem Gerd je begegnet war.

Er hatte schon länger geahnt, dass sie da ein Problem hatte. Aber da lebten sie noch in getrennten Wohnungen. Drei Mo-

nate nach der Hochzeit zogen sie zusammen. Helle 180 Quadratmeter im Norden der Stadt. Der Englische Garten war
nur einen Katzensprung entfernt, um die Ecke gab es einen
wunderbaren Italiener und einen gut sortierten Supermarkt.
Die Wohnung war elegant geschnitten, Altbau, hohe Zimmer. Jeder hatte seinen Arbeitsraum, man traf sich im Wohnzimmer oder in der Küche, im Schlafzimmer ließ sie einen
Spiegel über dem Bett – Kingsize – anbringen. Es war wirklich eine feine Wohnung.

Aber sie war zu klein. Gerd konnte Franka hier nicht mehr
aus dem Weg gehen – dazu ließ sie ihm keine Chance. Er setzte sich an seinen Schreibtisch, um Papierkram zu erledigen,
den er aus dem Büro mitgebracht hatte. Da stand sie dann
unvermittelt im Raum und fragte, was er mache. Oder sie
kraulte ihm die Schläfen. Oder sie fragte – mit Vorwurf in
der Stimme –, ob er wieder den ganzen Abend hier versauern
wolle, man sei schon so lange nicht mehr aus gewesen.

Sie wollte »aus« sein. Kannte viele Bars in der Stadt, hielt
es sehr lange aus. Er sagte, sie möge doch allein gehen, er
habe am nächsten Tag zu arbeiten, er müsse auch wieder mal
früh ins Bett. Und er wolle mal keinen Alkohol trinken.

Sie ging nicht auf ihn ein. Meistens kriegte Franka Gerd
herum. Dann zogen sie durchs nächtliche München, hatten
Spaß mit neuen Menschen, die sie kennenlernten und auch
gleich wieder aus den Augen verloren.

Schließlich war es zu viel für ihn. Gerd Ammersberger – der
Kopf tat ihm vom Biertrinken weh, aber er fühlte sich prächtig – besann sich auf die Zeiten, als er viel Sport getrieben
hatte. Er strich den Alkohol und setzte sich die Teilnahme an
einem Marathon als Ziel. Eine gute Zeit hatte er: Morgens um
sechs trainierte er eine gute Stunde, am Wochenende fuhr er
ins Gebirge. Er nahm ein paar Kilo ab, im Büro lief es prächtig.

Franka sah er abends, wenn er von der Arbeit kam. Sie war oft zornig, er wusste aber nicht, warum. Anfangs versuchte er noch, sie zum Laufen zu animieren, doch das gab er bald auf. Sie wollte ihn auch nicht zum Bergsteigen begleiten. So gab es Wochenenden, an denen sie sich gar nicht sahen. Er übernachtete in den Berghütten – und wenn er sonntags nach Hause kam, war sie in der Stadt unterwegs. Irgendwann kam sie zurück – da schlief er längst. Oft legte sie sich noch vor den Fernseher, wo sie dann einschlief.

Manchmal zog er sich jetzt in sein Arbeitszimmer zurück und übernachtete dort auf dem alten Sofa aus seiner Studentenzeit. Er las, polierte seine Messersammlung, hörte Musik. Er hatte wieder angefangen zu zeichnen. Er übertrug Fotos, die er in den Bergen gemacht hatte, mit Bleistift auf einen Skizzenblock – und langsam bekam sein Strich wieder eine befriedigende Selbstverständlichkeit.

Gerd Ammersberger kam sich fremd in seiner Ehe vor. Er wollte das alles nicht mehr, und es hörte nicht auf. Das Leben mit Franka – wie war eigentlich dieses Leben? – war in Scherben, er wusste es und er tat nichts. Er machte seinen Job und er trainierte bis zur Erschöpfung.

Aber er wusste eben auch: Sie war da, und sie war die Herrin.

✳ ✳ ✳

Er sitzt auf dem Stationsrad und schwitzt. Schwitzt wie ein Schwein. Das ist so angenehm. Er ist wieder in seiner Haut. Gestern ist der Oberarzt vorbeigewitscht und hat, so en passant, gemeint: »Herr Ammersberger, Sie sind fei noch im Entzug. Das mit dem Sport ist nicht das Wahre. Machen S' amal ein bisserl langsamer.«

Ammersberger war einfach weitergeradelt und hatte hinüber geschaut zum Raucherzimmer, wo die Herrschaften die Hand nicht vor Augen sehen konnten.

Was ist schon das Wahre?, hatte Gerd Ammersberger gedacht.

Das Radfahren auf diesem versifften Hometrainer ist ein Teil der Rettung. Gerd Ammersberger setzt sich in der kurzen Hose und dem T-Shirt auf den Sattel, ein Handtuch legt er über den Lenker. Kurz hält er inne und beamt sich aus der Anstalt:

Rechterhand eine Kapelle. »Pürschling eineinhalb Stunden« steht auf dem Wegweiser. Steil geht es los, sehr steil. Kurz wird der Atem. Große Beklemmung, fünf Minuten schlimme Anstrengung. Der Weg flacht ab, das Treten wird leichter.

Dann wieder eine Rampe. Hier sind sie früher mit den Rodelschlitten runtergefahren und haben sich schon mal die Köpfe eingestoßen. Ammersberger tritt hart und fühlt Schmerzen. Egal, das sind die Vor-Schmerzen.

Langes Tal. Für den Bergwanderer ist das die Weghälfte, für den Mountainbiker fängt danach die Schinderei erst an. Das Lange Tal ist eben und weit. Manchmal muss man absteigen und ein Viehgatter öffnen.

Noch knapp hundert Meter, dann schwingt sich der Weg auf. Windet sich nach oben, in ständiger Steilheit. Ammersberger (notabene: der auf dem Hometrainer; der sich im Gebirge dünkt, aber in der Geschlossenen radelt) ist im Grenzbereich, er genießt die Quälerei.

Er sieht nicht mehr den Gang in Haar. Er denkt nicht mehr an Franka – die gehört nicht hierher. Er will nach oben.

Und das heißt: Treten!

Gegen die Wand

Die Wachstation bei den Frauen platzt aus den Nähten. Noch eine Neue – jetzt sind alle fünf Betten belegt. Die Pfleger diskutieren, welche der Frauen sie in ein Dreierzimmer verlegen können, falls noch jemand eingeliefert wird. Die Le Viseur vielleicht, die hat sich schön stabilisiert. Nun, man wird sehen. Irene heißt die Neue. Sehr durch den Wind. Sie riecht nicht gut, hat sich länger nicht mehr gewaschen. Sie weint nicht, sie lacht nicht, sie rebelliert nicht. Scheint eigentlich gar nicht da zu sein. Eine erloschene Person.

Irene Breitscheid, geborene Falterer. Wohnhaft am Elisabethplatz, München-Schwabing. 51 Jahre. 1,63 Meter, 60 Kilo. Puls bei Einlieferung 130 Schläge. 2,8 Promille. Nachhaltig gestörte Motorik und Sprache. Patientin ist apathisch, reagiert kaum auf Fragen. Kann sich nicht erklären, warum sie eingeliefert wurde. Stark desorientiert: Datum und Ort nicht präsent. Hilflos im Englischen Garten aufgefunden, vom Notarzt eingewiesen. Der benachrichtigte Ehemann erklärt, seine Frau habe in letzter Zeit exzessiv getrunken und gegenüber einer Freundin Suizidabsichten geäußert. Erstversorgung mit Distra und kreislaufstabilisierenden Medikamenten. Bettzuweisung ohne Zwischenfälle.

Die Pfleger beschränken sich bei der Aufnahme der neuen Patientin auf das Nötigste (sie soll zuerst einmal ins Bett gebracht werden) und stellen nur wenige Fragen: Vor der Ehe Lehrerin für Musik und Turnen an einem Münchner Gymnasium. Nach der Heirat kamen schnell zwei Kinder, da hatte sie gerade mal Zeit für ein paar Stunden Privatunterricht. Sie besorgte den Haushalt, kümmerte sich um die Steuern, hielt ihrem Mann den Rücken frei. Er machte mit seiner Kanzlei – Scheidungen in der besseren Gesellschaft – Karriere. Er ist ein bissiger Hund, sagen die, die mit ihm zu tun gehabt haben. Für ihn gibt es nur eines: gewinnen.

Sie war stolz auf ihren Mann. Man gehörte zu denen, die es geschafft haben in München. Man besuchte die wichtigen Premieren, man wurde im Königshof, beim Katzelmacher oder im Tantris mit Handschlag willkommen geheißen. Man traf sich am Sonntagnachmittag mit Freunden am Seehaus und genoss den eigenen Erfolg. Die Kinder besuchten bei Starnberg die feine amerikanische Schule, im Urlaub ging's zum Skifahren nach Moritz und zum Schnorcheln in die Karibik.

Alles bestens. Oder? Alles okay. Oder?

Okay? Nichts war okay!

* * *

Zehn ist sie, als die Eltern ihr die Gefolgschaft kündigen. Internat. Allein unter vielen. Ein paar Tränen ins Kopfkissen. Dann das Aufgeben, das Sich-Anpassen. Eine gute Schülerin wird sie, weil sie will, dass man sie mag. Hübsch ist sie, und sie wird noch immer hübscher. Brüste wachsen, ihr Gesicht entfaltet sich. Eine blonde Schönheit mit langen Haaren und einem lächelnden Gesicht. Sie ist immer sympathisch. Immer.

Dass sie das Fühlen eingestellt hat, merkt die Schülerin selbst nicht. In der Oberstufe teilt sie das Zimmer mit einer Freundin, das Internat ist zur Heimat geworden und sein Schrecken von früher scheinbar verloren. Keine großen Schlafsäle mehr, in denen es nie richtig still wird und wo das Einschlafen nicht so recht gelingen will. Nicht mehr die Angst, vom Lateinlehrer zum Privatunterricht gerufen zu werden. Nicht mehr diese unangenehmen Berührungen. Die letzten Jahre im Internat sind okay.

Irene als Studentin: Das ist eine junge Frau, die sich auf ihre Attraktivität verlässt. Die braucht sie auch, denn da ist eine Rechnung offen. Sie vögelt rum. Hütet sich davor, etwas für die Männer zu empfinden. Je mehr es sind, desto besser. Je schneller sie wieder verschwinden, umso angenehmer. Irene nimmt sich, was sie zu brauchen meint.

Das Studium fällt ihr leicht. Viele, die sie kennenlernen, denken, da führe eine junge Frau das Leben einer Bohemienne. So recht schlau werden sie nicht aus ihr, Irene ist irgendwie ungreifbar.

Sie verbummelt die Vormittage an der Uni. Danach trinkt sie mit Kommilitonen in der Schellingstraße ein Bier. Gern geht sie zum Atzinger – da gibt es gute Currywurst und viele Zeitungen. Nachmittags lässt sie sich durch die Innenstadt treiben. Oft landet sie in der Maximilianstraße, wo sie sich Prosecco ausgeben lässt. Irgendjemand ist immer in Spendierlaune. Sie wechselt von der Maximiliansstraße hinüber zum Odeonsplatz, weiter in ein Café oder eine der Wirtschaften der Innenstadt, manchmal lernt sie jemanden kennen, den sie ins Hofbräuhaus begleitet. Das kann länger dauern – normalerweise ist sie allerdings noch vor der *Tagesschau* daheim in der Zweizimmerwohnung in Schwabing. Irene ist müde, duscht, schlüpft in den bequemen Hausanzug, sieht noch ein wenig fern, schläft meist vor der Glotze ein, wacht nach Mitternacht auf und zieht ins Schlafzimmer um. Am nächsten Morgen ist sie um sieben wieder auf den Beinen, schaltet den Deutschlandfunk ein, brüht einen Kaffee auf, frühstückt zwei Scheiben Toast mit Käse und Marmelade (am Wochenende gibt es Eier im Glas), bereitet sich halbwegs konzentriert auf die am Vormittag anstehenden Seminare vor, steigt in die Straßenklamotten und wandert zur Uni. Sie fällt nie aus, fehlt nicht. Einen »Kater« kennt sie nicht. Männer kommen ihr nicht in die Wohnung. Irene übernachtet nie aushäusig. Ein paar Stunden im eigenen Bett hat sie immer. Und wenn sie morgens das Haus verlässt, sieht sie sehr knackig aus.

Irene Falterer hat wirklich eine außergewöhnliche Kondition.

Aber es ist leer in ihr. Sie legt die Kerle flach, und ihre Verachtung wächst. Das ist wie eine Endlosschleife: Auf die Jagd gehen. Beute machen. Das Interesse verlieren. Neuer Zorn, immer größerer Zorn. Abdriften in die Isolation. Erleichterung beim Trinken. Und wieder ab auf die Jagd.

Wie gesagt: Eine erstaunliche Konstitution hat diese Frau. Nie trinkt sie harte Sachen. Aber beim Bier und Wein gibt sie nicht nach. Sie ist auch nicht schnell betrunken – die Kontrolle verliert sie nur manchmal, wenn sie zu Hause allein weitertrinkt.

Doch Irene Falterer spürt, dass sie dünnhäutiger wird in ihrem großen Zorn. Die durchgehende Freundlichkeit von früher ist dahin. Menschen machen sie nervös – vor allem morgens. Nach dem ersten Bier wird alles mit der Zeit erträglich und Irene findet zurück zu der charmanten Art, die man an ihr so schätzt.

Manchmal freilich ist ihr, als ob sie sich selbst zusähe – und da kann sie beobachten, wie ein Mensch sein Leben an die Wand fährt. Das ist so bedrückend, dass man es kaum aushält. Aber was soll sie machen? Sie muss zurück in ihre Endlosschleife, hat keine Alternative.

Dann der Mann. Der, der sie zu retten scheint.

Sie lieben sich, sie sind zärtlich im Umgang miteinander. Nicht von Anfang an. Beim ersten Treffen – das ist auf einer Feier, zu der sie ein Bekannter mitnimmt – ist sie überzeugt, dass Carsten schwul ist. Ein Mann von ausgesuchter Höflichkeit, makellosen Manieren, ungewöhnlich gutem Geschmack. Jemand, mit dem man sich über alles unterhalten kann, und die Zeit verfliegt nur so. Carsten und Irene kommen auf der Feier miteinander ins Gespräch und sie vergisst, wie es ist, auf der Jagd zu sein. Sie genießt seine Gegenwart. Sie verabreden sich, sehen sich regelmäßig.

Nie kommt er ihr bei diesen ersten Treffen zu nahe – doch nach einer Weile wissen beide voneinander Dinge, die man nur besten Freunden anvertraut.

Zum Zeitpunkt ihres Kennenlernens hat Carsten gerade bei einer renommierten Kanzlei in der Nähe des Hauptbahnhofs angeheuert. Die Partner – einer von ihnen ist in der Politik ein hohes Tier, gern gesehen bei Partys sowie auf dem Oktoberfest und außerdem zielstrebig auf dem Weg in ein Ministeramt – freuen sich über den jungen Kollegen, der so geschmeidig, elegant, einnehmend auftritt. Wenn er sich aber bei einer Scheidung für einen Mandanten ins Zeug legt, ist er schon jetzt gefürchtet. Carsten H., das spricht sich schnell herum, mag keine Kompromisse. Sein Motto: Man macht keine Gefangenen – das kostet nur Zeit. Carsten H. ist ein Killer – gut so, sagen seine Chefs und schubsen ihn im Eiltempo die Karriereleiter hoch.

Irene wird in Carstens Begleitung ruhig. Sie verzichtet mehr und mehr auf ihre rastlosen Touren. Neue Männerbekanntschaften braucht sie nicht. Ihr gefallen Carstens Aufmerksamkeiten – dass es nicht die Aufmerksamkeiten eines Schwulen sind, na und?

Als sie über Irenes Internatserinnerungen reden, machen sie einen Ausflug in den Münchner Süden. Carsten fährt – er hat sich sein erstes Cabrio zugelegt –, und sie stellen den Wagen oberhalb des Ammersees ab. Auf den Wiesen Schlüsselblumen, Hasen und Rehe lassen sich sehen, in den Bäumen konzertiert es. Es tut gut, die Jacke auszuziehen, über die Schultern zu hängen und die Hemdsärmel hochzukrempeln. Die erste warme Sonne nach einem langen Winter, das prickelt angenehm. Irene hat eine Sonnenbrille aufgesetzt, Carsten – skandinavischer Hauttyp – hat nach einer halben Stunde einen hübschen rosa Teint.

Sie marschieren, immer auf der Anhöhe, nordwärts in Richtung von Kloster Andechs. Es redet sich leichter, wenn jeder Augen für die Landschaft hat. Dann fühlt man sich nicht beobachtet, Irene mag das nicht. Sie will anderen keine Kontrolle über ihr Gesicht geben. Bei Carsten ist das manchmal nicht so: Den sieht sie immer mal wieder ungeschützt an. Er hat das noch nie missbraucht, und es tut ihr gut, so ohne Maske.

Aber noch besser ist ein Wandern wie an diesem Frühlingsnachmittag. Man hat das Ziel, man genießt die Wärme und die frische Luft. Die Unterhaltung nimmt ungezwungen ihren Lauf. Zuerst reden sie über die letzten Tage. Sie erzählt, wie sie sich als Referendarin in ihrer Klasse macht. Die jungen Rabauken bremst sie durch ihre Heiterkeit aus. Lässt sie in deren Zorn gegen alles Erwachsene einfach ins Leere laufen. Es ist schön zu merken, wie die Vorbehalte der Schüler ins Wanken kommen, wie einer nach dem anderen sich hinter der jungen Lehrerin einreiht und versucht, Punkte bei ihr zu machen.

Lächelnd hört Carsten zu. Nachdem sie fertig ist mit dem Schwärmen, sieht sie ihn an, fragt: »Und du?«, und er erzählt von seinem neuen Fall. Komplizierte Causa, die er in der Mache hat. Carsten geht sonst nie ins Detail, aber wenn ihn etwas beschäftigt, mag er es, das Thema mit Irene »mal ganz theoretisch« abzuwägen. Diesmal handelt es sich um eine Mandantin, die nicht mehr mit ihrem Mann schlafen will. Gut aussehende Frau, netter Mann, drei Kinder, scheinbar intakte Ehe.

Carsten wird nicht so recht klug aus der Frau: Sie und ihr Mann sind sportlich, gesund, haben keine finanziellen Sorgen – doch von einem Tag auf den anderen hat sie keinen Sex mehr gewollt. Bei der letzten Besprechung fragte der Anwalt sie – nur für sein Verständnis –, was denn der Grund dafür sei. »Stell dir vor«, sagt Carsten, »sie hat nur gemeint, sie kann keine Männer mehr sehen. Einfach weil Männer nun mal Männer sind. Da ekelt sie sich. Nach 24 Jahren Ehe. Sind das die Wechseljahre – oder was? Ich komme da nicht mit.«

Irene geht ein bisschen schneller. Wie alt die Mandantin sei? 49? Na ja, das könnte schon sein mit dem Wechsel – um die 50 rum fangen manche an zu spinnen. Aber vielleicht bricht bei der Frau auch gerade etwas auf. Irene hat da mal eine Vorlesungsreihe besucht, die sich mit psychischen Schäden beschäftigte, von denen die Betroffenen lange Zeit gar nichts ahnen. Das sei sehr interessant gewesen.

Sie nähern sich einem Waldrand. Links und rechts vom hellen Schotterweg jetzt keine Blumenwiesen mehr, sondern frisch gepflügte Äcker. Dunkler, saftiger Lehm. Carsten fragt, wofür sie denn als Lehrerin so eine Vorlesung brauche.

»Ach, das gehörte nicht zum Stoff. Nicht mal einen Schein habe ich dafür bekommen. Hat mich einfach nur interessiert.«

Sie sind am Waldrand. Rast auf einem Holzstapel, es gibt Wurstsemmeln und Cola light aus dem Rucksack, Irene blinzelt in die Sonne. Sie lächelt sehr. Ungewohnt heiter ist sie. Warum sie denn so froh sei, will er wissen und beißt ins Brötchen. Sie nimmt einen Schluck Cola.

Schnelle, flüchtige Antwort. »Ich dachte, ich komme da endlich mit dem Internat klar, wenn ich mich theoretisch mit dem Ganzen beschäftige.«

Dem »Ganzen«, was für einem »Ganzen«?

»Na ja, Missbrauch in der Kindheit und so. Der ganze Scheiß, der einem Mädchen so passieren kann.«

Er ist erschrocken. Ob sie damit sagen wolle, dass sie ...

Ja, das will sie sagen. Und lächelnd erzählt Irene, eine Coladose in der einen und eine Semmel in der anderen Hand, auf einem Baumstapel unweit vom Benediktinerkloster Andechs von den Dingen, von denen sie sonst noch nie jemandem erzählt hat.

Carsten sagt kein Wort. Als sie fertig ist, packen sie den Müll in den Rucksack. Marschieren Hand in Hand durch den Wald und die Felder und Wiesen, kommen ins Getriebe bei Andechs, trinken schweigend eine Maß kühles Klosterbier, marschieren Hand in Hand zurück zum Auto. Umarmen sich lange vor dem Einsteigen. Dann fahren sie zurück in die Stadt. Sie brauchen an diesem Nachmittag nicht viele Worte, um einander nahe zu sein.

Am Abend schlafen sie zum ersten Mal miteinander – Carstens Zärtlichkeit ist so überwältigend, dass Irene danach weinen muss.

Sie sind ein Paar. Irene wird Frau Breitscheid. Sie bringt zwei Kinder zur Welt. Den Beruf vermisst sie bald nicht mehr – zu viel passiert: die Erziehung der Kinder, die Mitarbeit im Büro von Carsten, immer mehr gesellschaftliche Verpflichtungen. Irene Breitscheid – schön, klug, belastbar – kommt gar nicht auf den Gedanken, es könnte irgendetwas schieflaufen.

Dann geht Carsten fremd.

Warum?, fragt sie sich. Die andere ist blond, hat ein hübsches Gesicht, das muss man ihr lassen, der Busen ist okay, der Hintern auch. Lange Beine, viel schönes Fleisch. Aber blöd ist sie, so eine, die an den unpassendsten Stellen kichert. Null Allgemeinbildung, kein Benehmen, keine Kinderstube – hat die überhaupt Abitur? Und wenn sie sich aufmaschelt, vergreift sie sich immer ein wenig im Ton. Immer etwas zu schrill, immer ein Tick ordinär.

Vielleicht ist es gerade das, was er mag. Aber wahrscheinlich sind's nur die 20 Jahre Altersunterschied. Vermutlich ist alles so simpel.

Auch Carsten: einer von denen.

Sie könnte sich ohrfeigen. Warum hat sie nicht schon früher geahnt, dass da was im Busch ist? Hätte sie es ahnen müssen? Seit wann schleuste er Restaurant-Rechnungen an ihr vorbei? Seit wann passte ihr Mann auf, dass sein Handy nicht mehr offen herumlag? Seit wann sah er knapp an ihr vorbei, wenn sie miteinander redeten? Wie lange lief das denn schon?

Es war an einem Abend vor zwei Monaten, als sie ihm draufkam. Irene hatte gerade mit ihrem Älteren telefoniert – nach dem Abitur war er jetzt bei den Gebirgsjägern stationiert. Alles bestens, aber das war auch nicht anders zu erwarten. In einem halben Jahr würde Frederic zu studieren beginnen – Jus, wie der Vater. Davor noch zwei Monate mit dem Rucksack durch Neuseeland. Sie hatte einige Aufträge vom Sohn bekommen: Sie sollte beim Outdoor-Experten um die Ecke noch ein paar Dinge abholen, die er bestellt hatte. Dann hatten sie über seine neue Freundin geredet, eine süße Kunststudentin. Ob denn die junge Beziehung die Trennung überdauern werde? Irene hatte ihren Sohn beruhigt – wenn das etwas Echtes sei, dann würden zwei Monate Neuseeland keinen Schaden anrichten. Frederic war beruhigt gewesen. Tschüss Mama, hatte er gemeint, und, ach ja: Was sie denn heute noch vorhabe? Nichts Besonderes, hatte sie gesagt. Vielleicht fernsehen, oder so. Früh ins Bett. Morgen sei man eingeladen. Ja, am besten wohl früh ins Bett.

Sie hatte aufgelegt, einen Teller in die Spülmaschine gestellt – da schrillte das Telefon noch einmal. Ihre beste Freundin am Apparat. Sie wisse, es sei spät, aber sie müsse da etwas loswerden. Sie komme gerade aus Bogenhausen, wo sie zum Essen gewesen sei (ein Restaurant, das Irene nicht kannte). Dort habe Carsten mit einer Freundin gesessen, so einer jungen Blonden. Also, man wolle ja nichts Falsches sagen – aber das sei schon alles ziemlich eindeutig gewesen, was man da gesehen habe.

Nach dem Telefongespräch brauchte die Angerufene erst mal einen Schnaps.

Wenn da ein Verdacht ist, verlieren die Dinge ihre Unschuld. Carsten hatte in letzter Zeit sehr viel zu tun gehabt. Schwierige Fälle, die lästiges Nacht-Arbeiten erforderten. Mürrisch war er oft gewesen, hatte sich deswegen entschuldigt und alles mit Blumen und kleinen Geschenken wettgemacht. Das neue Eau de Toilette, die häufigeren Besuche beim Friseur, das regelmäßige Joggen … Na ja, hatte sie immer gedacht, er kommt halt auch in die Jahre und arbeitet seine Midlife-Krise ab. Sie litt ja selbst unter den Wechseljahren, unter quälenden Gefühlsschwankungen, und versuchte das durch eigentümliche Anfälle von jugendlichem Gehabe zu kompensieren.

Aber wenn es denn bei Carsten die Midlife-Crisis war – dann ging seine Art zu kompensieren doch etwas weit.

Irene Breitscheid – geborene Falterer, zwei Söhne, 51 Jahre. 1,63 Meter, 60 Kilo, prima in Schuss –, die vor langer

Zeit regelmäßig Alkohol konsumiert und dann lange Jahre kaum einen Tropfen getrunken hatte, entschied sich für einen Kirsch aus der Kappelrodecker Edelbrennerei Emil Scheibel. Vor dem zweiten Stamperl las sie sorgfältig den Beipackzettel:

Inhalt: 0,7 l

Alkoholgehalt: 45% vol.

Einen ganz besonders hohen Verwöhnwert hat dieser zehnjährige Kirsch. Das samtig-weiche Kirschwasser wird zehn Jahre gelagert und erlangt so seine vollkommene Reife, das unwiderstehliche Aroma sowie seinen einzigartigen Geschmack. Der vollmundige Kirschgeschmack wird von den nussigen und schokoladigen Noten wunderbar getragen. Der zehnjährige Kirsch ist die Essenz dessen, was edle Rohstoffe und die Kunst des Brennmeisters zu erschaffen wissen.

Darauf einen Scheibel!

Klar, das war Galgenhumor. Aber was blieb ihr sonst? Was für eine Idiotin war sie nur gewesen. Irene rief die Freundin noch einmal an. Wie diese Frau denn ausgesehen habe? Blond, ach so! 'N bisschen nuttig, ach was! Und? Wie jung?

Vielleicht 25, wenn's hochkommt, berichtete die andere.

Na ja dann. Irene legte wieder auf und stierte auf den Beipackzettel.

Die Leidenschaft, edle Brände zu kreieren, einfach das Beste aus dem reichen Obstgarten Badens zu destillieren – das ist der Ursprung der fast 90-jährigen Familientradition.

So wie ein Diamantschleifer das Potenzial im rohen Stein erkennt, so macht es der Familie Scheibel Freude, in den reinen Früchten das fertige Destillat zu entdecken. Natürlich gilt sowohl für Edelsteine wie auch für seltene Früchte das Gleiche: Je reiner, je exquisiter das Rohmaterial, umso perfekter das fertige Produkt.

25 höchstens. Und eine Nutte. Oder so was Ähnliches. Klar, 'ne Nutte. Wann das wohl angefangen hatte? Mal nachdenken, wie war das mit dem Friseur? Das war ein paar Wochen vor seinem 50. gewesen. Genau – und da hatte er auch das neue Parfüm mitgebracht. Duty free und besonders preiswert, angeblich. Ein junges Luder, konnte ja wohl nur scharf auf Carstens Kohle sein. Oder auf was sonst? Was sonst denn, Scheiße noch einmal?

Wie beim Schliff des Rohdiamanten kommt es auch bei der Weiterverarbeitung der edlen Früchte auf das Feingefühl des Brennmeisters an. Natürlich spielen auch die Werkstoffe eine wichtige Rolle. Deshalb setzt Familie Scheibel auf die einzigartigen, holzbefeuerten Brennöfen. Hier entstehen im zeitaufwendigen Roh- und Feinbrandverfahren die Spitzendestillate.

Aber vielleicht war es gar nicht nur das Geld. Vielleicht hatte sie, Irene, einfach vergessen, wie man einen Mann wie Carsten fesseln musste. Er stand im Leben, er sah schick aus. Und er war sehr vital. Ja, sicher hatten sie immer noch guten Sex. Nicht mehr so oft, aber das war doch normal, oder? Bei den meisten Freundinnen, die so lange verheiratet waren, tat sich da gar nichts mehr. Und gingen deswegen die Männer fremd?

Wahrscheinlich.

Oder auch nicht. Sie hatte erst vor Kurzem in einer Frauenzeitschrift gelesen, dass von einem bestimmten Alter an die Männer gar nicht mehr so wild aufs Vögeln sind. Die gehen lieber ein Bier trinken oder gucken mit den Kumpels Fußball.

Und Carsten hatte sich nie beklagt. Wenn sie es machten, war es gut. Schöne Höhepunkte, ehrlich.

Jetzt eine 25-jährige. Hatte sie, Irene, ihren Reiz verloren? Das war ja wie aus so einem blöden Lindström-Schinken. War das ihr Niveau? Waren sie so tief gesunken?

Gutes braucht Zeit. Deshalb wandern die Destillate zum Reifen erst einmal ins Lager, um in Holzfässern, Tongefäßen oder Korbflaschen den typischen, vollen Scheibel-Geschmack zu entwickeln. Nur wenn die Engel durch jahrelange Reifung ihren Anteil bekommen, wird aus einem edlen Destillat ein Frucht-Brillant – voller Leben, edel und rein.

Voller Leben, edel und rein. Jahrelange Reifung. So ein Schmarrn. Edel und rein und raus und rein und raus. Zum Teufel mit den Kerlen, zur Hölle mit ihnen, verfickte Schwanzlutscher, allealleale. Scheiße noch mal: das ihr! Sie hatte doch keine Fehler gemacht, sie hatte sich doch Mühe gegeben.

Carsten war der Mann gewesen, der sie verstand. Alles war in Ordnung gewesen mit ihm. Das verfickte Internat: nur noch eine Geschichte aus einem fremden Film. Sie hatte Kinder und eine Geborgenheit und eine Aufgabe, sie war eine ganz normale fröhliche Frau. Ohne ein Misstrauen. Voller Freude, die meiste Zeit.

Wegen einer 25-jährigen Hure. Die würde auch noch Hängetitten kriegen, verdammte Kacke. Was sollte sie denn jetzt machen, was sollte denn werden? Die Kugel konnte sie sich doch jetzt geben. Alles aus.

Noch 'n Schluck? Scheiße! Krieg es gar nicht runter, das Zeug. Wenn Engel kotzen, das wird lustig. Muss mich setzen. Zum Teufel mit dem Arsch. Alles so ekelhaft. ScheibelScheibelScheibel – Scheißname – aber lustig, irgendwie – hoffentlich geht alles gut in Neuseeland – ach, Neuseeland ist egal, sowieso alles im Arsch.

Irene Breitscheid – 51, eine Frau, die soeben realisiert hatte, dass sie von ihrem Mann betrogen wurde – war betrunken. Gut 300 Milliliter von Scheibels zehnjährigem Kirsch. 45 Prozent Alkohol. In einer knappen Stunde verteilt auf

60 Kilo Körper einer gesunden 51-Jährigen. Ergibt, nachsichtig geschätzt, 3,5 Promille.

Als Carsten Breitscheid nach einem netten Seitensprung mit zwei erfüllenden Orgasmen nach Hause kam, lag seine Frau auf dem Boden, stierte ihn an und lallte:

»Einer von denen!«

Von einem Moment zum nächsten fiel das »System Irene« komplett aus. Die Frau verweigerte sich allem. Nach ihrem Granatenrausch – Carsten konnte sich anfangs gar nicht so recht erklären, was denn überhaupt geschehen war, dann dämmerte ihm zumindest etwas – fand sie nicht mehr zum Reden zurück.

Was es denn sei, wollte Carsten von ihr wissen. Ob es mit ihm zu tun habe? Irene reagierte nicht. Sie verließ das Zimmer. Oder sie blieb, wo sie gerade war – und war dennoch nicht da. Sie sah durch ihn hindurch. Mied jeden Kontakt. Er ging ihr nach. Bat, bettelte, argumentierte, forderte, schrie, wütete, tobte, winselte. Antworte doch, rede mit mir! Er war sehr, sehr hartnäckig.

Sie blieb still und ging weg. Sah an ihm vorbei.

Ob die Vergangenheit sie eingeholt habe? Ob sie einen Therapeuten brauche?

Sie blickte ihn nicht einmal an.

Ob er sich vielleicht zu wenig um sie gekümmert habe? Sicher, er hatte in der letzten Zeit zu viel zu tun gehabt, aber das war doch schon oft so gewesen. Ob es das sei?

Sie schaute an ihrem Mann vorbei, verließ das Zimmer, ging ins Bad und räumte herum. Das Fläschchen mit dem neuen Eau de Toilette schmiss sie in den Müll.

Was das denn nun wieder solle? Das sei teuer gewesen, richtig teuer, trotz Duty free. Ob es etwas zu bedeuten habe, dass sie das weggeworfen habe?

Vielleicht ... Nein, das konnte er nicht glauben.

Irene hatte eine Maske auf dem Gesicht. Nemesis. Medea. Erünnye. Fick dich!

Gut, gut. Oder nicht gut. Wenn sie nur wieder normal würde: Okay, er gab es zu, da war etwas gewesen mit einer anderen. Aber so etwas konnte doch passieren. Das passierte immer und überall. Und es war ja nichts Ernstes. Sie, Irene, war seine Liebe und würde es bleiben. Er bettelte. Ein Wort nur.

Irene hatte sein Leben bereits verlassen.

Sie war das gewesen, was man eine perfekte Frau und Mutter nannte. Man hatte auf sie bauen können. Als die Kinder die ersten Jahre zur Schule gingen, begannen die Tage von Irene Breitscheid um halb sechs Uhr morgens. Die erste Dreiviertelstunde gehörte ihr allein. Gymnastik, Waschen, die gute Laune aktivieren. Sie weckte ihre Familie, entließ alle nach einem gemeinsamen Frühstück, kümmerte sich um Haus und Hund.

Die Lebensfreude der Frau an Carsten Breitscheids Seite vereinnahmte die Menschen. Mit ihr konnte man sich so viele schöne Dinge vorstellen, so viele anregende Sachen unternehmen: ein Winterurlaub, bei dem alle den Akku auffüllten. Irene bewegte sich mit großer Sicherheit in der guten Gesellschaft. Sie war unangestrengt und anregend. Carsten wusste, dass ihn viele um diese Frau beneideten. Was für eine wundervolle Gastgeberin sie doch sein konnte! Das alles war einmal. Das war die Irene aus der anderen Zeit. Aus der Zeit vor »Scheibels Edelkirschwasser«. Denn inzwischen geisterte eine Frau durchs Haus, die nicht achtgab, wie sie sich kleidete. Sie kümmerte sich nicht um ihren Körper, ungekämmt war sie und nicht gewaschen. Die Unterwäsche wechselte sie nicht, auch nicht zum Schlafen. Wenn sie denn schlief. Meist reichte es, dass sie sich, einem plötzlichen Entschluss folgend, auf die Couch legte und, bei offenem Mund schnarchend, weg war. Dann riss es sie; sie stand auf, wackelnd und zitternd, wankte los, mit schwachen Beinen.

Meist zog es sie in die Küche. Anfangs fand sie dort überall, was sie brauchte. Bier und Wein waren im Kühlschrank, Schnaps stand in einem Regal, Sherry und schöne Sachen zum Kochen bei den Gewürzen.

Carsten räumte die Küche leer. Er entfernte auch alle wunderbaren Wässer und Cognacs, alle Scotchs und Malts, die Jack Daniels und Southern Comforts, die Wodkas aus Polen und Russland, die Brände und Liköre, die Gins und Camparis. Und was man sonst noch anzubieten hatte (Carsten wunderte sich, wie viel Alkohol sie im Haus bunkerten, es reichte für einen mittleren Atomschlag).

Doch was nutzte das? Nichts!

Irene war sehr intelligent. Wenn sie Schnaps brauchte, bekam sie Schnaps. Telefonisch orderte sie das Zeug mit Pizza, die sie nicht aß. Sie richtete sich so her, dass sie unter die Leute konnte, und ließ sich vom Taxi in Supermärkte in anderen Stadtteilen chauffieren. Dort deckte sie sich ein, bis die Tüte klimperte, nahm in der nächstgelegenen Wirtschaft noch einen auf den Weg und schlug sich nach Hause durch. Wo sie Stunden damit verbrachte, die Beute so zu verstecken, dass Carsten sie nicht fand.

Anfangs war sie nach so einer Tour für Tage versorgt. Sie zog sich um, schlüpfte in den alten Trainingsanzug und trank mit großer Umsicht. Nie war sie so voll, dass sie gänzlich die Kontrolle verlor.

Doch mit der Zeit kam sie außer Form. Sie stank, sie vergaß den Toilettengang. Sie vergaß sich selbst gänzlich. Das Leben war wurscht. Nur eines interessierte: das Trinken.

Niemand wusste einen Rat. Nicht Carsten, der schon gar nicht. Die Söhne erkannten ihre Mutter nicht mehr, die nichts mehr von ihnen wollte und der alle Gefühle abhanden gekommen waren. Die Freundinnen der Gesellschaft blieben nach einer Zeit aus, weil sie dem Elend nicht gewachsen waren. Und die Ärzte? Nun, es kamen einige, Carsten war ja schließlich gut »vernetzt«. Aber helfen konnte keiner. Alle versuchten einen Kontakt mit Irene aufzubauen und mussten unverrichteter Dinge wieder abziehen. Die Frau muss in die Klinik, sagten sie.

Wahrscheinlich hatten sie recht. Aber noch sträubte sich Carsten. Er wollte seine Frau nicht ins Irrenhaus schicken, das gehörte sich nicht. Er dachte da nicht an gesellschaftliche Dinge, das war ihm egal. Er mochte Irene sehr – und er fand, dass diese wunderbare Frau es nicht verdiente. Nicht Irene in der Klapse, das wäre doch gelacht.

Die Situation lief schließlich völlig aus dem Ruder. Immer öfter war sie weg, verschwunden, irgendwohin in der Stadt. Wenn ein Taxifahrer sie zurückbrachte, konnte sie nur noch mühsam gehen und meist nicht mehr zahlen. Im Mantel und in der Handtasche klimperten Flachmänner. Leer.

Irene war – mehr und mehr – untragbar.

Einmal ging Carsten ihr nach. War ja nicht schwer. Sie schaute nicht nach links und nach rechts auch nicht. Ferngesteuert.

Sie hatte versucht, sich zurechtzumachen. Aber das ist nicht so leicht, wenn der Magen flau ist, die Hände zittern und alles nach Alk giert – also war sie bestenfalls halbwegs gesellschaftlich korrekt aus dem Haus gegangen. Mehr nicht.

Beigefarbenes Kostüm. Braune Stiefel. Das lange Haar nach hinten gekämmt, aber etwas fettig. Handtasche von Vuitton.

Es ging dorthin, wo Schwabing zu Ende ist. Milbertshofen, dort fühlte sie sich gut. Da waren die Trinker, wenn sie es denn wollten, unter sich.

Sie nahm die Tram. Bonner Platz. Sie stieg aus und war ganz natürlich. Eine Frau in den besten Jahren. Dass ihre Knie schwach waren, merkte ja keiner. Sie guckte nicht nach hüben und drüben, sie ging einfach. Es war ein warmer Abend, Jogger kamen aus dem Olympiapark, Spaziergänger schlenderten zum Fernsehturm. Irene wartete an der großen Kreuzung, bis die Ampel auf Grün schaltete, danach wandte sie sich nach rechts.

Nach 200 Metern kam sie an die Tankstelle, wo sie eine Dose Bier kaufte. Neben dem angrenzenden Parkplatz lehnten ein paar Männer an der Wand des Supermarkts, zu denen stellte sie sich. Man war sehr zuvorkommend. Prost, sagte einer, man trank.

Irene ließ sich Zeit. Es ging ihr gut, irgendwie. Das Vergessen begann.

Carsten musste sich nicht sehr verstecken, seine Frau hatte ohnehin keinen weiten Blick mehr. Er stand neben einer Zapfsäule an der Tankstelle und sah verzweifelt zu, wie sich dieses fremde Weib betrank, während es mit entwurzelten Männern palaverte. Dann war die Dose leer, und Irene setzte sich wieder in Bewegung.

Wohin steuerte sie denn? Es schien, als hätte sie ein Ziel. Ein Stück die Knorrstraße entlang, nach links in die Nietzschestraße. Nicht weit, und Irene war angekommen. Es war eine triste Gegend mit vielen Wohnsilos. Kaum Passanten. Ein Lokal an der Ecke. Es war mittlerweile dunkel, und das Licht funzelte warm durch die kleinen Fenster der Kneipe.

Er blieb draußen stehen, vor dem Uhu. Er guckte in ein biedermännisches Lokal, wo sich seine Frau die Kante gab.

Sie war nicht nett, sie redete jetzt mit niemandem mehr. Sie trank. Zahlte immer sofort. Gott, jetzt war es Wein.

Sie erkannte ihn nicht, als sie das Bistro verließ. Ihr Gesicht war eine Maske.

Nächste Station: irgendwo in Milbertshofen. Nebenan ein Blumenladen, gegenüber ein Friedhof. Die üblichen Abgestürzten. Es roch nach Rauch und altem Alkohol. Jemand fütterte einen Daddelautomaten. Man spielte Roland Kaiser. Es war ein übler Platz. Sie schloss die Augen, wenn sie das Glas ansetzte. Weg damit!

Carsten, der hoffnungsfreie Ehebrecher, stand am Tresen – zwei Meter von seiner Frau entfernt – und fühlte das Leben verschwinden. »Sieben Fässer Wein«, sang der Kaiser. Sie ging an ihm vorbei, sah ihn nicht.

Wie die Pinten weiter hießen? War ja egal. Carsten würde nie mehr hierherkommen. Er wusste nicht, warum er dieser Frau überhaupt noch folgte. Er hatte es begriffen: Nichts konnte ihr helfen. In den Kneipen hatte er jedes Mal ein kleines Helles gehabt, er war mit klarem Kopf sehr betrunken.

Irgendwann hielt es ihn nicht mehr. Er stellte sich neben sie – mittlerweile waren sie nach einem Bustransfer in Richtung Norden im Hasenbergl gelandet – und sagte: »Irene, lass uns heimgehen. Es ist genug.«

Sie war nicht mehr gut auf den Beinen. Schwankend stützte sie sich auf den Tresen, drehte langsam den Kopf in seine Richtung und stierte ihn an.

»Was willst du denn hier. Spionierst mir nach, was?« Sie stank aus dem Mund und hatte eine verwaschene Aussprache. Heiser hörte sie sich an und voller Hass.

»Ich wollte wissen, wo du hingehst, wenn du weggehst.«

»Lass mich einfach in Ruh.«

»Irene …«

Sie schaute ihn nicht weiter an. »Chef, gib mir noch einen.« Der Typ schenkte nach. Obstler.

Ob er ein Taxi rufen könne, fragte Carsten den Mann. Der ging zum Telefonieren. »Komm mit, Irene«, sagte Carsten. »Wir kaufen einen Wein, den kannst du daheim trinken. Ist besser.«

Hörte sie ihn überhaupt? Sie kippte den Schnaps auf ex. Bestellte noch einen. Der Kerl brachte das Stamperl. Ex.

Dann fiel sie hin. Ohne ein Wort.

»Dass die mir nicht ins Lokal kotzt«, sagte der Wirt. »Bring' sie besser 'naus an die Luft. Euer Taxi kommt eh gleich. Ein Bier und zwei Obstler musst noch zahlen.«

Dann waren sie draußen. Sie musste sich übergeben. Carsten stützte sie, aber er konnte nicht verhindern, dass sie sich auch über ihre Stiefel und seine Hose erbrach. Das Taxi kam. Netter Fahrer, Ausländer. Sie warteten, bis bei Irene nichts mehr kam, dann hievten sie die Frau auf die Rückbank. Carsten nannte dem Mann seine Adresse. Er hatte Irenes Kopf auf seinem Schoß, sie schnarchte.

Zu Hause angekommen, musste der Taxifahrer helfen, die Betrunkene in die Wohnung zu bringen. Sie legten sie angezogen auf ihr Bett. Carsten gab dem Mann ein gutes Trinkgeld, schloss die Tür und war allein mit einer bewusstlosen Frau, die er gerade aufgegeben hatte.

Er legte sich im Wohnzimmer auf die Couch, starrte an die Decke und konnte nicht mal weinen.

Einen Monat machte sie es noch. Mal lag sie apathisch im Bett, im nächsten Moment war sie weg. Mal schaffte sie es zurück nach Hause, wo sie aufs Bett fiel und ihren Rausch ausschlief, mal musste sie jemand bringen.

Carsten deckte sie zu, brachte ihr Suppe ans Bett, wechselte die Bettwäsche.

Irene redete kein Wort mehr.

Die Nacht, in der ihr Körper nicht mehr mitmachte, war klar und lau. Es erwischte sie beim Aumeister. Niemand konnte nachvollziehen, wie es sie dorthin verschlagen hatte. Später erzählten Gäste, sie hätten mit der Frau noch zusammen an einem Tisch gesessen und sie habe sehr schnell und wortlos eine Maß getrunken. Dann sei sie aufgestanden und mit unsicheren Schritten in den Englischen Garten verschwunden.

Ein Radfahrer, der von der Spätschicht nach Hause fuhr, fand die Frau. Sie lag neben dem Weg auf dem Rücken, rührte sich nicht. Er sprach sie an, keine Reaktion. Tot war sie nicht, aber in einem schlimmen Zustand. Der Radfahrer rief mit dem Handy den Notarzt. Der kam ziemlich schnell, untersuchte die Frau, die sich eingenässt hatte und der der Sabber aus den Mundwinkeln lief.

Der Arzt telefonierte, gab den Sanitätern Anweisungen. Sie legten die Frau auf eine Bahre, schoben sie in den Wagen. Blaulicht. Ab auf die Autobahn.

Es war nicht viel Verkehr um diese Zeit. Eine knappe Stunde nachdem Irene Breitscheid im Englischen Garten gefunden worden war, wurde sie schon von der Ärztin in der geschlossenen Abteilung des Klinikums Haar untersucht. Man gab ihr Mittel für den Kreislauf, nahm ihr Blut ab (zum Blasen war sie zu schwach) und brachte die leise stöhnende Frau mit den glasigen Augen in den Aufwachraum.

* * *

Die Wachstation bei den Frauen platzt aus den Nähten. Die Neue ist sehr durch den Wind – auch zwölf Stunden nach ihrer Einweisung. Sie riecht nicht gut, hat sich länger nicht mehr gewaschen. Sie weint nicht, sie lacht nicht, sie rebelliert nicht. Scheint eigentlich gar nicht da zu sein. Eine erloschene Person.

Irene Breitscheid, geborene Falterer. Wohnhaft am Elisabethplatz, München Schwabing. 51 Jahre. 1,63 Meter, 60 Kilo. Puls immer noch 130 Schläge. 1,2 Promille bei der letzten Untersuchung. Nachhaltig gestörte Motorik und Sprache. Patientin ist apathisch, reagiert kaum auf Fragen. Kann sich nicht erklären, warum sie eingeliefert wurde.

Sie realisiert auch nicht, dass sie im Aufwachraum von Haar liegt.

Na und? Sie wird essen und trinken und im Kreis durch die Station tapern.

Aber sie wird nicht mehr aufwachen. Hier ist Endstation. Irene Breitscheids Leben ist gegen die Wand gefahren.

CARLO

Carlo sieht blendend aus. Er ist braun gebrannt wie nach einem Skiurlaub. In den Designer-Jeans – am rechten Oberschenkel durch einen Blutfleck verschmutzt – kommt sein knackiger Hintern besonders gut zur Geltung. Er trägt einen grauen Kaschmirpullover und darüber eine mit Lammfell gefütterte Pilotenjacke – die lässt die Schultern breiter erscheinen, als sie in Wirklichkeit sind. Carlo ist nämlich ausgesprochen schlank, man möchte beinahe sagen: ein filigraner junger Mann mit einem fein geschnittenen Gesicht voller Unschuld. Hinreißend lächeln kann er, und er bewegt sich geschmeidig und elegant. Auf solche Burschen fallen die Frauen gern mal herein.

Carlo kommt mit einem veritablen, kontrollierten Rausch und mit großem Gepäck und eindrucksvollem Gefolge auf die geschlossene Station von Haar. Er bringt in einem Köfferchen von Samsonite und einer Tasche von Louis Vuitton alles mit, was der Mann von Welt braucht. Der Pfleger am Eingang will dem Neuen klarmachen, dass das so nicht geht. Wo das geschrieben stehe, fragt Carlo zurück, ob man ihm das zeigen könne. Sicherlich, der Mann hat getrunken. Riecht wie eine schottische Destille. Aber er redet kein wirres Zeug, er argumentiert klar und besonnen.

Grummelnd macht sich der Pfleger ans Werk. Alles muss aufs Feinste durchsucht werden, das wird jetzt seine Zeit dauern. Er beginnt mit der Tasche. Darin befindet sich das Nötigste für die Körperpflege. Shampoo und Pflegeshampoo. Cleansing Milk. Thermal Tonic. Enzym Peeling Liquid. Enzym Peeling Paste. Kaviarcreme von La Prairie. Der Pfleger wiegt die Fläschchen und Tiegel unschlüssig in der Hand. Ist das jetzt verboten oder nicht?

Carlo sieht ihn strahlend an. »Das brauche ich, damit die Haut nicht so schnell altert. Ich habe sehr zarte Haut.«

Na gut. Dann glaubt der Pfleger das halt. Aber wegnehmen muss er dem Neuen die Sachen trotzdem. Könnte ja sein, dass in den Tuben etwas anderes ist als nur Schönheitscreme. Man weiß ja nie. Und weiter: Drei Sorten Zahncreme, für jeden Tagesabschnitt eine. Dazu eine Paste zum wöchentlichen Gebrauch, die das Bleaching fördert. Hightech-Zahnbürste für knapp 200 Euro. So eine, die den Druck kontrolliert, mit dem der Mensch seine Zähne bearbeitet. Wenn er es übertreibt, piepst sie. Die schlaue Bürste misst die Zeit der Behandlung – zwei Minuten müssen es mindestens sein. Sie führt die Borsten durch die Zahnreihen (jetzt ist oben links dran, nun gehen wir zu oben rechts über ...). Die Daten funkt sie an ein Display, das über dem Badezimmerspiegel angebracht ist. Gehalten ist das kleine Wunder in mattem Edelschwarz, liegt prächtig in der Hand. Tolles Ding, wirklich. Carlos ganzer Stolz.

»Das geht nicht«, sagt der Pfleger und verstaut die schlaue Zahnbürste in einem Säckchen, das der Patient bei seiner Entlassung wieder ausgehändigt bekommen wird.

»Sie kriegen eine Zahnbürste von uns. Die hat zwar keinen Computer, aber das wird Ihnen wohl nichts ausmachen. Mit der Zahnpasta machen wir es genauso. Man weiß ja nicht, was in den Tuben ist.«

Carlo und seine Begleiter – sie haben sich als der Papa und ein Onkel vorgestellt – versuchen gelassen zu bleiben. Doch in den Augen des Onkels, eines silberhaarigen Mannes in einem maßgeschneiderten Nadelstreifenanzug, ist Verachtung zu sehen. Nun ist die Wäsche im Köfferchen an der Reihe. Gürtel müssen abgegeben werden, der Rest ist »sauber«.

Ob er ein Handy habe? Claro, antwortet Carlo, sogar zwei. Niegelnagelneue aufklappbare Blackberrys, einen in Schwarz, einen in Pink. Die müsse er …

Claro, meint Carlo strahlend, ecco. Und reicht dem Pfleger die Geräte. Ungefragt schiebt er seinen Geldbeutel über den Tresen. Der Pfleger zählt: knapp 700 Euro, Perso, vier Kreditkarten, zwei davon in Platin. Ab in die Tüte.

»Das bekommen Sie zurück, wenn Sie entlassen werden«, sagt er. »Würden Sie mir das bitte quittieren.« Carlo unterschreibt die Liste. Er wendet sich zu seinen Begleitern um und raunt ihnen etwas auf Italienisch zu. Sie nicken. Zeit zu gehen. Man umarmt sich, Küsschen links, Küsschen rechts. Die automatische Tür öffnet sich, die beiden verschwinden nach draußen. Die Tür schließt sich wieder, das Lämpchen darüber wechselt von Grün auf Rot.

Carlo lächelt die Herren vom Personal an. »Und? Was machen wir jetzt?«

Nun, das Übliche eben. Durch den Gang zum Aufwachraum. Zuerst die Routineuntersuchung. Noch mal das Blasen, noch mal ein Pulle Blut für die Docs, noch mal die Manschette am Oberarm. 120 zu irgendwas – das ist ja nun wirklich nicht die Welt.

Die Fragen der Ärztin beantwortet Carlo gelassen und lächelnd. Fast scheint es, als versuche er, mit der gestressten jungen Frau zu flirten. Sie ist irritiert. Das ist kein Kranker, wie sie ihn sich vorstellt. Ist das überhaupt ein Kranker? Sieht überhaupt nicht so aus und reagiert auch nicht wie jemand, der dem Alkohol verfallen ist. Seufzend verschreibt sie Carlo fünf Distra. Distra light sozusagen. Er schluckt eine Pille, lässt sich zu seinem Bett führen, kleidet sich langsam aus, hängt die Sachen säuberlich über einen Stuhl, zieht einen schwarz-gelb gestreiften Seidenpyjama an, kramt ein Buch aus der Tasche und legt sich aufs gemachte Bett. Ruhig beginnt er zu lesen.

Er wird sich eine nette Zeit machen, denkt er sich. Erst mal ist Carlo froh, dass er eingerückt ist. Jetzt hat er seine Ruhe vor den Bullen. Das war mächtig knapp am Vormittag. Er legt das Buch zur Seite und überlässt sich den Erinnerungen. Diese Tabletten, diese Distra, beginnen nach dem Kipp-Wodka zu wirken. Ein wenig schläfrig fühlt er sich, angenehm benebelt. Fünf Stück am Tag wird er bekommen. Das heißt, wenn alles gut geht, lassen sie ihn nach einer Woche wieder gehen. Die Zeit wird er schon rumbringen.

Am Morgen hatte es noch so ausgesehen, als müsste er nach Stadelheim. In den Knast, für mindestens eineinhalb Jahre. Das hätte saublöd laufen können. Er grinst.

Acht Uhr in der Früh war es, als sein Telefon klingelte. Ein Mann sagte: »Deine Freundin, du weißt schon, dass sie eine rechte Matz ist. Gerade vögelt sie mit einem rum – und du hast keine Ahnung. Ich wollte nur, dass du das weißt.«

Der Anrufer gab sich nicht zu erkennen. Aber er klang irgendwie glaubhaft.

Carlo, der gerade eine Nacht am Kartentisch hinter sich hatte, stieg in seinen BMW und fuhr nach Bogenhausen, wo die Freundin wohnte. Mauerkircher Straße, er bezahlte die Wohnung, übernachtete regelmäßig dort. Überhaupt, er zahlte alles: die Klamotten aus der Maximilianstraße, die feinen Abendessen, die Premieren in der zweiten Reihe des Deutschen Theaters, die Urlaube in Sestrière und in der Südsee. Auch den Weihnachts-Shopping-Trip im letzten Winter nach New York hatte er bezahlt. Erste-Klasse-Flug, das Waldorf in Manhattan, Geschenke zum Schweine-Füttern.

Er löhnte gern. Sie war seine Trophäe. Man konnte sich mit ihr gut in der Öffentlichkeit zeigen, blond, straffbusig und langbeinig, wie sie war. Sie hielt den Mund, und er brauchte nun mal eine verschwiegene Freundin. Sie meckerte nicht, wenn er über Nacht oder gar mehrere Tage fortblieb. Sie fragte nicht, ob er nur Karten gespielt hatte oder durch die Kneipen gezogen war oder ob er andere Dinge zu tun gehabt hatte. Sie ließ ihn machen. So eine Frau war Gold wert.

Und er hatte immer gedacht, sie sei treu. Doch nun der anonyme Anruf. Kalt wütete es in Carlo. Wenn da etwas dran war, musste er ihr einen Denkzettel verpassen.

Wobei er dabei sehr geschickt würde vorgehen müssen, denn noch gab es da diese Bewährungsstrafe: eineinhalb Jahre wegen Körperverletzung. Dabei hatte er dem dämlichen Türken das Messer nur in die Seite gerammt, weil der ihn einen »Scheiß-Itaker« genannt hatte. Er hatte ihn ja nur ein wenig gekitzelt. Viel Blut war geflossen, aber der Typ war nie ernsthaft in Gefahr gewesen. Un poco Intensivstation – das war ja nur die gerechte Sühne für die Beleidigung.

Der Richter – so ein Kemptener mit einem kantigen Schädel, der Mann ist mittlerweile jeden Tag im Fernsehen zu besichtigen, wie er seine hundertprozentigen Urteile fällt – hatte gemeint, dass er Carlo noch mal mit Bewährung davonkommen lasse, wegen einer günstigen Sozialprognose oder so. Carlo hatte zerknirscht dreingeschaut, der Anwalt war sehr zufrieden mit ihm gewesen. Und in der Familie hatten sie ein großes Fest veranstaltet. »Jetzt bist du ein richtiger Mann«, hatte der Onkel gesagt, und Carlo war sehr stolz gewesen an diesem Abend.

Jetzt also musste er sich in Acht nehmen. Er parkte vor dem Haus. Mauerkircher, beste Adresse. Um diese Zeit waren nur Dienstboten (Handwerker, Sekretärinnen, Sprechstundenhilfen, Postboten, Müllmänner) und alte Menschen mit Hunden unterwegs.

Seine Freundin hatte das Penthouse im dritten Stock mit einer dschungelartigen Terrasse, mit vier weitläufigen Zimmern, einer luxuriösen Bulthaup-Küche. Er stieg aus dem Lift, horchte an der Tür. Von drinnen war klassische Musik zu hören. Er klingelte. Bully, der Yorkshireterrier, den er Anita zum Geburtstag geschenkt hatte, kläffte. Sie ließ den Hund nur in seltenen Fällen allein zu Hause – sie war da.

Niemand öffnete. Er klingelte noch einmal und noch einmal. Nur Bullys Gebell war zu hören. Sonst kein Laut aus der Wohnung.

Carlo nahm Anlauf. Er rannte gegen die Tür, die sich nicht rührte. Er trat gegen den Knauf. Die Tür ächzte. Er trat noch einmal dagegen. Die Tür sprang auf. Carlo stürmte in die Wohnung, in Richtung Schlafzimmer. Und dort stand, halb angezogen, ein Kerl neben dem Bett, Anita lag da und zog sich die Decke bis zum Kinn.

Den Rest kann Carlo nur schwer rekonstruieren. Er muss den Typen wohl mit dem Messer attackiert haben. Jedenfalls lag der andere irgendwann auf dem Teppich und blutete aus mehreren Wunden. Anita kreischte. Carlo verpasste ihr eine Ohrfeige. »Halt's Maul und hol' den Arzt«, herrschte er sie an. Fischte das Handy aus der Tasche und rief den Anwalt der Familie an. Knapp schilderte er ihm die Situation. Nein, der Typ werde wohl nicht verrecken, danach sah es nicht aus.

Schweigend hörte sich Carlo die Instruktionen des Anwalts an. Okay, das würde er alles auf die Reihe bekommen.

Die halbe Flasche Wodka trank er in drei Zügen. Dann rief er den Notarzt. Der kam erst nach dem Anwalt, versorgte den Verwundeten. Etwas später trudelten die Polizisten ein. Sie trafen auf einen verwirrten und friedlichen Carlo, ließen ihn blasen, stellten einen erheblichen Grad der Alkoholisierung fest und brachten ihn nach Haar.

Nun liegt er auf dem frisch gewaschenen blütenweißen Laken, fühlt sich wegen der Distra und des Wodkas benommen und ist sehr zufrieden. Die werden ihn nicht in Stadelheim einbuchten, die nicht. Er hat alles im Griff.

* * *

Schon eineinhalb Tage später liegt Carlo in einem Zweibettzimmer zusammen mit Herrn V., der inzwischen schon seit zweieinhalb Wochen in der Geschlossenen hängt. Jeden Tag bekommt Carlo Besuch. Die Gäste bringen Pizza oder Spaghetti mit, natürlich auch für Carlo selbst, aber vor allem für die Belegschaft. Wenn der Besuch durch die Schließe der Station kommt, riecht es vorübergehend molto italiano. Und die Betreuer haben wohl eine wichtige Besprechung. Wenn sie nicht gestört werden wollen, hängen sie ein Schild an ihre undurchsichtige Tür, auf dem steht: »Übergabe«.

Also, die Betreuer genießen ein Intermezzo quattro stagioni - derweil hat man im Fernsehraum ordentlich Gelegenheit zum Tuscheln. Carlos Freunde haben alle unangebrachten Personen herauskomplimentiert und gackern in vertrauter Runde. Wer draußen auf dem Gang gut hinhört, wird sich über das perfekte Schwäbisch dieser Itaker wundern.

Wenn er mal keinen Besuch hat, muss Carlo telefonieren. Wie er an das Handy gekommen ist? Er zuckt mit den Schultern und hat ein Gesicht wie ein Lausbub. Manchmal bittet er Herrn V., sich in die Tür zu stellen und den Gang zu beobachten. Danach taucht er hinter dem Bett ab und telefoniert im Flüsterton.

Herr V. interessiert sich nicht sehr für Carlos Geschäfte. Der Junge schnarcht nicht, riecht gut und hat prima Manieren. Mehr kann man in der Klapse von einem Zimmergenossen nicht erwarten. Außerdem hilft er morgens in der Küche.

Herr V. selbst arbeitet inzwischen schon seit mehr als einer Woche in der Küche. Nachdem er den Aufwachraum hatte verlassen dürfen, hatte er die Aufgaben eines anderen Patienten übernommen, der gerade entlassen worden war. Herr V. war froh gewesen über die Abwechslung. Seine Einführung in den Dienst hatte Heiner vorgenommen, der bereits zum siebten Mal in Haar ist.

»Hier kannste rein, wann du willst«, sagt Heiner bei der Einführung. »Wenn de dir ’n Kaffee machen willst, haste immer heißes Wasser. Lass ja niemand anderen in die Küche. Da dürfen nur die Putze, die Pfleger und wir rein.«

Und tatsächlich ist die Küche ein kleines Reich, das man da für sich verwaltet. Brotkisten mit Semmeln, Vollkorn- und Knäckebrot – und mit saftigem Kuchen und Keksen. Der Kühlschrank ist immer gefüllt: Yoghurt, portionierte Marmeladen und Honig, Milch, Leberwurst, Salami, Bierschinken, Butter und Margarine, Scheibenkäse, oft Obst. Beim Geschirr steht Kaffee in goldenen Alu-Tüten, Tee – schwarz, Kamille, Pfefferminze, Früchte.

Der Küchenbulle hat die Hand über diese Schätze – Tag und Nacht. In die Küche traut sich keiner der Patienten, da braucht es nicht einmal einen Schlüssel. Heiner und Herr V. sind die perfekten Kalfaktoren. Sie wachen über »ihre« Küche mit großer Peinlichkeit.

»Du darfst nicht so viel tun«, sagt Heiner am zweiten Tag. »Das muss nicht so sauber sein. Wir wollen uns nicht überarbeiten.« Herr V. hört nicht auf ihn. Er hat, was Küchen angeht, einen kleinen Tick: Er mag es gern blitzsauber. Das hat er bei seinem Onkel, der ein Gasthaus hatte, gelernt. Der war im übrigen Leben ein versoffener Chaot gewesen, aber in seiner Küche konnte man von der Arbeitsplatte essen.

Also wischt Herr V., unbeeindruckt von Heiners Bedenken, was das Zeug hält. Er wienert das Stählerne, räumt den Kühlschrank leer, wischt alles aus, ordnet die Lebensmittel, Milchprodukte zu Milchprodukten, Wurst zu Wurst. »Musste nicht machen«, nörgelt Heiner und genehmigt sich einen Kaffee auf Kosten des Hauses.

Am dritten Tag hält Heiner den Widerstand gegen den Aktionismus des Neuen noch pro forma auf. Dann merkt er, dass dieser seltsame Mensch ihn nicht verdrängen will, sondern wohl einen unverständlichen Spaß am Aufräumen hat.

Umso besser! Heiner stellt am fünften Tag die Arbeit in der Küche ein und lässt Herrn V. machen. Er setzt sich in den Speiseraum und fragt immer wieder mal, ob er gebraucht werde. Nein, antwortet dann wunschgemäß Herr V., das passe schon. Und Heiner nippt am Kaffee und schaut aus dem Fenster.

Es tut gut, eine Pflicht zu haben. Auch wenn er jetzt im Zweibettzimmer untergebracht ist, schläft Herr V. schlecht. Wenn es morgens von der nahe gelegenen Autobahn lauter wird, wacht er auf. Er horcht in die Dunkelheit und stellt sich den Berufsverkehr vor.

Um halb sechs schlüpft Herr V. in die bereitgelegte Trainingshose und die Turnschuhe, tastet sich durchs dunkle Zimmer und schlüpft leise durch die Tür hinaus. Carlos Atem geht regelmäßig und unbesorgt. Im Gang ist es hell. Mal ist es still im Raum der Pfleger, mal kümmern sie sich um einen Neuzugang. Ein paar Patienten sind schon unterwegs, die meisten auf dem Weg ins Raucherzimmer.

Herr V. tritt auf den vergitterten Balkon. Es ist sehr kalt, ihn fröstelt. Er legt ein Handtuch auf den Boden und beginnt mit den Liegestützen. Die Kraft kommt zurück, dagegen können auch die Distra-Pillen nichts machen. Nach den Liegestützen kommen Sprints auf der Stelle und ein paar Minuten Schattenboxen in die Dunkelheit. Herr V. fühlt sich gut, als er das Handtuch vom Beton aufhebt und wieder in die Station geht.

Im Zimmer zieht er, ohne Carlo zu wecken, ein frisches T-Shirt und eine Hose an, geht zur Küche. Es ist kurz nach sechs, einer der Pfleger kommt, brummelt »Guten Morgen« und schließt Herrn V. auf. Er betritt den Raum, sieht sich zufrieden um und beginnt mit der Vorbereitung des Frühstücks.

Diese Zeit von sechs bis kurz vor sieben ist die beste des Tages. Herr V. ist ganz allein, aus der Station sind leise Gesprächsfetzen von Frühaufstehern zu hören. Es riecht gut in der Küche.

Herr V. legt Servietten auf den Büffettisch im Speiseraum, trägt Geschirr und Besteck aus der Küche. Heiner hat gemeint, man solle das einfach auf die Anrichte stellen, die anderen würden es sich schon nehmen. Das mag Herr V. nicht. Er deckt die in U-Form arrangierten Resopaltische – Teller, Messer, Gabeln, kleine Löffel, eine Papierserviette dazu.

Er schneidet Brot. Irgendwann bringt jemand Semmeln, die er dann in die passenden Körbchen legt. Der Käse muss auf Tellern angerichtet werden, dann die Wurst. Zucker aufs Büffet, Becher mit Müsli, die Marmelade und der Honig in einer Korbschale. Kleine Früchte-Inseln. Herr V. gibt acht, dass das Ganze zum Schluss aussieht wie im Hotel. Er hat das eigentlich nie gemocht, Frühstück im Hotel. Doch hier ist es wichtig für ihn, dass alles appetitlich wirkt.

Um halb sieben schaltet Herr V. den Boiler fürs Teewasser ein und macht Kaffee. Es beginnt wunderbar zu riechen in seiner letzten kleinen Stille des Tages. Er stellt sich vor die

Apparatur, in der es zu gurgeln beginnt, und schaut durch die Wand. Er hat sich einen Becher gefüllt, trinkt langsam, mit großem Genuss.

Herrn V. ist wohl zumute. Heute wird alles besser, sagt er sich. Heute wird der Arzt mir zuhören und er wird dann entscheiden, der Mann ist gesund, der Mann kann raus. Heute ist ein guter Tag. Ganz sicher.

Dann kommt Heiner. Fragt, ob er was tun könne. Nein? Auch gut – dann macht er sich erst mal einen Kaffee. Heiner setzt sich in den Speiseraum und guckt nach draußen in den Winter.

Herr V. präpariert den Wagen für die Wachräume. Zehn Frauen und Männer hat er zu versorgen. Zehn Teller mit zwei Semmeln, ein bisschen Käse, Marmelade, Wurst und einem Yoghurt, für jedes Zimmer zwei große Kannen Tee. Dann ziehen Heiner und er den Wagen über den Gang zu den Wachräumen.

Jetzt, wo er nicht mehr selbst dort wohnt, fällt Herrn V. auf, dass es in den Aufwachräumen nicht gut riecht. Vor allem natürlich, wenn es einen Zugang gegeben hat. Die Menschen in den Betten blicken den Küchenmenschen entgegen – viele sind mürrisch, einige haben Angst, einige haben nichts im Gesicht oder sind noch besoffen.

Um fünf vor halb acht sind die anderen nicht mehr zu halten. Sie brechen über den Speiseraum herein, fallen übers Büffet her, erbeuten Lebensmittel, gehen an ihren Platz und essen. Viele reden kein Wort, haben den Kopf gesenkt, schneiden verbissen Semmeln auf, belegen sie mehrschichtig mit der Fabrikwurst und dem Fabrikkäse. Sie beißen große Stücke ab. Nur Frau Le Viseur benimmt sich gesucht damenhaft und spreizt beim Anheben der Tasse den kleinen Finger ab.

Rainer – frisch rasiert, sauberes Hemd, gebügelte Jeans – ist ein Morgenfreund. Er kann gar nicht anders – er muss ein bisschen plaudern. Gern erzählt er mal einen Witz, was die meisten in der Runde nicht stört. Außerdem berichtet er beim Frühstück, was beim Edeka gerade im Sonderangebot zu haben ist. Jetzt sind zum Beispiel die Dominosteine saugünstig. Und was man denn am Abend im Fernsehen haben wolle. Also da gebe es …

So lange bleiben die meisten nicht. Sie sind schnell mit dem Essen fertig. Stehen auf, schieben den Stuhl unter den Tisch und sind weg. Am längsten braucht immer der kleine Chinese. Der hat Hunger für zwei, aber er isst mit sehr bedächtigen Bewegungen. Er kann kaum Deutsch und lächelt viel. Er genießt das Essen, am liebsten macht er sich Semmeln mit Wurst, Käse und Marmelade. Allein sitzt er im Speiseraum, wenn alle schon draußen sind. Heiner steht in der Küche und trinkt Kaffee, Herr V. räumt das Geschirr in die große Spülmaschine. Dann werden die Reste vom Büffet verwaltet. Heiner sagt, er hole mal den Wagen.

Herr V. wischt das Büffet ab, jetzt sind die Esstische dran. Der Chinese verdrückt gerade die letzten Bissen der Semmel. »Fertig?«, fragt Herr V., der Chinese nickt und möchte gern etwas sagen. Aber dann fallen ihm die Wörter nicht ein und er lässt es. Er trägt seinen Teller und das Besteck in die Küche – das machen nicht viele. »Danke«, ruft ihm Herr V. nach – dann verschwindet der Chinese auf den Gang der Station. Wahrscheinlich wird er sich auf einen der Stühle im Eingangsbereich setzen. Dort ist er meistens – wie einer, der drauf wartet, dass gleich die Tür aufgeht und jemand für ihn da ist.

Aber der Chinese bekommt nie Besuch. Nie.

Heiner bringt den Wagen zurück, sieht sich zufrieden um und meint: »Klasse, das haben wir wieder sauber hingekriegt.« Jetzt muss er erst mal eine rauchen. Herr V. steht am Herd und wischt über den sauberen Stahl. Er schaut an die Wand. Die Euphorie von vorhin – wo ist die verdammt noch mal? Er fühlt sich nur noch mies. Er weiß doch, wie das laufen wird. Gleich ist Visite. Da wird der Arzt ihn nicht ansehen und auch eigentlich keine Zeit haben. Und das Schlimmste: Er wird ihn auffordern, die Arme auszustrecken, Handflächen sind geöffnet, Finger zeigen nach vorn. Und der Arzt wird murmeln: »Na ja, der Tremor ist immer noch ziemlich stark.«

Herr V. wird die Augen öffnen, da hat der Arzt aber schon abgedreht. Vielleicht wird ein netter Pfleger dabei sein und ihm zuraunen: »Wird schon.« Vielleicht aber auch nicht.

Und er wird wieder nicht raus dürfen. Herr V. hängt das Wischtuch zum Trocknen auf. Er braucht es schließlich nach dem Mittag wieder.

❋ ❋ ❋

Carlo ist eine Bereicherung in der Küche. Nachdem er mit Herrn V. zusammengelegt worden war, gelang es ihm, die Pfleger zu überreden, dass ein dritter Mann neben Heiner und V. durchaus gute Dienste leisten könne. Nun schlendert er vor den Mahlzeiten zwischen Kühlschrank und Spüle, Mülleimer und Wasserboiler hin und her und leistet gelegentlich auch Heiner beim Sitzen im Speiseraum Gesellschaft. Er erzählt viel, hat immer gute Laune. Manchmal schiebt er den Wagen zu den »armen Schweinen« im Aufwachraum. Ansonsten ist er einzig und allein für den Kaffee verantwortlich.

Es ist eine Freude, Carlo zu erleben, wie er den Kaffee zubereitet. Andächtig löffelt er das Pulver in den Filter. Greift sich einen Salzstreuer und gibt eine Prise zu. »Nie Kaffee ohne Salz«, sagt er. »Ist eine Sünde.« Er lässt das siedende Wasser übers Pulver rinnen, rührt ab und zu im großen Topf und sieht dabei so konzentriert aus, als ob es nichts Entscheidenderes auf der Welt gäbe als diesen Akt des Kaffeekochens. »Du musst es lieben, sonst wird es nichts. Und schlechter Kaffee ist einfach Scheiße. Dann kannst du den Tag vergessen.«

Einmal erzählt er, dass er das mit dem Kaffee von einem Onkel gelernt habe, der zur Zeit im Allgäu vor Gericht stehe. Zur Mafia soll er gehören, meinen die Richter. »Dia sen doch ned ganz saubr. Den derwischn dia nia. Nemmr lang – dann isch'r raus. Ond dann trink'n mer erscht amol an guatn Kaffee. Wia dahoim.«

Ob er denn sicher sei, dass er selbst wieder so schnell draußen sei, fragt Herr V. seinen Zimmernachbarn, der ihm von der Bewährung und den Folgen erzählt hat.

»Awah, des passt scho. Do han i koi Probleme«, sagt Carlo und wirkt sehr überlegen.

»Des mach i scho passend.«

* * *

Was für ein Glückstreffer von einem Zimmernachbarn. Als ob ihm die guten Geschichten zuflögen. Carlo ist ein Erzähler, wie gemacht für den Orient. Wenn er redet, entführt er die Zuhörer in seine Welt, und die Klapse um einen herum gerät in Vergessenheit.

Carlo kann sich an Italien nicht sehr erinnern. Trotzdem schwärmt er von der Heimat. Es ist, als ob er den anderen unbedingt überzeugen wollte, dass die Stadt, in der er geboren wurde, auf der Welt ihresgleichen suche.

»Jetzt hörst du mir mal zu. Ich bin aus Cesena. Mein Papa hat gesagt, dass das die Stadt der drei Päpste ist. Capisce? Und große Motorradrennfahrer haben sie gehabt. Einer war sogar mal Weltmeister. Ist später tödlich verunglückt, ma que fa? Weltmeister war er, das konnte ihm keiner mehr nehmen.«

Zweimal im Jahr reist Carlo zu den Tanten und Cousinen und Onkels und Cousins. Nein, die wohnen nicht alle in Cesena. Die meisten sind im Appenin, irgendwo in kleinen Käfern, wo jeder alles von jedem weiß.

Eine Oma gibt es auch noch – aber die hat stark abgebaut und meint, wenn Carlo sie im Heim besucht, er sei sein Vater.

Der Vater hat auch stark abgebaut.

»En Kerl wia en Baum«, erzählt Carlo an einem Abend, als das Licht im Zimmer schon aus ist.

Der Vater hatte sich aus Italien nach Deutschland gewagt, die Mutter war wegen amore zwei Jahre später nachgekommen. Die Geschwister waren zur Welt gekommen, als Jüngster dann Carlo. Da war Opel in Rüsselsheim schon passé, und auch die Edelstein-Akkord-Scheiße in Kaufbeuren. Da hatten sie eine kleine Osteria in Kempten, die sie schnell in Pizzeria umtauften. Carlo lernte ein bisschen Italienisch von den Onkels und Schwäbisch auf der Straße. Er trank in der Pubertät »Heiland«-Weißbier und entjungferte sich an einer 40-jährigen plattbrüstigen Krankenschwester, die ganz begeistert über seine »tollen Venen« war.

Übrigens: Das Ding mit den Venen und mit den Drogen war nie seine Sache. Carlo war durch und durch cool.

Dann musste wohl ein Tagwerk her. Sein Lieblingsonkel wusste da was bei einem Freund. Und Carlo hatte Arbeit, Geld, ein Auskommen, ein Ziel. Den Job wollte er gut machen.

Carlo schlägt nicht gern. Er wird höchstens mal zornig, wenn er sich benachteiligt fühlt – und dann besinnt er sich auf das, was er im Karateverein gelernt hat. Carlo hat den schwarzen Gürtel. Aber eigentlich mag er körperliche Gewalt nicht besonders. Also regelt Carlo die Angelegenheiten lieber mit seiner Intelligenz. Und die ist fürchtenswert. Denn er gehört zu den wenigen Beschenkten, die in großer Schnelle die Schwächen ihrer Mitmenschen erkennen.

Als er zum Beispiel vom Aufwachraum in das Zweibettzimmer (warum eigentlich sofort ein Zweibettzimmer? Normalerweise muss man sich in einem Vier-Mann-Raum erst mal hochschlafen) zu Herrn V. verlegt wird, sagt er, nachdem er seine Siebensachen verstaut und ein erstes Mal ein sehr leises Telefonat auf Italienisch geführt hat:

»Sag emol, Kerle, was isch eigentlich los mit dir?«

Was er denn meine, will V. wissen.

»Des kennt ma doch glei, dass du a Gscheiterle bischd. Ond jetzt machschd du do herinne dr Hamplmaa.«

Wie? Was? Hampelmann? Komme das so rüber?

»Freili. Du kascht it Noi sage, han i recht?«

In der Tat ist Herr V. – der ja durchaus seine eigene wohldurchdachte Meinung hat – nicht in der Lage, so aufzutreten, wie er das gern wollte. Einmal hat ihn eine Freundin verlassen und gemeint, es sei unerträglich, mit jemandem zusammenzuleben, der nicht streiten könne.

V. hat Angst vor Kontroversen. Er hat nie gerauft und sich nie geschlagen. Er hat dem Chef nie gesagt, dass er etwas besser weiß. Herr V. hat sich immer geduckt.

Er liebt Western. Wenn John Wayne seinen Whisky kippt, dann nach draußen schlingert und auf der Straße vor dem Saloon mal schnell einen erschießt, dann ist es V. ganz wohlig. Oder Clint Eastwood als »Dirty Harry«: Klasse Sprüche, immer der kühle Sieger, immer wieder obenauf.

Schön, wenn man so sein kann. Herr V. ist das Gegenteil. Er war mal beim Betriebsausflug auf dem Oktoberfest, und zwei Tische weiter brach eine Schlägerei los. Herr V. begann sofort stark zu schwitzen. Die Kollegen merkten das und lachten sich schief. Zogen ihn noch wochenlang auf. Er versuchte dann ein Lächeln, was ihm aber so jämmerlich misslang, dass man sich wieder über ihn lustig machen konnte.

Carlo hatte Herrn V.s Schwäche erkannt, ohne sich sonderlich darum zu kümmern. Das fiel ihm einfach zu: Er begegnete jemandem und wusste, wo der andere verwundbar war. Carlo roch es, wenn jemand Angst oder Sorgen hatte.

In seinem ersten Job zum Beispiel musste er beim Freund seines Lieblingsonkels einem Schuldner nicht gleich körperlich kommen. Carlo sagte es durch die Blume: Dass er andere allerliebste Kinder habe, auf die er ganz gut aufpassen soll. Dass es gar nicht gut sei, wenn sein Chef erführe, dass er spielte. Ob denn die Ehefrau etwas von der sexy Kollegin wisse, mit der er sich gern mal nach Feierabend im Hotel beim Bahnhof traf?

Carlo kann solche Fragen ganz beiläufig stellen, und dem Gegenüber bricht der Angstschweiß aus. Man weiß: Manchmal kommen dem hübschen und charmanten Carlo alle Liebenswürdigkeiten abhanden. Und dann hat man ein Problem.

Er machte seinen Job gut. »I bin ja it onfair gwea. Dia Leit hend Schuldn ghet, ond se hend it zahlt. Da braucht's oin, wo sie erinnert. Ond des war i.«

Sein Chef mochte Carlos Art von Anfang an. Der Junge passte ins Unternehmen. Er hatte ein sicheres Auftreten, konnte sich benehmen. Carlo zog sich gern elegant an – wunderbar. Sein Chef legte Wert auf manierliche Umgangsformen. Er selbst war immer wie aus dem Ei gepellt, ein blendender Unterhalter. In Kempten hatten sie ihn gern im Lions Club, er hatte sich trotz viel Arbeit Handicap 11 erarbeitet. Carlo hält in seiner Erzählung inne. Wahrscheinlich überlegt er, ob er weiterreden soll. Herr V. hält still. Dieser Junge hat eine beneidenswerte Leichtigkeit. Liegt in der Klapse und parliert über krumme Dinger und italienische Verhältnisse wie andere Leute übers Wetter. Der scheint überhaupt nicht besorgt zu sein.

Draußen fährt ein Auto – an dem schmatzenden Geräusch ist zu erkennen, dass es wohl zu schneien begonnen hat. Dann ist es wieder still rund ums Krankenhaus. Auf dem Gang der Station schlurft ein Mensch vorbei – ein Pfleger oder Arzt kann es nicht sein; die setzen ihre Schritte energisch und hastig.

Die beiden im Zimmer lauschen einen Moment, dann lacht Carlo leise. War eine klasse Zeit, dieser Einstieg. Der Padrone schickte Carlo noch einmal zur Schule, sozusagen. Am späten Nachmittag brachte ihm ein strenger Deutscher Dinge bei, die bei näherer Betrachtung viel interessanter waren als die Besuche bei den weinerlichen Schuldnern. Carlo lernte Bilanzen zu lesen, er studierte mit seinem Privat-Professore den Wirtschaftsteil der *Süddeutschen* und der *FAZ*. Carlo las Bücher, die sehr teuer waren und ihn in die Lage versetzen sollten, großes Kapital so einzusetzen, dass es noch mehr Kapital generierte.

Nach einer Weile verstand er die Bücher und seinen Lehrer. Und er merkte, wie spannend die Materie war. Der Chef traute ihm zu, mit dem sauer verdienten Geld des Chefs gewinnbringend zu spielen. Und Carlo war kein Hasenfuß: Er zockte gewagt und gewann oft.

Nach zwei Jahren war er die Nummer zwei in der Firma. Carlo fuhr seinen ersten Porsche und hatte eine Moto Guzzi in der Garage. Wenn er fürs Skifahren nach Ischgl kam, begrüßte ihn der Chef des Trofana Royal per Handschlag.

»Schön, dass d' da bist, Carlo. A ganz schönes Zimmer hab'n wir für dich.«

Daheim in Kempten ist er in der Mitte, wo auch immer er auftaucht. Neuerdings sitzt er auch am Stammtisch der Mittelständler – von denen einige gar keine Mittelständler sind; aber man zeigt halt im Allgäu nicht gar so gern, wie viel man wirklich hat.

Die Stammtischbrüder schätzen den Jungspund. Klar, er sieht aus wie ein Italiener, so geschneckelt in seinem perfekten Anzug mit dem Einstecktuch. Aber er schwätzt ein breites Schwäbisch, wie sie es gern haben. Und er hat Ahnung. Es schadet nicht, wenn man ein Geld übrig hat, den Carlo zu fragen, was er damit anfangen würde. Der Bursche kennt sich aus.

Und das Getratsche mit der Mafia ist man ja mittlerweile gewöhnt in Kempten. Aber – zu dieser Zeit sitzt er schon am Stammtisch – ist nach der Polizeiaktion an der Raststätte Allgäuer Tor irgendwas zu hören gewesen, dass der Carlo da vielleicht auch seine Finger drin hätte? Nein! Eben!

Damals hatte die Polizei nach Hinweisen eines verdeckten Ermittlers vier hochrangige Mafiosi hochgehen lassen. Nicht mal die teuren Anwälte hatten sie rauspauken können. Die Justiz ging mit den Männern – alles Wahl-Kemptener – hart ins Gericht.

Carlos Name wurde in diesen Monaten nie erwähnt. Also? Eben!

Er war gern gesehen in der Gesellschaft, stand vor einem glänzenden Aufstieg. Alles bestens. Wenn da nicht sein Schwanz gewesen wäre.

»I sag's dir: Des is it schee, wenn dei Schwanz dr Chef isch. I han mache kenna, was i wolln hab – wenn's mi packt hat, hat's mi packt.«

Carlo mag die Brünetten und die Roten. Schwarzhaarige eher nicht so. Aber bei den Blonden reißt es ihn. Das Blonde darf ruhig ins Weiße changieren – umso besser. Lang sollten sie sein und glatt, die Haare. Einmal hat er eine gehabt mit Haaren bis zum Hintern. Eine herrliche Frau eigentlich. Im Bett war sie okay – nur beim Essen hat sie getrödelt, da musste er sie zum Teufel hauen.

»Du hast viele Frauen?«, fragt Herr V. in die Dunkelheit.

»Des kaschd laut sage.« Da ist einer aber mal stolz.

Bloß dass er sich nicht entscheiden kann. Da laufen die Weibsbilder durch die Weltgeschichte und lassen ihm keine Ruhe. Oft wünscht sich Carlo, dass ein bisschen Ruhe in seinem Leben einkehren möge. Dass er mit den Kumpels ein Bier trinkt und Fußball guckt – und alles ist gut. Aber dann sitzen sie in der Kneipe, schauen Sport – und eine herrliche Person geht vorbei, und aus ist es mit der Ruhe.

Dabei ist er doch in festen Händen. Seit fast zwei Jahren schon, ein Wahnsinn! Von einer Frau wie Anita hatte er immer geträumt – hellaschblond, glatte, volle Haare bis zu den unteren Schulterblättern, Doppel-D-Körbchen, schlanke Fesseln, katzengrüne Augen, feste, volle Lippen, hohe Wangenknochen, zwei gute Handvoll Arsch. Anita hat Abitur, aber sie ist nicht so gescheit, dass es einen gleich ankotzt. Du kannst mit ihr zum Skifahren gehen, und sie hält mit. Sie versteht Spaß. Und, ganz wichtig: Wenn du willst, dass sie Ruhe gibt, musst du nicht lange drum herum reden. Sagst ihr einfach, dass sie das Maul halten soll.

Denn wenn Carlo seinen Job macht, dann ist das nun mal Männersache. Anita spürte von Anfang an, wo die Grenze war. »Ich bin weg, wart' nicht auf mich.« – Das hieß, dass er nicht erreichbar war.

»Woischd, die Anita hat alles. Die braucht nur fragen, dann hat sie's au scho. Und plötzlich dreht die so krumme Sachn. Und au no mit dem Arschloch.«

Vielleicht ist Anita ärgerlich geworden, weil er immer wieder fremdging. Vielleicht wollte sie sich auch ausheulen, weil Carlo diesen Riesenärger mit den Bullen hatte. Nein, nicht mit den Bullen, sondern mit diesem Möchtegern-Richter.

Meggle. Andreas Meggle. Gebürtiger Kemptener. Sportlicher Typ, Mitte 40. Einer, der sich gern reden hört. Stammgast im Millau, Carlos Lieblings-Bistro. Meggle sitzt dort fast jeden Abend an der Bar, süffelt Sprizz, raucht Virginia und labert ohne Ende. Macht jeden Rock an und kriegt wegen seiner Laberei nie eine ins Bett. Fährt einen offenen BMW und hält sich für supercool.

Ist er aber nicht. Ein Schlappschwanz, das ist er.

Aber er hockt nun mal auf seinem Arsch im Kemptener Gericht und spielt den lieben Gott. Und wie es der Teufel will, bekommt es auch Carlo mit ihm zu tun. Angeblich soll er einen Unternehmer mit üblen Drohungen erpresst haben. Irgendwas in der Art, dass er seines Lebens nicht mehr froh werde, wenn nicht pronto die halbe Million rüberwachse, die Carlos Chef dem Herrn geliehen hatte.

Der Schwachkopf hat nicht gezahlt, sondern er ist zur Bullerei marschiert. Und dann musste Carlo bei Meggle antreten.

Sicher, Carlo bekam den Anwalt der Familie und eigentlich dachte man, da könnte gar nichts passieren. Aber der Meggle hatte sich wohl vorgenommen, diesmal eine große Nummer aufzuführen. Also fickte er Carlo nach allen Regeln der

Kunst. Bis dessen Anwalt meinte, jetzt müsse man zusehen, dass es nicht ganz so schlimm werde.

Wegen eines belanglosen Jobs sollte er in den Bau – das konnte ja wohl nicht angehen! Als Andreas Meggle das Urteil – gerade noch einmal Bewährung – verlas, sah er besonders blasiert aus. Den Mann musste man sich merken, der hatte noch eine Abreibung gut. Das Gericht sähe es als erwiesen an, dass Herr Conti den Unternehmer habe nötigen wollen. Da er aber nicht vorbestraft sei, wolle ihm das Gericht noch eine letzte Chance geben. Er solle sich jedoch bewusst sein, dass es wirklich die allerletzte Chance sei. Andreas Meggle hatte vom Blatt hochgeblickt und den Angeklagten mit einem langen Blick bedacht. Dann hatte er noch etwas wie »Ich hoffe, Sie hier nicht mehr zu sehen« gesagt und Carlo entlassen.

Sie feierten. Tafelten drei Stunden lang, tranken guten Roten, Grappa, Kaffee – leicht gesalzen – und rauchten dicke Zigarren. Dann sagte Carlo zu Anita, sie brauche nicht auf ihn zu warten, und zog mit den Freunden ins Millau. Und ratet mal, wer da an der Bar hockte, laberte und brettbreit grinste, als sie zur Tür reinkamen.

Certo! Signore Meggle! Auf die Liste, den Mann!

»Aber vorsichtig bist du dann doch geworden«, sagt Herr V., der das alles wahnsinnig spannend findet. Er, der Hasenfuß, zusammen mit einem Fast-Knacki von der Mafia in einem dunklen Zimmer – und der andere weiht ihn in seine dunkelsten Geheimnisse ein. Tolle Sache.

»Claro. Dr Chef hat mi rauszogn ausm operativn Gschäft. Des war in meim Sinn, aber so hätt i des it welln. Jetzt han i mi voll um Konzepte ond Strategien kümmert. A coole Sach eigentlich. I hätt dem Meggle a Kerzn stiftn solln.«

Carlo und Anita zogen um – vom beschaulichen Allgäu nach München. Er war jetzt ein Geschäftsmann, der mit sehr viel Geld jonglierte. Carlo traf sich mit einflussreichen Bankern und Unternehmern, er fädelte Deals ein und machte seinem Boss viel Freude. Anita bekam eine weitläufige Wohnung in Bogenhausen, Carlo logierte in dem neuen In-Viertel in der Nähe des Bahnhofs. Manchmal sahen sich die beiden wochenlang nicht.

Anita, wunderschön und lebenshungrig, fühlte sich sehr allein. Nach Hause ins Allgäu durfte sie nicht, Carlo hatte das so bestimmt. Freunde hatte sie in München keine. Der Herbst war ungemütlich gewesen, ein ungastlicher Winter stand bevor. Miese Perspektive: Carlo hatte viel zu tun und kaum Zeit für sie. Gleichzeitig sah er es nicht so gern, wenn sie allein in der Stadt unterwegs war. Also saß sie viel in ihrer luxuriösen Wohnung und spürte, wie ihr die Decke auf den Kopf fiel. Abwechslung brachten die Ausflüge mit Bully. Morgens trieben sie sich im Englischen Garten herum, nachmittags erkundeten sie die Straßen und Gassen der Reichen von Bogenhausen.

Wobei es da nicht viel zu sehen gab. Schicke Häuser hinter hohen Hecken und dicken Mauern. Ein paar kleine Geschäfte. Eine Bank, ein Supermarkt.

Und das Catwalk. Das Catwalk war für Anita der Höhepunkt des Tages. Bully ließ sich mit einem Grunzen auf alle viere – er wusste, das würde jetzt dauern. Anita bestellte einen Milchkaffee oder einen Weißwein. Aus der Handtasche kramte sie ein Buch und begann zu lesen.

Sie war kein blondes Dummchen. Im Augenblick hatte es ihr der Amerikaner Paul Auster angetan. Der konnte sie in seinen Erzählungen und Romanen so schwerelos aus der Wirklichkeit entführen. Sie las Auster und erlaubte sich das Träumen. Sie entledigte sich ihrer Sinnlosigkeit und war wer. Stellte sich vor, sie würde sich an der Uni einschreiben – vielleicht für Englisch und Französisch oder für irgendwas mit Kunst – und hätte Aufgaben und Ziele. Sie würde sich diese Stadt erschließen, die ihr so fern war. Stellte sich vor, sie wäre unter vielen Menschen, die es gut mit ihr meinten. Sie würde viel lachen und das Leben tatsächlich erleben.

Aber sie wusste auch, dass die Vorstellung eine Utopie war. Das würde Carlo nie zulassen, das mit den Freunden. Sie war sein Eigentum – und was er besaß, das wollte er für sich allein.

Sicher, wenn er da war, konnte sie sich nicht beklagen. Er hatte gute Manieren und war zuvorkommend. Ein ordentlicher Liebhaber, manchmal vielleicht etwas zerstreut und nicht besonders interessiert, aber alles in allem war das okay.

Nur dass er in letzter Zeit eigentlich überhaupt nicht mehr präsent war. Wenn er anrief – das geschah zweimal am Tag, einmal am Vormittag und einmal gegen halb elf Uhr abends – hatte sie das Gefühl, er tat es, um sie zu kontrollieren. Sie wusste nicht, wo er war, was er tat oder was er vorhatte. Sie war wie ein Möbel in seinem Bewusstsein.

In sechs Wochen war Weihnachten. Beim Blumenladen am Kufsteiner Platz wurden symmetrisch gewachsene Nordmanntannen verkauft. Dunkelgrauer Himmel. Menschen, die die Köpfe in die Mantelkrägen steckten. Bully war schlechter Laune, was sich erst besserte, als sie im Catwalk waren. Der Hund schüttelte sich, als käme er gerade aus dem Wasser, trottete zu dem gewohnten Tisch, ließ sich nieder. Er schloss die Augen und war wieder mit der Welt im Reinen.

Anita bestellte einen Weißen aus dem Piemont und nimmt ihr Buch vor.

Und so geschieht es. Der Mann kommt zu sich und entdeckt: Er liegt auf dem Rücken und schaut in einen wolkenlosen Abendhimmel. Sein Name ist Owen Brick, und er hat keine Ahnung, wie er in diese Grube geraten ist, keine Erinnerung daran, in dieses zylindrische Loch gestürzt zu sein, dessen Durchmesser er auf etwa vier Meter schätzt. Er setzt sich auf. Zu seiner Überraschung trägt er eine Soldatenuniform aus grobem, graubraunem Tuch.

Anita blickte auf, ihre Augen waren jetzt ganz weit. Solche Passagen liebte sie. Paul Auster entführte sie – und sie nahm sich die Freiheit, innezuhalten und die Fantasie weiterzuspinnen.

»Und gut aussehen tut er auch noch.«

Wie bitte? Anita blickte in die Richtung, aus der die Stimme gekommen war. Ein großer Mann, eine Schale Milchkaffee in beiden Händen. Lächelnd.

»Wie bitte? Haben Sie mit mir geredet?«

»Ja. Ich habe gesagt, dass der Auster auch noch toll aussieht. Ist doch unverschämt: Da schreibt einer schon so wunderbare Sachen, und dann schaut er auch noch gut aus.«

Anita lächelte und fragte, was denn der Fremde schon von diesem Auster gelesen habe. Ach, ziemlich viel, sagte der Mann. Dem könne man sich nicht entziehen.

Die beiden Tische standen eineinhalb Schritte voneinander entfernt. Und so konnten sich Anita und der Mann angeregt über Paul Auster und gute und schlechte Bücher austauschen. Sie bestellten noch zwei Viertel Piemonteser, draußen gingen die Straßenlampen an. Nach einer knappen Stunde vertagten sie das Gespräch.

Als Anita mit Bully das Catwalk verließ, hatte sie gute Laune wie schon lange nicht mehr.

Der nette Mann hieß Benjamin. Ben hätte eigentlich besser gepasst, denn er war ein stattlicher Kerl.

* * *

Sie trafen sich alle zwei Tage, dann täglich. Anita war es nun sehr recht, dass Carlo sich morgens und abends meldete und ansonsten so viel zu tun hatte. Sie dachte viel an Ben und genoss die Zeit mit ihm. Man lernte sich kennen – und den beiden gefiel, was sie über den anderen erfuhren. Anita erzählte nicht viel über Carlo, das interessierte Ben auch nicht sehr. Aber sie sprach über ihre Träume und die Fadheit in ihrem Leben.

Ben hatte eine Werkstatt in der Nähe. Er arbeitete mit Holz. Möbel auf Bestellung und nach Maß. Am liebsten aus Kiefer, sagte er. Kiefer – sie kannte nichts Schöneres.

Klar, sagte sie, als er sie fragte. Klar wolle sie sehen, was er arbeite. Sie gingen mit Bully im Schlepptau durchs abendliche Bogenhausen, das ihr auf einmal gar nicht mehr unwirtlich vorkam. Einen kleinen Berg hoch, dann waren sie da.

Seine Werkstatt schloss sich an ein kleines Häuschen an. Geerbt, sagte er, von einer Tante. Er knipste das Licht an. Werkbank, ein paar gefährliche Geräte zum Zuschneiden und Hobeln. In einer Ecke Bretter, die er bald verarbeiten wollte. Den Rest lagerte er unter einem Vordach in dem kleinen Garten.

Alles war sauber. Er mochte es so. Nach der Arbeit räumte er auf. Dann begann, wie er das nannte, seine »gute Zeit«. Ben liebte die Stadt. Das Theater, das Kino, Ausstellungen. Er saß gern stundenlang in Cafés und sah den Menschen zu. Ein Einzelgänger war er, aber überhaupt nicht schrullig. »Ich habe das Leben gefunden, von dem ich immer geträumt habe«, sagte er und sah Anita ein wenig forschend an. Und fügte nach kurzer Stille hinzu: »Habe ich jedenfalls immer gedacht. Jetzt bin ich nicht mehr ganz so sicher.«

»Wie meinst du das?«

»Ach, ich dachte, ich bin voll und ganz mit allem zufrieden. Mache meine Möbel, lebe schön, alles gut. Ich dachte, mehr braucht es nicht.«

»Und jetzt?«

»Ja, wie soll ich das sagen? Sei mir nicht böse, ich will dir nicht zu nahe treten. Jetzt habe ich dich kennengelernt und bekomme allmählich das Gefühl, mir fehlt was.«

Ob er das näher erklären könne.

Nein, das wolle er nicht, sagte er und war auf einmal sehr wortkarg. Sie sah sich noch in seiner Wohnung um, genoss seine Schüchternheit und ging beschwingt nach Hause.

Zum ersten Mal in den Arm nahm er sie nach einem Besuch der Kammerspiele. Sie redeten nicht, sie brauchten keine Wörter. Es geschah mit ihnen, was so geschehen musste.

＊ ＊ ＊

Draußen graute ein kalter Wintermorgen. Anita schmiegte sich an Benjamin, der mit dem Rücken zu ihr lag. Sie war sehr froh. Konnte sich nicht erinnern, dass es ihr einmal besser gegangen wäre. Dieser Mann war perfekt. Er roch gut. Er brachte sie zum Lachen. Seinetwegen begann sie die Stadt zu genießen. Sie streichelt über seinen Oberarm und schloss die Augen.

Gleich würde sie wieder einschlafen. Süß: Ben atmete jedes Mal mit einem leisen »Pfff« aus – das war kein Schnarchen, denn Schnarchen passte nicht zu Ben –, das war einfach eine männliche Variante des Ausatmens.

Es wummerte an der Tür.

Der Hund bellte. Schrill und mutig.

Es wummerte noch einmal. Ben wachte auf.

Die Tür barst.

Sekunden später stand Carlo im Zimmer und sah ziemlich böse aus.

Er nahm sich nicht viel Zeit. Er stach auf Benjamin ein. Schnell tat er das und anfangs kontrolliert. Carlo hatte einmal eine Messerstecherei erlebt, aber da hatten sich die Kontrahenten nur geritzt. Das hier war anders. Das fühlte sich an, als ob er das Messer in einen rohen Schweinebraten setzte. Das brauchte schon ein bisschen Kraft: Und weil es schwieriger war, als sich Carlo das vorgestellt hatte, kam noch mehr Wut in Carlo hoch. Außerdem wehrte sich dieser Typ – und er hatte auch noch Kraft, nachdem Carlo die ersten Male zugestochen hatte.

Er durfte ihn nicht hochkommen lassen. Messer rein, Messer raus. Ein Mal, acht Mal – dann hörte der andere auf, sich zu wehren. Röchelte und blutete aus mehreren Wunden. Das schoss nur so aus dem Mann raus. Anita hatte sich in eine Ecke des Bettes geflüchtet, kauerte dort und brüllte.

Carlo wischte das Messer ab und sagte: »Du hälsch jetz besser 's Maul ond rufschd dr Kranknwagn.«

Er selbst griff zu seinem Handy und wählte die Nummer des Anwalts. Schilderte ihm kurz, was passiert war. Dann hörte Carlo – er war jetzt wieder sehr ruhig – gut zu, ging zu der kleinen, gut sortierten Bar und trank die Flasche Wodka schließlich in drei großen Schlucken leer.

Als die Sirene des Notarztwagens und der Polizei zu hören waren, hatte er für seine Unzurechnungsfähigkeit gesorgt.

✳ ✳ ✳

Zehn Tage ist Carlo nun schon hier. Er ist mit allen gut Freund, die Pfleger mögen ihn und seine Besucher. Seit Neuestem hat er auch Ausgang. Am ersten Tag vertritt er sich nur mal schnell die Beine vor dem Haus. Dann kommt er frierend wieder und schimpft auf den deutschen Winter. Abends muss Herr V. mal fast eine Stunde Schmiere stehen – so wichtig hat es Carlo mit seinem Handy. Herr V. übernimmt die Aufgabe eigentlich ganz gern und muss sich eingestehen, dass er diesen Carlo tatsächlich interessant findet. Irgendwie imponiert er ihm.

Nach dem Telefonat kommt er aus dem Zimmer, legt den Arm um V. »Bisch a guadr Kerle«, sagt er. Und schenkt Herrn V. ein Buch, das er auf dem Nachttisch hat. Das brauche er jetzt nicht mehr. Ist ganz lustig, sagt er. Von einem Typen geschrieben, der sich undercover bei den Rockern eingeschleust hat. Geil geschrieben – und alles ganz echt.

Man geht zu Bett. Am nächsten Morgen bereitet Carlo wie immer den gesalzenen Kaffee. Bei Rainer bestellt er Haribo vom Edeka. Er duscht und erzählt beim Mittagessen drei dreckige Witze. Er ist toll gelaunt.

Danach zieht er warme Klamotten an und tritt hinaus in den deutschen Scheiß-Winter. Carlo sieht wieder einmal blendend aus in seiner roten Wolfskin-Jacke und den Stonewashed-Jeans. Die Mütze ist von Adidas, die Handschuhe von Roeckl. Und trotz des deutschen Scheißwetters hat Carlo ein ansteckendes Lächeln im Gesicht. Die Welt, das sieht man, meint es gut mit ihm.

Drei Patienten der Station, die auf ihrem Ausgang die Runde übers Krankenhausareal drehen, sehen, wie Carlo durch den Einlass auf die Hauptstraße geht. Dort steht er, sieht ins Dezembergrau und raucht. Weit im Westen die Silhouette der Stadt, das Arabella-Hochhaus. Dahinter irgendwo hat dieser Macker, dieser Ben, seine Butze. Na ja, der liegt noch im Krankenhaus und wird so schnell nicht wieder schreinern. Egal. Und Anita, auch da hinten in Bogenhausen? Ach, die wird nicht links und nicht rechts wissen. Selber schuld. Carlo schnippt die Zigarette weg, steckt sich eine neue an.

Dann hält ein Motorrad – ganz dickes Kaliber – neben ihm.

Carlo setzt sich hinter den Fahrer. Der gibt Gas. Es hat leicht zu schneien begonnen. Und Carlo, der Stecher, verschwindet und wird nicht mehr gesehen.

SARAH UND ROCCO IV

Es riecht frisch. Spülmittel, Zitrone, ein Hauch von Kaffee. Der Boden ist gewischt, die großen Spülbecken schimmern. Herr V. hat die Küche prima in Schuss.

Sarah sieht sich neugierig um. Hierher darf außer den Pflegern, den Ärzten, der Putzfrau und den Küchen-Freiwilligen niemand. Für Patienten ist der Bereich sonst tabu. Wer es als Freiwilliger in die Küche geschafft hat, darf stolz sein auf seinen Sonderstatus. Und eine wie Sarah käme für den Job sowieso nicht infrage. Ihr kann man nicht trauen. Viel zu viele Messer, brühend heißes Wasser. Überall Möglichkeiten, sich zu verletzen.

»Der hat das ganz schön ordentlich hier«, sagt Sarah und will eigentlich gar nicht über so etwas reden.

»Ja, er gibt sich ziemlich Mühe. Weißt du, dass er jeden Morgen um halb sechs aufsteht? Ist voll in Ordnung, der Typ. Und dass er uns hier reingelassen hat, das ist doch klasse.«

»Ja, das ist schön.«

Rocco hat sich gekämmt und rasiert. Frisches T-Shirt, die besseren Jeans, geputzte Zähne. Er vergräbt die Hände in den Taschen und steht ein wenig verloren in der Mitte der Küche.

Sarah hat sich auf die Arbeitsfläche neben den Herdplatten gesetzt und sieht lecker aus. Ziemlich kurz ist der rote Rock, weit und luftig die Bluse mit den langen Ärmeln. Sarah hat einen schönen Busen, ziemlich üppig für eine so zarte Frau. Die oberen Knöpfe ihrer Bluse sind offen, und Rocco muss sich zwingen, nicht dauernd ins Dekolleté zu linsen.

Sie hat sich dezent geschminkt – ganz wenig, das hat sie geschickt gemacht. Sie hat volle Lippen, blaue Augen. Weizenblondes Haar, das ihr die Schultern hinabfließt. Es ist das erste Mal, dass er sie mit offenem Haar sieht – ansonsten verknotet sie alles zu einem wirren Zopf.

Wow, sie ist wirklich schön.

Ob sie ihm den Schiele leihen könne, wenn sie damit fertig sei. Klar, sagt sie, sie könnten ja tauschen. Was er denn überhaupt gerade lese?

»Der V. hat mir einen Roman gegeben, der ist wirklich krass. Krausser heißt der Typ, der ihn geschrieben hat.«

Rocco stromert jetzt, immer noch die Hände in den Taschen, vom Kühlschrank zum Schrank mit dem Brot und wieder zurück. Er redet über Helmut Krausser und verliert sich in Gelaber. Sarah lächelt ihn an, er lächelt ein bisschen schief zurück und schaut dann wieder seinen Füßen beim Gehen zu.

Sarah schlägt vor, in den Speiseraum nebenan zu gehen. Sie setzen sich nebeneinander, so, dass sie aus dem Fenster auf den Kirchturm blicken können. Es ist grau draußen, beginnt zu dunkeln.

Sie schweigen. Dann er: »Ich bin froh, dass du auch hier bist. Ist ja sonst zum Verrücktwerden.«

Sie kichert. »Deswegen sind wir ja hier.«

»Wie? Wegen dem Verrücktsein, meinst du? Das ist vielleicht ein Quatsch! Du bist genauso wenig gaga wie ich. Bloß weil es dich ankotzt und du dir in die Arme schneidest, hast du ja noch keinen Sprung in der Schüssel.«

Wie schon beim letzten Mal antwortet sie, das solle er mal ihren Eltern erzählen. Die hatten sich das alles so schön vorgestellt mit ihrer einzigen Tochter.

Klar, es war sicher so, wie sie immer behaupten: Kind, wir wollen doch nur dein Bestes. Da waren die Ballettstunden, die Reitlektionen, die sich verschleißenden Klavierlehrerinnen. Da war der Versuch mit dem Internat. Ferien in teuren Sprachschulen. Taschengeld fast ohne Limit. Wirklich: Die Eltern gaben sich Mühe, versuchten alles, ihrer Tochter das Beste zu geben.

Trotzdem kam ihr – mit 13, 14 – die Freude abhanden. Sie kann nicht einmal erklären, was damals genau passiert ist. Es war eine unmerkliche Veränderung. Das Leben wurde grau. Sarah begann den Tag mürrisch und beendete ihn schlecht gelaunt. Nichts machte mehr richtig Spaß.

Sie mochte ihr Pferd nicht mehr besuchen. Ballett war zu anstrengend, Klavierspielen blöd. In der Schule hatte sie mit den Lehrern Ärger und die meisten Klassenkameradinnen wollten nicht mehr mit ihr reden.

Überhaupt, sie war jetzt oft krank. Einmal erkundigte sich die Direktorin bei Sarahs Mutter, was denn mit der Gesundheit des Kindes nicht stimme. Die Mutter war perplex: Ein bisschen dünn war die Kleine, das schon, aber krank war sie nicht. Wie bitte? Jede zweite Woche gefehlt? Könne doch nicht sein, das Kind habe doch jeden Morgen das Haus verlassen.

Niemand hatte bemerkt, dass Sarah keinen Bock mehr auf die Veranstaltung hatte. Sie nahm die morgendliche S-Bahn und stieg nicht an der Münchner Freiheit, sondern ein paar Stationen weiter am Marienplatz aus. Dort traf man sich und trank erst einmal am Viktualienmarkt einen Kaffee. Man war mal zu zweit, mal zu zehnt. Und hatte den ganzen Tag vor sich.

Bei schönem Wetter besorgte man etwas zu trinken und latschte in den Englischen Garten oder an die Isar. Einer hatte immer ein Radio oder einen Kassettenrecorder dabei, ein anderer was zum Rauchen – um neun war man irgendwo und richtete sich ein. Es gab Bier und Brezn und Leberkäs – manchmal trieb man es auf die Spitze und genehmigte sich schon morgens einen kleinen Wodka.

Im Winter und bei Regen musste man schon findiger sein. Die Kaufhäuser machten spät auf, also lungerte man im Münchner Untergrund rum. Es gab wechselnde Geheimtipps. Die Arcaden in Riem, Neuperlach-Zentrum, Wettersteinplatz, Implerstraße, Rotkreuzplatz, Hasenbergl. Man kam herum in der Stadt. Wichtig war, dass man es von der Bank am Bahnsteig nicht weit zum nächsten Geschäft hatte und dass die Bullerei kein gesteigertes Interesse an der Station hatte. Die großen Bahnhöfe wären ja ganz schön gewesen – aber da wurde man dauernd gestört.

Als die Polizei Sarah aufgriff, war die Dietlindenstraße in. Da kamen die Bullen nicht so oft vorbei. Es war hell und roch nicht schlecht. Zur Münchner Freiheit war es nur ein Katzensprung. Und für den kleinen Durst zwischendurch gab es auch was: Die Rolltreppe hoch – und schon stand man vor einer gut sortierten Aral-Tanke.

Als sie aufgegriffen wurde, war Sarah seit einer Woche nicht mehr zu Hause gewesen und die Eltern hatten eine Suchanzeige aufgegeben.

In der Familie hatten sie einen Riesenkrach gehabt. Die hilflosen Eltern hatten Sarah – der spindeldürren, blutig geritzten Sarah – gedroht, sie würden sie in ein Heim stecken, wenn sie nicht wieder ordentlich esse und wenn sie nicht endlich die Finger von den Messern ließ.

»Ihr könnt mich mal«, hatte Sarah geblafft und die Zimmertür ins Schloss geknallt. Als die Eltern dann ins Bett gingen, hatte sie den Rucksack gepackt und sich verdünnisiert.

Blöd, dass Winter war. Da machte es nicht so richtig Spaß mit dem Abhauen. Aber es musste sein – und sie kannte da ein paar Hardcore-Typen, die auch im Winter nicht ins Männerasyl in der Pilgersheimer gingen. Sie suchte in der halben Stadt und fand sie schließlich in der U-Bahn-Station Dietlindenstraße. »Du brauchst einen Schlafsack«, sagten sie, »dann kannst du mitkommen. Und wenn du schon Geld für 'nen Schlafsack hast, bring auch für uns was Schönes mit.«

Sie zog los zur Münchner Freiheit, besorgte im Kaufhof einen polartauglichen Schlafsack und ein Sixpack Gorbatschow. Die Jungs waren begeistert und nahmen sie gern mit auf Platte.

Unten ist der U-Bahn-Schacht und schickt die modrige Wärme durchs Gitter in die Winternacht. Auf dem Gitter liegen die Menschen und wärmen sich aneinander und an der Moderluft von unten. Sie trinken Wodka und Bier – so lässt sich vieles aushalten. Einige sagen gar nichts. Sie trinken und warten, bis sie genug haben. Andere plappern durcheinander. Zuerst macht noch vieles Sinn, doch das legt sich mit der Zeit. Dann verheddert sich jeder in seinem eigenen Monolog.

Nach ein paar Tagen kannte Sarah die Biografien der Männer. Sie aß, was sie bekam. Nahm nicht mehr ab und musste auch keine Rauten mehr in ihre Arme schnitzen. Es ging ihr ganz gut.

Man ließ sie so, wie sie war.

Und dann kam dieser Nachmittag, an dem sie gerade die dritte Pulle aufgemacht hatten. Die würden sie noch in der Station trinken – und dann mussten sie aber los.

Sarah setzte gerade – ein Zug in Richtung Innenstadt verschwand in der Röhre – die Flasche an den Mund, da fragte jemand, ob sie sich ausweisen könne.

Konnte sie nicht. Aber selbst wenn – sie hätte den Teufel getan. Das sagte sie den Beamten auch.

Die unterhielten sich leise miteinander. »Sie sind Sarah Mielke«, meinte der Größere. Er klang ganz freundlich. Da konnte sie nicht Nein sagen.

»Ihre Eltern machen sich Sorgen um Sie. Dürfen wir Sie bitten, mitzukommen.«

»Wohin?«

»Wir bringen Sie erst mal nach Hause.«

Sarah blickte sich nach ihren Kumpels um. Die zuckten mit den Schultern. Einmischen wollte sich da keiner. Das Mädchen war noch nicht volljährig. Wenn du da ins Visier der Bullen kommst, kann das unangenehm werden.

»Gehst besser mit«, sagte einer.

»Okay«, meinte Sarah. »Ich komme dann wieder.« Sie folgte den Polizisten nach oben, in ihren Wagen, sie fuhren nach Bogenhausen. War ja nicht weit. Sie stiegen aus, der Größere klingelte, die Stimme der Mutter war aus der Anlage zu hören. Der Summer schnarrte, sie gingen zwischen den Rosenbeeten hindurch auf die Treppe zu. In der Haustür standen die Mutter und der Vater. Sie waren sehr lieb und ratlos. Die übliche Ansprache: »Schatz, was machst du denn für Sachen?« – »Du wirst sehen – alles wird gut.« – »Jetzt komm erst mal rein. Hast du Hunger?« – »Wir haben uns solche Sorgen gemacht. Aber jetzt bist du ja hier. Wir bekommen das hin.«

Die Polizisten verabschiedeten sich. Die Mutter machte die Haustür zu. Es war sehr warm im Haus. »Ich lasse dir ein Bad ein, Schatz. Zieh erst einmal die Sachen aus. Das riecht nicht so gut.«

Sarah stieg in die Wanne. Sie hätte sich wohlfühlen müssen. Es roch nach Lavendel, das Shampoo fühlte sich wunderbar an. Im Radio spielten sie Mozart. Aus dem Haus waren die üblichen Geräusche zu hören. Die Mutter war wohl in der

Küche, der Vater hatte das Fernsehgerät eingeschaltet. Das war also die Strategie: Einfach so weitermachen wie bisher.

Sarah hatte mal – sie wusste nicht mehr genau, wann und warum – ein Teppichmesser in ihr Nagelnecessaire gesteckt. Sie pickte es heraus und legte sich wieder in die Wanne. Diesmal sollten es keine Rauten und Querschnitte werden. Diesmal würde sie es richtig machen.

Das mit dem Teppichmesser war klug. Sie hatte gesehen, wie die Metzger damit die Schwarte vom Schweinebraten präparieren. Sie nahm das Messer in die rechte Hand, setzte knapp unterhalb des Handballens zwischen den Sehnen auf dem linken Arm an. Unter der Schneide pulste eine blaue Ader. Konzentriert blickte Sarah auf das Stillleben mit Teppichmesser.

Dann drückte sie die Klinge tief ins Fleisch und zog sie konzentriert in Richtung der Armbeuge.

Es tat nicht sehr weh und blutete sofort heftig. Sie ließ sich nicht irre machen und setzte sich einen zehn Zentimeter langen Schnitt. Ließ das Teppichmesser los. Es blieb noch einen Augenblick im Fleisch stecken fiel dann ins Wasser.

Sarah ließ den Arm ins sich rosa färbende Schaumbad sinken. Es ging ihr nicht schlecht. Ein bisschen betrunken war sie.

In Gedanken taumelt sie mit den Jungs von der Dietlindenstraße zum Schlafplatz. War eine schöne Zeit gewesen, ein unparfümiertes Leben – Dieser Mozart war schon ein toller Hecht – Da drüben steht die Munddusche, sie bewegt sich ein wenig, oder was ist das? – Um die Zeit guckt doch der Papa nie Fernsehen – Wie sich die Eltern wieder in ihr gekanntes Leben flüchten – Küche und Fernsehen und im Sommer mal mit Freunden in den Biergarten – Urlaub in den Bergen beim Skifahren – Urlaub im Sommer am Meer – An der Nordsee ist sie immer gern gewe-

sen – Nie mehr Nordsee, macht auch nichts – Mama und Papa
können nichts dafür, es tut ihr leid – Sie kann die Munddusche
nicht mehr klar erkennen – Geht da die Tür auf? Wahrscheinlich – Das ist die Mama, die nach dem Papa schreit –Nein,
Papa, lass es bluten, es ist okay – Müde ist sie, sehr müde – Sie
wird sich jetzt dünne machen – Sorry – Alsdann.

Sarah wachte auf der Intensivstation auf. Überall hingen die
Kabel. Sie brauchte lange, um sich zu orientieren.

Einen Tag später kam sie nach Haar.

»So war das. Was für eine Scheiße«, sagt Rocco.

»Ja, war nicht lustig. Ich habe auch Terror gemacht. Nicht
wie du. Ich hab' in den ersten Tagen einfach nicht mehr gegessen. Sie haben mich dann an Schläuche gesteckt – bis es
mir zu blöd geworden ist.«

Er fragt sie, wann sie wieder raus darf. Wird wohl nicht
mehr so lang dauern. Man habe ihr gesagt, dass sie dann
wohl zur Reha solle, ein halbes Jahr oder so. Sie hat zwar
keinen Bock drauf – aber besser als zu Hause rumzuhängen
ist es allemal. Wie lang Rocco denn noch habe?

Ist nicht dramatisch, mit den Distra ist er bald durch, und
dann werden sie ihn sofort wieder an die Luft setzen.

»Und dann?«

Er blickt angestrengt in die Dunkelheit vor dem Fenster.
»Weiß nicht«, sagt er.

»Ja haste keine Familie?«

»Nee. Nie gehabt.«

»Wie das?«

Er kramt mit einer Hand in der Hosentasche. Dann lässt
er es wieder sein. Hier darf er ohnehin nicht rauchen, also
braucht er auch keine Zigarette zwischen den Fingern. Er
sieht Sarah an. »Ich red' da nicht so gern drüber.«

»Über was?«

»Na ja, Familie und die ganzen Sachen.«

»Ach so.«

Nach einer Pause erzählt er dann doch. Es ist das Stenogramm eines Lebens, für das er sich grundlos schämt. Er kann ja nichts dafür, dass seine Eltern ihn nicht gewollt haben. Die Mutter war schnell mit dem Jungen allein, der Vater verschwunden. Nein, auch an die Mutter kann sich Rocco nicht erinnern. Mit vier kam er ins Heim. Die Mutter muss wohl gesoffen haben oder so was, er kann sich an nichts erinnern.

Zehn Jahre lang wird Rocco von Heim zu Heim verschoben. Einmal versucht es eine Pflegefamilie mit ihm. Ein Desaster. Rocco mischt die Familie auf, er muss wieder zurück ins Heim. Und ins nächste und ins nächste.

Er ist ein böser Junge. Unfroh, fordernd, er bricht alle Regeln. Der schmächtige Rocco rauft und prügelt sich, er fürchtet keinen Größeren. Spielkameraden hat so einer nicht, die Erzieher haben kein Interesse an dem Jungen, der sowieso nicht zu erziehen war.

Gut geht es ihm nur, wenn er sich hinter einem Buch verschanzen kann.

Mit 14 türmte er endgültig. Er treibt sich eine Weile in den Städten in Hessen herum, landet schließlich in Frankfurt. Kriegt in der Bahnhofsgegend von schmierigen Männern Geld, wenn er ihnen an die Nudel geht. Fängt an, Drogen zu nehmen – und weil das teuer ist, zwingt er sich zu Blowjobs. Das bringt die meiste Kohle.

Rocco erzählt, als ginge ihn die Geschichte nichts an. Sarah schaut ihm nicht in die Augen.

Eine Zeit lang klaut er. Aber da ist er nicht gut. Nicht so cool wie die anderen. Lieber eine schnelle Nummer mit einer alten Schwuchtel als der Stress beim Klauen.

»Hast du irgendwann gearbeitet?«

Wie hätte er? Schule nicht abgeschlossen. Niemand, der gezeigt hätte, wie man einen Job findet. Nein, gearbeitet hat Rocco noch nie. Er weiß nicht, ob das gut ist oder nicht. Das Nötigste hat er immer auftreiben können. In Frankfurt schließlich findet er Leute, mit denen er auskommt. Fast ein Jahr zieht er mit ihnen durch die Stadt. Bis die Geschichte mit dem Hund passiert.

Als er mit Werther die Praxis in der Thudichumstraße verlässt, geht er nicht mehr in den Park zurück. Mit der S-Bahn fährt er zum Hauptbahnhof, steigt in einen Intercity in Richtung München. Wird in Nürnberg rausgeworfen. Steigt in eine Regionalbahn, fliegt in Roth raus. Und beginnt, in Richtung Süden zu wandern.

Sie haben einen wunderbaren Sommer, Werther und er. Er nimmt keine Drogen – wo soll er die in der Provinz auch herbekommen? Sie lassen sich über Land treiben. Er studiert den Nachthimmel, vergleicht die lokalen Biersorten (aus der Hallertau will er gar nicht mehr weg, auch wegen des Mädchens, mit dem er sich täglich trifft).

In München kommt er zur Oktoberfest-Zeit an. Was für eine herrliche Zeit! Rocco ist braun gebrannt und hatte gelernt, mit Mädchen umzugehen. Er lässt sich auf der Wiesn von Touristinnen aushalten – und hat das Gefühl, endlich dort angekommen zu sein, wo er hingehört.

Rocco entdeckt die Stadt für sich. Es ist ein warmer Herbst, wie gemacht für den Englischen Garten. Im Winter verkriecht sich Rocco in U-Bahn-Stationen und am Hauptbahnhof. Und als es wieder wärmer wird, nimmt der Junge sechs Wochen Urlaub von der Stadt. Er wandert ohne Plan durch die Berge. Die Episode mit den Mädchen ist abgeschlossen, Frauen sind jetzt nicht mehr interessant. Rocco redet wenig – und wenn, dann meistens mit seinem Hund. Als er wieder nach München zurückkehrt, wird er von den Kumpels gern aufgenommen. Sie wissen, dass sie sich auf Rocco verlassen können – nur lebhafte Gespräche darf man eben von ihm nicht erwarten.

»Da kennst du vielleicht sogar den Platz, wo ich Platte gemacht habe.«

»Klar, hab' ich ihn nicht so gemocht. War für mich zu weit draußen. Wenn ich in München bin, mag ich es im Zentrum. Sonst kann ich gleich aufs Land.«

»Und wenn du jetzt rauskommst, gehst du wieder zu deinen Freunden?«

»Ja, aber nur, weil ich Werther abhole.«

»Und dann?«

»Weiß noch nicht. Blöd, dass wir Winter haben. Da ist es ziemlich stressig draußen auf dem Land.«

»Warum willste nicht bei den Freunden bleiben?«

»Ach, das ist nicht mehr spannend. Außerdem will ich nie mehr hier drin landen. Die binden mich nie mehr ans Bett, das habe ich mir geschworen. Und dann ist da noch was.«

»Was?« Sie weiß, was er denkt. Sie fragt trotzdem.

»Ach, das ist nicht so einfach.«

»Mach' es doch einfach.«

»Also, das hängt irgendwie mit dir zusammen.«

Er betrachtet seine Schuhe, sie schaut ihn lächelnd an. Hinter der Tür auf dem Gang kommt Leben in die Station. Stimmengemurmel, Gelächter. Es klopft, die Tür geht auf. Herr V. murmelt: »Tschuldigung, ich muss das Abendessen herrichten.« – »Ist schon okay«, sagt Rocco; Sarah meint, das sei ganz lieb gewesen, dass Herr V. sie reingelassen habe. Sie schieben ihre Stühle zurecht und gehen zurück in die Station. Im Türrahmen bleibt sie plötzlich stehen, Rocco läuft auf sie auf. Sie riecht sehr gut. Sie schaut ihn an, mit einem ernsten Lächeln.

»Wartest du auf mich, wenn ich rauskomme?

»Ja«, sagt er. »Ja.«

Sarah küsst Rocco auf die Wange. So gut ist das Leben noch nie zu ihm gewesen.

Letzte Gedanken

»Der Herr Krüger macht's nicht mehr lang«, sagt Pfleger Marcus zu seinem Kollegen. »Der baut jetzt ganz schnell ab. Hat er schon was gegessen?«

»Nein«, antwortet der Kollege. Herr Krüger – wenn er denn überhaupt noch ein Quäntchen Kraft aufbringt – wehrt sich gegen alles. Er lässt sich nicht waschen oder umziehen, er liegt da und schaut an die Decke. Manchmal fährt er hoch und redet in einer fremden Sprache. Er ist den Pflegern unheimlich in seinem Delirium.

»Nein, so einen haben wir lange nicht gehabt. Ich wette, dass das mal ein ganz gescheiter Mann war. Kannst erkennen, was das für eine Sprache ist?«

»Nein, vielleicht was Französisches. Er war wohl eine ganze Zeit in Paris oder so. Das hat er jedenfalls der Barbara erzählt.«

Schwester Barbara ist die Einzige in der Klinik, die so etwas wie eine Beziehung zu Hans Krüger hat aufbauen können. Wenn ihn jemand zum Essen überreden kann, dann ist es Schwester Barbara. Und es ist sogar ein paarmal vorgekommen, dass er sich nach ihr erkundigt hat. In einem der wenigen hellen Augenblicke.

Normalerweise dämmert Hans Krüger vor sich hin. Nur ab und zu zieht er sich mühsam hoch und schlurft mit winzigen Schritten zum Raucherzimmer. Setzt sich dort auf einen freien Stuhl, ohne links oder rechts zu blicken, und zündet sich eine nach der anderen an. Hans Krüger inhaliert tief – als ob es das letzte Mal sei – und in raschen Intervallen. Irgendwann legt er die noch glimmende Zigarette in den Aschenbecher und zündet die nächste an. Eine halbe Stunde geht das so – dann hievt sich Hans Krüger hoch, verlässt das Zimmer und schlurft zurück zu seinem Bett.

In den letzten Tagen hat man ihn nicht mehr so regelmäßig im Raucherzimmer gesehen. Er hat nicht mehr die Kraft. »Er stirbt«, sagt Marcus. »Man kann zusehen, wie es zu Ende geht. Eigentlich liegt er schon da wie tot. Und trotzdem habe ich das Gefühl, dass es in seinem Kopf ununterbrochen arbeitet.«

Und der Wirt hat eine Dogge gehabt. Mit kahlen Stellen an den Läufen. Kranker Hund. »Chef« hieß der Wirt, »le patron. Chef«. Und die Dogge hatte keine Haare mehr an den Ellenbogen. Wie hieß die Dogge noch mal? Schwarzer Hund, graurosa Haut an den Beinen.

Neuer Wirt. Heißt auch »Chef«. Ist Franzose, kein Korse. Un demi, mon ami. Er schreibt an, wenn ich nichts habe. Er schreibt immer an. Gutes Paris. Gutes, altes, nach Metro stinkendes Paris. Irgendwann quillt der ganze Faulschlamm aus der Metro auf die Straße – und alles säuft ab.

Komm, mein Freund, eine Halbe geht schon noch. Fades Gebräu. Kronenbourg. Zu viel, und: Kopfweh.

Oft schon Kopfweh gehabt. Gerade wieder Kopfweh.

Schwester Barbara, Kopfweh, bitte könnte ich etwas gegen das Kopfweh haben!

Schwester Barbara hat Busen. Im Opéra bedient eine mit ganz dicken Titten. Gern, Monsieur, kein Problem. Pas de problème. Dicke Titten und kein Problem mit nix – so ist es gut, so mögen wir das.

Danke, Schwester. Sagen Sie, wo sind wir hier?

Danke, Schwester Barbara. Noch einmal, bitte! Nein, ich weiß nicht, was Haar ist. Das ist doch Unfug. Wer erzählt, dass ich in der Psychiatrie bin? Ein Unfug ist das. Bei wem kann ich mich beschweren? Und wo sind überhaupt meine Sachen? Ich bin ja noch im Schlafanzug, das ist ja unmöglich.

Ich muss mich anziehen, muss nach Hause. Wie bitte? Na ja, meine Steuererklärung ist fällig, wer soll die denn machen? Und dann liegen noch die ganzen Spesen auf dem Schreibtisch – ja, glauben Sie, das macht sich von allein? Also, wenn ich bitten darf: meine Sachen, aber ein bisschen flink!

Klar, »Chef«, gern ein Pastis. Rue Lafayette, guter Platz zum Schreiben. Hinterhof. Die Concierge hat dicke Füße, bei der Dogge ist das Fell an den Beinen weg. Die Concierge sitzt in ihrem Verschlag und strickt und stinkt. Sie stinkt nach dem Faulschlamm von Paris. Titten wie Säcke.

Schwester Barbara, Sie sind aber doch eine aparte Frau.

Sagt nichts. Kriege ich schon noch. Die vom Opéra hat die Beine auch breitgemacht. Hat sich zuerst geziert. Monsieur hin, Monsieur her. Aber ich wollte sie haben und habe sie gekriegt. Wenn sie mir den Kaffee gebracht hat, hat sich mich in ihren Ausschnitt schauen lassen. Aber dann? Ein Korb nach dem anderen. Mais non, monsieur, ça va pas.

Du musst nur dranbleiben. War bei der vom Opéra auch so. Habe sie ins Konzert und zum Diner eingeladen. Sehr chic. Da war sie so weit. Sie hat Spaß gemacht. Dicke, platte Titten, der Schwanz zwischen den Titten. Schön, das.

Die Concierge stinkt und wäscht die Haare nicht. Graue Haare, Dutt.

Speckige Treppe. Immer schreit der Nachbar mit seiner Alten. Einmal hat er sie mit dem Messer gestochen. Viel Blut, viel Schreien. Keine Bange, er ist feig, er stichelt seine Alte nur, macht sie nicht tot. Die brauchen sich.

Ich muss zusperren, wenn ich in der Wohnung bin. Man muss vorsichtig sein. Ich muss mich in Acht nehmen. Man weiß nie – vielleicht sind sie hinter meinem Manuskript her.

Viel Arbeit, viele weiße Blätter. Immer neue leere Seiten. Leere Seiten sind zum Verzweifeln. Aber genug Roten in der Küche. Wein rein und schreiben – so geht das. Immer rein mit dem Wein.

Sagen Sie, Schwester Barbara, kann ich bitte etwas zum Trinken haben? Wie? Früchtetee? Nein, ich dachte an einen Burgunder, nicht zu schwer. Ach was, Krankenhaus! Rauchen? Ja, ich möchte gern rauchen. Ach so, ja, erinnere mich. Den Gang nach hinten ins Raucherzimmer. Danke schön, Schwester Barbara, und küss' die Hand.

✳ ✳ ✳

Die Pfleger mögen Hans Krüger. Manchmal hat er zwar eine ruppige Art – wie so ein Gutsherr, dem es immer nach dem Willen gehen muss. Irgendwas in der Art wird er wohl auch sein. In den Papieren steht, er heiße Hans Krüger, sei in München geboren, er sei Schriftsteller und habe zuletzt in Bogenhausen gelebt. Krüger hat mehr als genug Geld für Zigaretten und Süßigkeiten im Kassenbuch stehen, seine Schlafanzüge sind aus feinem Stoff und die Wäsche kommt aus gutem Haus. Die Hände sind schlank und feinhäutig, die Finger gepflegt – ja, Wunder, er wäscht sich wieder. Und auf dem Nachttischchen liegt ein Notizbuch, das im Laden viel kostet. Manchmal kritzelt Krüger etwas hinein, was niemand lesen kann. Was er denn so schreibe, hat ihn Schwester Barbara einmal gefragt. Da legte er die Finger auf die Lippen und murmelte etwas von einem neuen Projekt.

Krüger bekommt keinen Besuch und wird nie am Telefon verlangt. Dafür liegt immer mal wieder ein Brief in der Post.

»Gibt's ein Geld?«, hat ihn Schwester Barbara scherzhaft gefragt – und Krüger blickte sie ernst an: »Es geht immer ums Geld.«

Selbst die Ärzte waren überrascht, wie schnell es noch weiter mit ihm bergab ging. Von einem Tag auf den anderen starrte er an die Decke, atmete immer unbedachter – und war mit dem Denken in einer anderen Zeit.

Das Notizbuch rührte er schon bald nicht mehr an.

* * *

Frauen. So viele. Das Herz haben sie mir zerrissen. Jede. Genommen habe ich mir die Frauen und nicht gemerkt, wie sie mich ausgenommen haben.

Marlène hat es lange ausgehalten.

Der Deutsche war für sie das große Los. Hat sie von der Straße geholt und ihr schöne Sachen gekauft. Den behielt sie.

Ich war nicht interessant. Nur nützlich. Wieder mal. Bis ich sie rausgeschmissen habe.

Schwester Barbara ist wieder da. Was stöpselt sie da an meinem Arm herum? Braucht doch nicht zu stöpseln, soll mich nur streicheln, ich weiß doch, dass ich sterb, ist bald vorbei, der Höllenritt.

Krüger, du Großer.

Anzüge vom Schneider. Texte nicht unter zehn Mille. Fernsehen. Preise. Dein Zeug wird verfilmt. Du machst selbst Filme, herrliche Filme, so klug und bewundernswert. Krüger, du Übergröße.

Man gibt ihm Medizin. Er ist sturzbetrunken von der Medizin und er wehrt sich auch nicht mehr dagegen. Pfleger Marcus meint, ob das nicht ein paar Tabletten zu viel seien.

Die Ärztin sieht auf den sterbenden Krüger, zuckt mit den Achseln. Da denkt der Pfleger Marcus an seine Frau, die gerade mit dem zweiten Kind schwanger ist, und er ist ganz froh mit seinem Leben, der Pfleger.

»Da, nehmen's noch eine, Herr Krüger«, sagt er und gibt dem Mann eine kleine weiße Pille.

Die Titten-Frauen im Moulin-Rouge haben keine Titten, sie haben nur Brüste. Eher klein, egal. Ich habe sie geleckt, und sie haben nett geschmeckt. Vaginal waren sie nicht ganz so ergiebig.

Heißa, war das eine schöne Zeit! Ein Geld zum Schweine-Füttern hatte ich. Vier Zimmer an der Place Blanche – und wenn mir Paris zu viel wurde, bin ich für ein paar Wochen in die Wohnung nach München. Ein Film im Jahr – das reichte. Sie sind vor mir gekrochen.

Geschrieben habe ich jeden Morgen. Ich hatte Disziplin. Bin mit besoffenem Kopf ins Bett, um zehn dann wieder raus. Aus dem Miroir habe ich Kaffee und Tartines kommen lassen und geschrieben. 500 Wörter. Jeden Tag. Nach 500 Wörtern Stift weg – auch wenn da noch was übrig war. Gutes Gefühl, mit so einem Rest Stoff in den Feierabend zu ziehen.

Feierabend. Großer Spaziergang. Immer der Nase nach. Runter in die Stadt. Am liebsten zu den Nutten. Da gibt es so schöne kleine Bars am unteren Ende der Rue Saint Dénise. Wo früher die Hallen waren. Da machen sie Pause und bekommen Gesichter. Die Dienstlarven bleiben draußen. Nutten können nicht lachen. Wenn sie lachen, wird alles um sie rum schrill.

Ich mag Nutten. Ihren Selbsthass und ihren Hass auf die Freier. Ich mag, wie sie saufen. Pastis und Kronenbourg und Roten, wenn sie die Dienstlarven abgelegt haben. Cham-

pagner und Cognac mit den Kunden. Sie trinken nach dem Dienst, bis der Kopf auf den Tisch sinkt.

Mit den Nutten in die Nacht.

Wieder zurück zur Place Blanche. Da hat das Hirn so angenehm gesummt. Da habe ich an Zola und Balzac gedacht. Hinterhöfe. Wäsche. Männer versaufen die Sous, und zu Hause schreien die Bälger. Absinth und schlimmes Sterben.

Habe ich mir schön ausmalen können auf meinem Weg zum Moulin Rouge. Habe mich gefreut auf meinen Platz an der Bar. Habe mich gefreut auf die Dogge des Besitzers. Die hat sich aufgefaltet, wenn ich gekommen bin. Ist mit ihren aufgescheuerten Beinen zu mir rüber und hat sich kraulen lassen. Die hat nicht viele Freunde haben wollen, aber ich war einer.

Und wenn ich an Doggen denke: Kennste die aus dem Monaco Franze? Was, den Franze kennste auch nicht? Ist schon okay. Eine Fernsehserie ist das – die habe ich mir immer reingezogen, wenn ich mich in Paris nicht daheim gefühlt habe. Dann war ich wieder ich selbst.

✳ ✳ ✳

Wirrer und wirrer wird Herr Krüger. Mit den Distra bekommen sie ihn nicht mehr unter Kontrolle. Einmal sagt er unvermittelt bei der Medikamentenausgabe: »Weil du, wennst nur an Zehner siehst, hast schon für an Zwanzger Durst.«

»Ist aus einem von seinen Lieblingsfilmen«, sagt Herr V., der hinter Krüger in der Schlange wartet und die Verwirrung des Pflegers bemerkt. »Der Herr Krüger kann den *Monaco Franze* auswendig – vom ersten bis zum letzten Satz.«

Krüger, der scheinbar nicht zugehört hat, murmelt: »Dann kann's ja nur noch besser wern.«

»Das ist der letzte Satz aus dem *Monaco*«, sagt Herr V. »Ach so«, meint der Pfleger und begreift noch immer nichts.

❋ ❋ ❋

Der Krüger ist ein harmloser Verrückter. Ist ja schon erstaunlich, dass er manchmal mit Herrn V. redet. Man kann nie vorher sagen, wann das passiert. Stundenlang hockt Krüger vor dem Empfangskabuff und scheint nichts zu registrieren. Nicht das Rein und Raus am Raucherzimmer. Nicht die Mitpatienten, die um ihn herum ihre Runden drehen. Nicht die Besucher, die hier vorbei müssen. Oder die geschäftigen Ärzte und gehetzten Pfleger.

Krüger hockt da und hat sein Schauen und Hören verloren. Und wenn er mal mit Herrn V. spricht – dann oft davon, dass er auch sein Riechen verloren hat. Er denkt noch daran, wie die Frauen riechen.

Manchmal steht er auf dem Balkon und raucht. Er will allein sein beim Rauchen. Deshalb der Balkon. Ihm ist egal, dass Winter ist. Er steht allein auf dem vergitterten Balkon und friert in seinem Pullover.

Er raucht gierig und ohne Genuss.

Hans Krüger ist früher mit Sicherheit ein imposanter Mann gewesen. Schätzungsweise 1,80 groß, breite Schultern, mit eher dunklem Teint. Gut vorstellbar, dass sein schlohweißes Haar mal schwarz war. Wenn man sich lebendige Augen und eine Mimik in diesem Gesicht vorstellt, ist es ein markantes Gesicht gewesen.

Jetzt hat Krüger sich endgültig krummgelebt. Der Kopf zittert über runden Schultern, das Kinn berührt fast die Brust. Wo früher an den Armen Muskeln waren, liegt jetzt die Haut in Falten. Wenn die Arme eine Zigarette zum Mund führen, tun sie das mit großer Beharrlichkeit und überwinden schrecklich langsam die Schwäche. Es ist ein Akt starken Willens, dieses Rauchen.

Die Beine sind steckendürr und wollen nicht mehr. Krüger hebt die Füße kaum noch, wenn er sich voranbewegt. Seine Hausschuhe schleifen leise übers Linoleum. Fußlänge um Fußlänge schiebt sich Krüger voran. Nach fünf, zehn Schrittchen wird eine Pause gemacht.

Und manchmal zucken dann seine Mundwinkel, er beginnt zu murmeln, in fremder Sprache, auf Hochdeutsch, auf Bayerisch, unverständliches Zeug. Er geht weiter und schaut, ob er jemanden findet.

Mit Herrn V. redet Hans Krüger wohl gern. Er weiß nicht, wie sein Gegenüber heißt. Sieht ihn beim Erzählen an oder auch nicht. Er redet einfach in Herrn V. hinein. Und der hört zu und weiß nicht, ob er fasziniert oder erschrocken sein soll.

Einmal fragt Marcus: »Sagen Sie mal, Herr V., was erzählt Ihnen der Herr Krüger denn so?«

»Na ja, was er alles so gemacht hat im Leben. Ich werde ja nicht ganz schlau, aber ein paar Sachen kann ich mir dann schon zusammenreimen.«

»Zum Beispiel?«

»Er ist wohl ein bekannter Künstler gewesen. Hat Filme gemacht und Bücher geschrieben und ist viel herumgekommen. Hat lange Zeit in Paris gelebt, stammt aus München. Ich glaube, der ist in Giesing aufgewachsen. Auf jeden Fall spricht er oft von Giesing.«

Von der Brauerei her hat es an den Werktagen gut gerochen. Und am Montag hat der Metzger gegenüber geschlachtet. Blut und Sterben in der Luft. An den Vormittagen stank es nach Kesselfleisch. Das hat mich zum Würgen gebracht. Der Papa hat es geliebt, das Kesselfleisch. Wenn er auf Arbeit war, musste einer zum Metzger und eine große Portion für den Feierabend holen. Die stand dann in einem weiß-roten Topf auf der Anrichte und stank vor sich hin.

Die ganze Wohnung voller Kesselfleisch. Wenn ich von der Schule kam, hat es mich jedes Mal neu fast rücklings aus der Wohnung geschlagen – so hat es gestunken.

In den Ferien: ich, der Kesselfleisch-Einholer. Die Metzgerei, ein Pasolini-Ort. Schrecken, Grauen, dicke, fettsträngige Luft; Hausfrauen, die vor lauter Schwatzen nicht vorankamen. Die feiste Chefin mit purpurnen Adern im Rosé-Gesicht. Und, kaum 1,50 hoch, ich, der nicht drankam, weil sie redeten und redeten und redeten. Da half es auch nicht, dass ich immer ein Radl Wurscht bekam, wenn ich dann endlich drankam. Hätte sie sich auch schenken können, die fette Kuh – mir war eh schon schlecht.

Muss einen Film über Kesselfleisch machen. Geruchskino. Kotztüten gibt es an der Kasse.

Entschädigt hat mich der abendliche Gang zum Alt-Giesing. Neun zerrammelte Tische. Kartenspieler. Plärrende Stammgäste. Ab und zu auch seltsame Frauen. Haben mich nicht interessiert.

Gut gerochen hat es im Alt-Giesing. Luft zum Zerteilen, zartblau gewebt. Zigaretten, filterlose oder Du-musst-nicht-gleich-in-die-Luft-gehen. Zigarren, schwarz und beißend. Besonders gern habe ich die Zigarillos gemocht, mit dem weißen Hölzl, das man rauszieht. Dann tunkt man sie ins Bier und zündet sie an. Großartig riechen die.

Manchmal habe ich beim Papa ziehen dürfen. Wenn er gute Laune hatte und schon ein paar Bier intus. Und wenn ich abends ein paar Flaschl Nachschub nach Hause holen sollte, dann habe ich beim Warten an der Schenke ganz tief Luft geholt. Bis ich husten musste.

Mit acht war ich Raucher.
Am Sonntag hat der Papa mich zum Frühschoppen mit-
genommen. Ich habe eine Limo bekommen und aufgepasst,
was die Männer erzählen. Weiß heute nicht mehr, wovon sie
es hatten. War aber damals ganz stolz, dass ich dabei war.
Links saß der Papa und rechts mein Taufpate. So ein Großer
mit riesigen, dicken Händen. Manchmal hat er mir auf die
Schulter gehauen und geschrien: »Gell, Hanse!?«
Das hat wehgetan, aber ich habe es niemanden merken las-
sen.

✳ ✳ ✳

Herr V. hört Herrn Krüger gern beim Erzählen zu. Er wundert sich, wie viele Arten zu reden der beherrscht. Mal
kommt man sich vor wie in einer bayerischen Wirtschaft, in
der einer das große Wort führt. Der Hanse röhrt und holt
aus mit den Wörtern, er mäandert in Gedanken und kommt
letztendlich doch zu einer Pointe, bei der man sich die Schen-
kel rosa patscht.

Dann wieder versetzt Krüger den Zuhörer in einen Vor-
lesungssaal und referiert – vorzugsweise über Filme. Er
spricht hochdeutsch, manchmal ein bisschen französisch
und wahlweise russisch. Seine Stimme ist leise, er modu-
liert fein, ein wenig nasal. Plötzlich ein Crescendo. Furioso.
Molto furioso. Die Arme und Hände arbeiten mit. Wie die
eines guten Dirigenten, der zur Not acht Taktstöcke pro
Saison zerdeppert.

Viele der Filme kennt V. nicht. Er vermutet auch, er würde
sie nicht mögen. Dann redet Krüger wieder über Kollegen,
die jedem geläufig sind: Fassbinder und Juhnke und Marlene
Dietrich.

Die Dietrich scheint er zum Beispiel regelmäßig in Paris besucht zu haben, als sie sich schon zurückgezogen hatte. Er erzählt von dem Park, in dem sie spazieren ging, und von ihrer Wohnung. Sie haben sich über die Heimat unterhalten. Schöneberg in Berlin und Giesing in München.

Soweit Herr V. versteht, mischte Krüger Dokumentation mit Fiktion. »Die Wahrheit ist das Sichtbare. Dahinter verbirgt sich eine zweite Wahrheit, die nur wenige sehen können. Die bringe ich Leuten wie dir nahe. Ich öffne euch die Augen. Ihr seid es nicht wert, aber ich tue es trotzdem.«

Die Mama fehlt. Der Papa nicht. Er hat mich nur gemocht beim Bier. Sonst hat er Zeitung gelesen und Radio gehört. Er hat nicht gut gerochen. Ein bisschen wie der Opa. Ungepflegter Mann. Hirnlos. Unfroh gelacht hat er. Und ich habe ihn nicht interessiert.

In der Vierten habe ich gesagt, dass ein Spezl auf die Oberschule darf und dass der Lehrer Keindl gemeint hat, ob ich nicht auch die Aufnahmeprüfung machen wolle.

Der Papa hat geschrien, das komme nicht infrage. Hat man denn einen Geldscheißer? Das war's.

Ich habe einmal, mit elf oder so, eine Geschichte geschrieben. Die Mama hat's gelesen und gesagt, dass es ganz schön sei. Sie hat es dem Papa gezeigt. So einen Krampf liest er nicht, hat er gemeint. Ein richtiger Bub geht naus und spielt Fußball. Fehlt nicht viel, und der Hanse wünscht sich eine Puppe zu Weihnachten.

Der Papa. Er war eine Sau, eigentlich.

Hinten an der Brauerei noch immer Lücken vom Krieg. Hinter den Büschen sieht dich keins. Die Eva, mit einem weißen Schlüpfer und einem Busen, steckt mir die Zunge in den Mund. Es riecht nach Hopfen.

Zum ersten Mal gefickt mit 15. Oder 16? Egal. Stolz. Hans, der King. Lehre noch nicht ganz zu Ende, aber schon gefickt. Gut, oder?

✳ ✳ ✳

Herr Krüger hat – aus heiterem Himmel – wieder lichtere Tage. Er versucht den Rücken zu straffen und liegt tagsüber kaum im Bett. Manchmal sieht er aus, als habe er einen Grund zum Grinsen. Beim Rauchen nimmt er sich Zeit.

Er rasiert sich, so gut es geht, hat sich die Fingernägel schneiden lassen, trägt die Kleidung sittsam. Hans Krüger redet viel mit Herrn V. und auch mit den anderen. Sehr verändert ist er.

Und er macht der Le Viseur den Hof.

Die hat sich berappelt und sich mit ihrer Situation arrangiert. Sie geriert sich nun als die Grande Dame der Station. Frau Le Viseur hat ein Doppel bezogen und den ganzen Schrank mit ihren Sachen bestückt. Eine Freundin hat nach Haar gebracht, was die Frau von Welt so braucht. Frau Le Viseur, deren Gesicht die Nüchternheit guttut, schminkt sich sorgsam, legt ein wenig zu viel Duft auf, schwadroniert und spreizt beim Führen der Tasse den kleinen Finger ab. Wenn schon nicht Monaco, dann wenigstens so tun als ob.

Und sie ist »vraiment flattée«, als ihr der so überraschend vital gewordene Filmkünstler Hans Krüger den Hof macht.

Er kann es aber auch wirklich. Der Kavalier flaniert mit Madame Le Viseur über den Gang. Wenn Rainer zehnmal rum ist, haben die beiden gerade eine Runde geschafft. Sie könnte schneller, doch gnädig sieht sie über seine Gebrechlichkeit hinweg. Er mag nicht mehr den Körper eines jungen Liebhabers haben – dafür ist er von der Ritterlichkeit eines Cyrano de Bergerac.

Er küsst ihr die Hand. Im Speiseraum führt er sie zu Tisch und schiebt ihr den Stuhl unter. Krüger kann so fein parlieren – über Gott und die Welt. Über epochale Premieren und Meisterwerke der Literatur. Über seine Lieblingsbilder in der Alten Pinakothek und seine Hass-Ecken in der Neuen.

Er kann tratschen wie eine schwule Tucke. Die neuesten Gerüchte über die und den, die Geheimnisse und Schlüpfrigkeiten der besseren Gesellschaft. Dass der Klatsch aus einem anderen Jahrhundert kommt, tut nichts zur Sache. Man spielt eifrig das Spiel, etwas Besseres zu sein.

Krüger ist ja so galant. Wie schön wienerisch er »Gnä' Frau« sagt!

Formvollendet seine Handküsse. Und erst seine kleinen Komplimente und auch mal Anzüglichkeiten. Alles noch im Rahmen des Schicklichen – aber eben gerade noch. Hans Krüger kann ein ganz Schlimmer sein, dem man es nicht übel nimmt. Dann droht man mit dem Finger und lächelt verführerisch. Ein herrlicher Mann aus der alten Schule.

Also: Wenn man noch könnte – man würde schon …

Aber das Ritterlichste an Hans Krüger in diesen – seinen letzten – guten Tagen ist: Er erbeutet Distra für sie.

Frau Le Viseur ist ganz scharf auf die Tabletten. Der Doktor fährt sie viel zu schnell runter. Wenn sie schon auf den Sekt und Wodka verzichten muss, dann doch wenigstens nicht auf diese wunderbaren kleinen Pillen. Du nimmst sie, und die Welt wird watteweich.

Natürlich lässt sich die Stimmung nicht mit einer Alkoholseligkeit vergleichen, aber mit ein bisschen Fantasie und gutem Willen kommst du dem Zustand ziemlich nah. Du bist wahlweise melancholisch oder zukunftsfroh, das Lachen und das Wimmern hat dich wieder. Keine Sorgen, keine Zweifel. Kein Zittern und keine Unpässlichkeit. Alles gut. Dank, ihr Pharmaforscher, für das nette Distra.

Und Herr Krüger hat – in diesen seinen guten Haar-Tagen – eine Methode entwickelt, wie er den Stoff für sie besorgen kann. Er zweigt einfach seine Rationen ab. Das muss wohl überdacht sein, denn die Pfleger passen bei der Ausgabe wie die Schießhunde auf, dass auch jeder seine Medikation schluckt. Krüger hat eine tolle Technik entwickelt: Da seine Zunge ohnehin ständig mit der Spitze auf den unteren Schneidezähnen liegt – was ihn, mit Verlaub, besonders beim Sprechen ein wenig debil erscheinen lässt – ist es ein Leichtes für ihn, sich die Distra zitternd in den Mund zu schieben, bei geschlossenen Lippen flink die Zunge ein Stückchen anzuheben, die Pillen darunter verschwinden zu lassen, den Mund wieder zu öffnen, den obligaten Schluck Wasser zu trinken und dann wegzuschlurfen.

Distra schmelzen langsam. Wenn Krüger außer Sichtweite des Pflegers ist, pult er den Rest der Pille unter der Zunge hervor und bringt ihn dann der Le Viseur.

Sie ist gerührt, trocknet die Distra-Perlen auf ihrem guten Briefpapier. Ist das getan, werden sie im Granulat einer Trockenpflanze versteckt, die auf dem Fensterbrett vor sich hin kümmert. Dort lässt Frau Le Viseur einen kleinen Vorrat wachsen. Für den Augenblick, in dem sie Lust auf einen Distra-Rausch verspürt, der sich gewaschen hat.

Ja, sie ist eine richtig gewitzte Patientin geworden, die Le Viseur.

✳ ✳ ✳

Silvester. Auf der Station gibt es einen Ausnahme-Erlass: TV bis um eins in der Früh. Frau Le Viseur verzichtet bei der Abendausgabe auf die übliche Einschlafhilfe. Die Distra – fünf Pillen, fast unversehrt – hat sie schon am Nachmittag ausgebuddelt. Jetzt gibt sie sich, nach *Dinner for One* am Abend im Bayerischen, die Kante.

Gottchen, sie ist wirklich bedüselt. Eigentlich ganz angenehm: sich betäuben, aber nicht ganz aus der Welt fallen.

Rainer hat eine Show ausgesucht. Seichte Unterhaltung, das Leben von der heiteren Seite. Da freuen sie sich auf der Bühne darüber, dass alles weitergeht und wie immer ist. Frau Le Viseur sieht lächelnd zu. Irgendwie ist ihr wohl. Sie wird es noch einmal schaffen. Noch einmal begehrt sein, noch einmal die Männer, das muss doch zu machen sein.

Um zwölf stößt man mit Saft an. Madame Le Viseur stellt sich Champagner vor und sagt sich: Dauert ja nicht mehr lang, dann bin ich hier raus und gehe erst mal schön einkaufen.

Um halb eins treten die beiden Pfleger in Aktion – der eine in den Zimmern bei den Schläfern, der andere bei den Rauchern und Fernseh-Leuten. Jeder muss blasen.

»Warum das denn?«, fragt Herr V. ungläubig.

Der Pfleger – der junge mit dem Menjoubärtchen und dem Hang zum Sadistischen – lächelt bei so viel augenscheinlicher Blauäugigkeit. Da er gut gelaunt ist, antwortet er sogar:

»Sie glauben gar nicht, auf was für Tricks so ein Alkoholiker kommt. Letztes Jahr haben wir einen gehabt, der eine Schnur aus dem Fenster gelassen hat; unten haben ihm die Spezl eine Flasche Korn drangehängt. Der war zu Silvester vollkommen blau.«

Der Pfleger lächelt wie ein Schelm. »Bei euch muss man schon aufpassen.«

Hinter ihm steht Frau Le Viseur, Distra-gedröhnt und angenehm heiter. Sie grient. Depp, denkt sie. Imbécile. Idiot. Ich bin allemal schlauer als du. Und wenn ich drei Flaschen Wodka im Kopf habe.

* * *

Am Neujahrstag hat der scheinbar gesundende Herr Krüger Besuch. Er hat sich fesch gemacht. Weißer Leinenanzug, rosafarbenes Hemd, schwarzes Halstuch. Bare Füße in Schuhen aus Kroko, beige. Stecktuch, blütenweiß. Und, der Clou – ein schwarzer Hut. Genau so ein Hut wie der, den Bogart in *Casablanca* trug. Nur eben in Schwarz.

Rasiert bis zum letzten Stoppel. Bisschen Rouge auf den Wangen, nur ein klitzekleines bisschen. Das Weißhaar nach hinten gegelt. Wegen der Alk-Augen hat er eine Sonnenbrille auf. Wegen des Zitterns ist er vollgepumpt mit Distra: Guter Rat von der Le Viseur, die nun von fern beobachtet, wie ein Star die Station betritt: Maxim Winter.

* * *

Krüger hat ihn erfunden und gefunden. Er hat ihn aus der Gosse geholt und groß gemacht. Mal, als sie sich betranken (Maxim ist ein Trinker vor dem Herrn), hat Krüger gemeint: »Ich weiß nicht, ob ich dir da etwas Gutes getan habe.« Winter hat verstanden. Sicher ist sein Leben eine einzige Anfechtung, der er immer wieder nicht gewachsen ist. Da kann ihm auch der Therapeut nicht helfen. Immer neue Abstürze und immer neues Aufstehen.

Bevor ihm Krüger vor mehr als zehn Jahren die Rolle in seiner Fernsehserie verschafft hat, machte Winter ein bisschen

Kleinkunst – ohne eine Perspektive zu haben. Er hat geschrieben und einmal in der Woche in einem Café für Senioren Klavier gespielt. Dann lief ihm Krüger über den Weg, auf der Suche nach einem gut aussehenden, aber unbekannten Mann. Maxim war der Richtige. Aus ihm würde Krüger den Arzt der Nation machen.

Ein schönes Angebot. Endlich keine Geldsorgen mehr. Geregelte Arbeitszeiten. Endlich Ordnung im Leben. So stellte sich Maxim Winter das vor.

Aber es kam anders. Ganz schnell war Winter bekannt. Er ließ keine Party aus. Seine Frauengeschichten sind Legende. »Maxim, du musst auf dich aufpassen – du zündest die Kerze von zwei Seiten an«, sagte Krüger, als er sich noch um seinen Schützling kümmerte.

»Mach dir mal keine Sorgen, Hans«, sagte Maxim Winter bei einem ihrer Besäufnisse. »No risk, no fun! Früher habe ich gesünder gelebt. Aber heute habe ich einen Porsche mit Schwanzflosse und brauche mein Rad nicht mehr.«

Da lachten sie und machten sich alle.

Sie haben so viel getrunken. Der Junge, der es noch in seinen Körper packen konnte. Und der Alte, dem jetzt der Alk die Quittung gab.

Eines Tages war Krüger, der Starfilmer Hans Krüger, weg. Nichts da mit Handy, auch nicht zu erreichen auf der Festnetznummer. Einfach weg.

War ja zu erwarten, sagte die Branche. So, wie der Mann gesoffen und gelebt hat. Immer Vollgas, immer Überholspur. Das musste ja irgendwann schiefgehen. Niemand wusste, wo Krüger abgeblieben war. Kaum jemand interessierte sich wirklich dafür. Ertrunken, erschossen, unter den Brücken.

Für die allermeisten war Hans Krüger gestorben, dabei hatte er nur sehr betrunken ein Ticket nach Mexiko gelöst und war abgereist. Hatte nach ein paar Cognacs – er war ein sehr friedlicher Trinker – bis zur Landung geschlafen, sich irgendwohin chauffieren lassen, in einem versifften Hotel eingecheckt und seinen vorletzten Lebensabschnitt begonnen.

Sehr freundliche Zechkumpane. Wenn sie lallen, verstehe ich sie nicht. Lallen eigentlich immer. Macht nichts, man weiß, was man meint. Und das Pissen geht so einfach. In die Rinne unterm Tresen. Musst nicht mal irgendwohin gehen. Nur Hosenschlitz auf, Zipfel raus und in die Rinne pissen. Später machen sie es mit Sägemehl weg.

Es riecht ein bisschen streng, aber das stört nicht.

Nur Maxim sorgte sich um den Mann, den einmal alle hofiert hatten. Er recherchierte, dass Hans Krüger nach Mexiko City geflogen war. Er nahm, ebenfalls recht angetrunken, eine Maschine dorthin. Er engagierte, weiterhin ziemlich beschickert, einen privaten Investigator. Er spürte – zugedröhnt und nicht sehr Herr seiner selbst – Hans Krüger auf.

Sie standen dann gemeinsam an dem Brett, das Krüger als Tresen bezeichnet hat, und tranken etwas Natives. Hochprozentig. Sehr gefährlich.

Krüger fiel um.

Krüger lag im Koma. Ärzte, die den Patienten aufgaben. Maxim, der ihre Sprache nicht verstand (aber fühlte, dass der alte Mann aus Deutschland ihnen egal war), kämpfte, um Krüger nach Hause zu bekommen.

Diplomatenscheiß. Versicherungsscheiß. Polizeikacke.

Maxim wurde nüchtern.

Maxim Winter liebt Krüger. Weil das der Mensch war, der das Wertvolle in ihm erkannt hatte. Also tat Straßenköter Maxim zum ersten Mal etwas für jemand anderen. Er organisierte den Heimflug, brachte Krüger in einer Klinik unter. Alles schien noch einmal in Ordnung zu kommen. Krüger war nüchtern und optimistisch. Er wollte einen Film machen, ließ durch Winter für die Zeit nach der Therapie etwas Passendes in Bogenhausen mieten.

Er mochte seinen Therapeuten. Ein gebildeter Mann, der einige der Krüger-Filme kannte und wohl auch mochte. Sie redeten viel über das Schreiben, das Filmen und die Angst davor. Seine Panik zu versagen. Die Dinge nicht so darzustellen, wie er sie empfand.

Krüger las viel, ging stundenlang im Park spazieren. Er dachte immer seltener an den Alkohol. Er hatte sich ein Notizbuch besorgen lassen – Moleskine, liniert; er nahm nur Moleskine und beschrieb mit einer unregelmäßigen Schrift jede zweite Zeile. Dazu ein Dutzend Bleistifte – Faber Castell, grün lackiert, 3B –, einen Radiergummi – Pelikan, der Rote aus Kautschuk – und vier Spitzer – keilförmig, Metall, für die Hosentasche. Abends hörte er aus einem kleinen Weltsender klassische Musik und beschäftigte sich mit einem Buch oder mit dem Befüllen seiner Kladde.

Nach Wochen fragte der Therapeut, was das Schreiben mit Krüger mache.

»Ich komme wieder in die Spur. Das ist das Einzige, was ich wirklich kann. Ich muss es wieder richtig machen.«

»Warum?«

»Das kann ich Ihnen nicht erklären. Es ist, als ob ich für mich nicht da bin, wenn ich nicht schreibe. Wenn ich einen Film mache, muss ich mich mit Menschen beschäftigen. Da kann ich mir nicht erlauben, Angst vor den Menschen zu haben.«

Krüger schwieg, der Therapeut sagte nichts.

»Alle glauben, ich habe – mir – ich habe keine Angst vor Leuten. Es gibt ja viele, die sagen, der Krüger ist es, vor dem man sich fürchten muss. Weil er so dominant ist und sich von niemandem etwas verbieten lässt. Wegen seiner Wutausbrüche auf dem Set. Weil er sich mit jedermann anlegt – dem Lektor, der Verlegerin, dem Kellner. Aber ...«

Pause.

»Aber?«

»Aber das bin ich nicht. Schon als Kind habe ich gelernt, meine Angst zu überspielen. Wenn du frech auftrittst, hast du gute Chancen, damit durchzukommen. Man könnte sagen, ich habe mich gut vermarktet.«

»Wann können Sie Ihre Schwäche denn zeigen?«

»Das will ich überhaupt nicht. Es reicht, wenn ein paar Freunde und ich meine Schwächen kennen.«

Kurz vor dem Ende seiner Zeit im Sanatorium erzählte Hans Krüger seinem Therapeuten einen Traum:

Ich recherchiere für einen Film. Ich soll ein kleines Mädchen porträtieren, das aus irgendeinem Grund weiter springen kann als alle anderen Menschen. Ich besuche das Mädchen, um mit ihm zu reden.

Begleitet werde ich von meinem Vater, Marlène (mit der ich mal in Paris zusammen war und die ich dann verlassen habe) und meiner Verlegerin. Wir kommen zu einer Wiese, auf der das Kind spielt. Ich gehe hin und frage es, warum es so toll hüpfen kann. Das Mädchen guckt mich ganz seltsam an. Dann sagt es:

»Wegen dem Schlüssel.«

»Was für ein Schlüssel? Kannst du mir den zeigen?«

»Klar«, sagt die Kleine.

Wir folgen ihr zu einem Mangrovensumpf. Das Kind deutet auf eine weit entfernte Insel. »Da isser.« Es watet los. Watet. Das Wasser steht ihm bis zur Hüfte.

»Halt«, rufe ich.

»Nein«, ruft mein Vater. »Sie soll weitergehen. Sie soll den Schlüssel holen. Das muss sein.«

Das Kind will weiterwaten.

»Nein«, sage ich, »Du kommst zurück. Das Wasser ist zu tief.«

Marlène und die Verlegerin mischen sich. Sie keifen. Ob ich denn die Geschichte kaputt machen wolle? So weit sei man gekommen. Jetzt solle das Gör endlich den Schlüssel holen.

»Genau«, sagt der Vater. »Memmen brauchen wir nicht. Also los, Mädchen, mach schon.«

Ich brülle die drei an. »Das ist mein Film. Ich werde wohl wissen, wie man so was recherchiert. Lasst uns jetzt allein. Verdammt noch einmal. Lasst uns allein.«

»Ist das Ihr Ernst?«, fragt die Verlegerin.

»Und wie das mein Ernst ist. Zum Teufel mit euch, sonst vergesse ich mich.«

Sie trollen sich beleidigt. Ich helfe dem kleinen Mädchen aus dem Wasser. Es ist sehr dünn und zittert. Ich nehme es in den Arm.

»Ist doch nicht schlimm, wenn du nicht so toll hüpfen kannst.«

»Aber ich kann hüpfen.«

»Schatz, wo du hinwolltest, ist es sehr tief. Kannst du schwimmen?«

»Nee, aber bald.«

»Siehst du, da vorn ist das Wasser so tief, da ertrinkt man, wenn man nicht schwimmen kann. Und wo soll der Stein denn sein?«

»Da drüben.« Sie deutet zu der Insel.

»Da kommt man nur mit einem Boot rüber.«

»Nicht, wenn man keine Angst hat.«

»Wie meinst du denn das?«

Sie drückt sich an mich. Zittert nicht mehr.

»Ich zeige es dir.«

Das Kind stellt sich hin, blickt zur Insel, geht in die Knie, federt zweimal, stößt sich ab. Und fliegt zur Insel. Drüben landet es weich. Hebt etwas auf. Geht in die Knie, federt zweimal und fliegt zu mir zurück.

»Da.«

Das Kind reicht mir einen rostigen Schlüssel.

Schweigen im Raum. Der Therapeut lächelt. Hans Krüger fragt, was ihn denn so erheitere.

Ob er etwas mit dem Traum anfangen könne?

Nein, nicht wirklich, sagt Krüger. Er sei aufgewacht und sehr aufgeregt gewesen. Habe alles aus einem Grund, den er immer noch nicht versteht, aufgeschrieben, sich wieder hingelegt und sei sofort eingeschlafen. Kein Traum mehr, aber ein ausgesprochen glückliches Aufwachen.

»Ja, genau.«

»Was soll das heißen?«

»Sie räumen auf.«

»Aufräumen? Womit?«

»Mit Ihren Dämonen.«

Hans Krüger ist ratlos und ein wenig verdrossen. Schluss mit dem Rätselraten. Er bittet seinen lächelnden Therapeuten, endlich Klartext zu reden.

»Gern, ich sage Ihnen einen Satz – über den denken Sie dann nach.«

»Bitte schön.«

»Herr Krüger, das Mädchen aus dem Traum – das sind Sie.«

Hans Krüger ist erschrocken.

»Und noch etwas: Ihr Vater und die zwei Frauen – wissen Sie, was mit denen los ist?«

Krüger schüttelt den Kopf.

»Na, die wollen Sie ins Wasser schicken. Das sind die Menschen Ihres Lebens, die Sie ersaufen wollten. Und fast hätten sie es ja auch geschafft.«

* * *

Hans Krüger verließ als mutiger Mann das Sanatorium, fuhr im Regionalzug und später im ICE nach München, nahm am Bahnhof ein Taxi, das ihn zur Wohnung brachte. Krüger stromerte durch die vier Zimmer, im Studio standen frische Blumen auf dem Tisch. Er inspizierte den leeren Kühlschrank – Winter hatte Obst und Wasser deponiert, ein bisschen wenig war das.

Auspacken würde Krüger später. Jetzt erst mal etwas einkaufen. Am Kufsteiner Platz, nicht weit entfernt, gab es einen Supermarkt. Krüger warf einen Mantel über und trat aus dem Haus.

Es war ein ungemütlicher Vormittag. Kühl und grau. Krüger wählte den Fußweg an der Isar. Ein Jogger überholte ihn, eine Frau führte einen Dalmatiner aus. Das war also seine neue Heimat. Hans Krüger dachte an die letzten Monate seit seinem Zusammenbruch in Mexiko. Er hatte sich im Sanatorium so wohlgefühlt. Sicher und zufrieden mit sich selbst. Er hatte es gemocht, sich im Spiegel zu sehen.

Und jetzt?

Jetzt kam er sich ohne Halt vor. Maxim drehte in Übersee, andere Kollegen wollte Krüger nicht treffen. Frauen? Irgendwann vielleicht wieder, aber nicht jetzt.

Was würde er mit dem Tag anfangen? Einkaufen, den Kühlschrank einräumen. Die Klamotten auspacken. Vielleicht ein paar Notizen machen. Eventuell mit der Verlegerin telefonieren – oder auch nicht.

Und dann?

Der Tag machte Hans Krüger Angst.

Er kaufte viel ein. Dominosteine und Lebkuchen – nicht mehr lang bis Weihnachten (ja, was würde er eigentlich zu Weihnachten machen?). Roastbeef, Baguette, Pizza, Nudeln, Tiefkühlgemüse. Tomatensaft. Kartoffeln. Camembert. Brie. Vier Tageszeitungen, den *Spiegel*.

Hans Krüger kaufte ein: Eine Flasche Gin. Vier Weißbier aus der Brauerei Schneider. Einen Primeur, zweimal Bordeaux. Für den Weg einen Flachmann Korn und dreimal Piccolo.

Er schleppte schwer an den Tüten. Musste sich auf eine Isar-Bank setzen. Der Korn war schnell gekippt, dann machte sich Hans Krüger an den Piccolo. Er hockte allein in der grauen Stadt, im Rücken das Thomas-Mann-Haus, und sah auf den träge dahinfließenden und schmutzigen Fluss. Der Alkohol flutete sein Hirn. Ach, das tat wirklich gut. Hans Krüger schloss die Augen und lächelte.

Er wusste, dass er alles im Griff hatte. Schnell den Sekt trinken und dann nichts wie heim. Es war kalt an der Isar. In der warmen Wohnung ließ es sich viel gemütlicher saufen.

* * *

Hans Krüger machte es noch neun Tage. Jeden Morgen an den Kufsteiner Platz, jeden Morgen ein voller Einkaufswagen und Klimpertüten, neunmal Rast auf der Isar-Bank. Nach drei Tagen aß Krüger nicht mehr. Erdnüsse und Chips, das reichte. Das Trinken war ihm genug.

Am neunten Tag rief er Maxim Winter an. »Ich kann nicht mehr«, sagte er. »Du musst mir helfen.«

Winter fand seinen Freund rücklings auf dem Fußboden des Studios. Krüger stierte zur Decke, hielt eine halb geleerte

Flasche Wodka in der Hand. Maxim Winter rief den Notarzt. Krüger konnte nicht mehr aufstehen. Sie trugen den Delirierenden in den Wagen und fuhren ihn nach Haar.

So kam Hans Krüger, früher mal ein brillanter Kopf, in die geschlossene Abteilung. Nach schlimmen ersten Tagen schien sich sein Zustand zu bessern. »Vielleicht kriegt er die Kurve doch noch«, sagte Pfleger Marcus.

* * *

Hans Krüger hat sich sehr auf Maxim gefreut. Jetzt stehen sie auf dem Balkon und rauchen Kette. Maxim sieht gut aus, braun gebrannt. Auf der Station hat sich herumgesprochen, dass der Krüger Besuch von dem berühmten Fernsehstar Maxim Winter hat. Patienten kommen scheinbar absichtslos auf den Balkon und besehen sich den Mann. Dann verschwinden sie im Raucherzimmer und tauschen ihre Beobachtungen aus.

Hans Krüger ist belebt. Maxim erzählt vom letzten Dreh mit einem ziemlich durchgeknallten Regisseur. Er schwärmt von einer Kollegin, mit der er schon seit drei Wochen zusammen ist. Er werde doch nicht zum Bürger mutieren, mahnt Krüger. Nein, aber einen Hintern hat die Frau – man könne sich direkt ans Treu-Sein gewöhnen.

Maxim wird ernst. »Wie geht es dir, Hans?«

»Wenn ich das wüsste. Alles war gut. Dann dieser Absturz. Die haben mich hier schon abgeschrieben gehabt. Und ich traue mir selber nicht mehr. Die letzten Tage waren ganz gut. Aber es gibt auch die Momente, in denen ich glaube, dass ich jetzt deppert werde.«

»Wie ist das denn hier in der Klinik?«

»Einfach grausam. Ich habe das Gefühl, hier verlernst du das Denken.«

»Wie meinst du das?«

»Ich kann nicht schreiben und lesen. Sitze stundenlang da und gucke in die Luft. Mich interessiert nichts mehr.«

»Ach was, wenn du rausdarfst, fängst wieder mit dem Arbeiten an, und dann regelt sich alles.«

»Das wird nichts mehr mit dem Arbeiten. Ich habe keine Bilder im Kopf. Früher habe ich so viele Ideen gehabt. Alles weg. Jetzt ist alles leer.«

»Ich glaub', da solltest du nicht mehr drüber nachdenken. Du hast echt beschissen ausgesehen, als ich dich gefunden habe. Ich habe gedacht, du nippelst ab.«

»Wäre vielleicht besser gewesen.«

Maxim Winter ist ratlos. Zwei Stunden reden die Männer – und Hans Krüger wird immer niedergeschlagener. Bevor er geht, sieht Maxim noch bei den Pflegern vorbei. Ob sie ihm etwas über Krügers Perspektiven sagen könnten.

Nun ja, viel wissen sie nicht. Jetzt geht es ihm ja wieder einigermaßen. Aber er bekommt noch Medikamente. Die wird man wohl in zwei Wochen absetzen. Und was dann wird, könne man noch nicht voraussagen.

»Aber er ist im Augenblick nicht so weit, dass man ihn entlassen kann – das sehe ich doch richtig, oder?«

Man dürfe dazu nichts sagen. Aber Winter habe seinen Freund ja selbst erlebt, da könne er sich ein Bild machen.

Die Besuchszeit ist vorbei. Maxim Winter tritt durch die Tür ins Stiegenhaus. Die Tür schließt sich – das rote Lämpchen blinkt. Alle Schotten dicht. Langsam steigt Winter ins Erdgeschoss, geht nach draußen und empfindet das Gebäude als dunkel und bedrohlich. Er hebt den Blick nicht, als er zu seinem Auto geht.

*** * * ***

So einen Gang habe ich auch einmal gehabt. Stark. Immer das Ziel vor Augen. Es war der Gang eines Siegers. So kommt ein Boxer aus der Ecke, wenn er weiß, dass er den anderen gleich wegmachen wird. Maxim hat ihn jetzt, diesen Gang. Mir bleibt nur die Schleicherei über den Klapsen-Flur.

War ein gutes Gespräch, denke ich mal. Er glaubt nicht, dass ich verrückt bin. Oder sagt er nur, dass ich es wieder schaffen werde, weil alles andere zu brutal wäre? Wahrscheinlich ist es das, wahrscheinlich will er mir nicht wehtun.

Jetzt steigt er ins Auto. Schöne Karre, die kenne ich noch nicht. Er hat alles, was ich auch mal hatte. Den Gang, das schnelle Auto, eine neue Frau, die Aussicht auf viele neue Frauen danach, einen Plan, er ist wer. Ich gönne es ihm ja.

Maxim hat eine Zukunft.

Ich nicht.

So einfach ist das.

War gar kein gutes Gespräch.

Ich bin der letzte Dreck. Letzte Ausfahrt Irrenhaus.

Damals, als ich noch wer war, habe ich gesagt, ein Künstler muss einen an der Waffel haben. Schwul wie Genet. Ungewaschen genial wie Fassbinder. Sich ein Ohr abschneiden. Mit dem Absinth in anderen Welten geniale neue Bilder finden.

Morgens seine Wörter schreiben und sich abends die Hucke vollsaufen. Dazwischen Weiber und Abenteuer und ein bisschen Krieg. In Paris habe ich sein wollen wie der Ernest. Mit Bleistift geschrieben und im Lipps Bier getrunken und dazu Kartoffelsalat in reichlich Öl. «Ein Fest fürs Leben» – das war meine Bibel. Geboxt habe ich und mich toll gefühlt, wenn mir einer ein Veilchen verpasst hat. Wie ein Orden war das.

Marlène hat es eine Weile ausgehalten. Brünett war sie, schöner Busen, gieriges Geschlecht. Sie wollte jeden Tag.

Kein Problem, hab's ihr jeden Tag besorgt. Da bin ich ein Steher gewesen. Aber sie hat die Sauferei nicht gemocht. Und den Hemingway erst recht nicht. Kam eines Tages daher und wollt das Diskutieren anfangen, die Schnepfe. Dass er sich am Ende totgeschossen hätte und seine letzten Bücher nur noch Mist gewesen wären. Jämmerliche Figur, der Mann.

Du hast keine Ahnung – und jetzt raus, hab' ich gesagt. Ihre Sachen ins Treppenhaus geschmissen. Tür zu, vergessen, die Lady. Da war ich fix. Hatte ja die Auswahl. Und so wichtig waren die Frauen dann auch wieder nicht. Damals habe ich mich fürs Pferderennen entschieden, wenn ich die Wahl hatte.

Die ersten Abstürze zelebriert. Öffentlich auf die Nase gefallen und grinsend wieder hoch. Dann wurde es anstrengend. Und jetzt bin ich am Ende. Jetzt ist es nicht mehr lustig.

Der Hagelstange ist gottsjämmerlich verreckt, die Monroe war ein Wrack. Howard Hughes. Juhnke, mein Freund. Die Schell, die so herrlich auf Kommando heulen konnte – eine sterbende, sabbernde Alte. Die Schneider, so brillant und so kaputt.

Nein, das Ende ist nicht so kreativ.

Jetzt ist Maxim wohl schon in der Stadt mit seinem schönen, schnellen Auto. Vielleicht führt er seine neue Frau aus. Oder er geht mit einem Kumpel zum Schumann oder sonst wohin.

Das hat er jetzt alles, der Maxim. Und ich werde es nie mehr haben. Das hier hat keinen Sinn mehr.

Vielleicht war es doch ein gutes Gespräch. Weil ich ganz klar bin.

Wenn es aus ist, ist es aus.

* * *

Marcus, der seine Runde macht, sieht den sorgfältig ange-
zogenen Mann am Fenster stehen und in die Dämmerung
blicken. Der Pfleger bleibt stehen.

»Ja, das ist ja schön. Ich sehe Sie zum ersten Mal lächeln.
War ein schöner Besuch, oder? Das war doch der Maxim
Winter? Den kenne ich aus dem Fernsehen. Toller Schauspie-
ler.«

»Ja, der Maxim ist ein Künstler.«

»Haben Sie mit dem gearbeitet?«

»Ist lange her.«

»Er mag Sie sehr gern. Ist doch schön, dass er vorbeige-
schaut hat.«

»Ja«, sagt Hans Krüger. »Wir waren immer auf einer Wel-
lenlänge.«

»Klasse. Herr Krüger, in fünf Minuten ist Abendessen.
Wollen S' nicht schon rübergehen?«

»Danke, Marcus. Habe keinen rechten Hunger. Außerdem
hat mir Maxim ein paar Sachen mitgebracht.«

»Na ja, dann. Ach so, wissen Sie eigentlich schon, dass Sie
von morgen an Ausgang haben, wenn Sie wollen? Nachmittags von halb drei bis fünf auf dem Gelände. Zur Cafeteria
ist es nicht so weit – und frische Luft schadet nie.«

»Ausgang, soso. Das trifft sich gut. Sie haben recht, Marcus: Frische Luft schadet nie.«

Hans Krüger lächelt heiter. Und etwas sardonisch. Diese
Miene hatte er immer gehabt, wenn ihm ein netter Gag ein-
gefallen war.

Nach dem Abendessen sucht Hans Krüger Frau Le Viseur.
Sie sitzt im Fernsehraum und ist wütend auf Rainer, denn der
hat einen Thriller ausgesucht. Erstens kennt sie den Film und
zweitens mag sie Thriller nicht übermäßig.

Sie ist froh, als Krüger – er hat jetzt wieder einen bequemen grauen Trainingsanzug an – den Kopf zur Tür hereinsteckt und fragt, ob sie mal fünf Minuten Zeit hätte.

Sie sind allein auf dem Gang. Hans Krüger, ganz Kavalier, besorgt Stühle, man setzt sich.

Er habe da mal eine Frage: Wie es ihr denn gestern mit den Distra ergangen sei? Sie freut sich, drüber plaudern zu können. Also, es sei ganz super gewesen. »Wissen Sie, mir ist es zum ersten Mal wieder gut gegangen.«

»War es wie Alkohol?«

»Nein, aber ich habe so schön über den Dingen gestanden. Warum fragen Sie?«

»Hm, ich überlege, ob ich das nicht auch mal mache. Mir ist so fad hier.«

»Verstehe ich. Also, wenn Sie etwas brauchen, dann ist das kein Problem.«

»Ach, das wäre ja riesig nett. Wie viel, meinen Sie, soll ich nehmen?«

»Also ich habe fünf gehabt, das war genug. Soll ich Ihnen mal fünf bringen?«

»Das wäre charmant.«

Er bleibt sitzen, während Frau Le Viseur zu ihrem Depot geht, fünf Pillen ausbuddelt und sie ihm dann mit keck-verschwörerischer Miene gibt. Man dankt, sagt er, man wünscht noch einen angenehmen Abend und empfiehlt sich bis morgen. Man hat noch was zu erledigen.

Da muss sie kichern wie ein Mädel.

Hans Krüger ist allein in seinem Zimmer. Er fühlt sich großartig. Er hat die Dinge wieder in der Hand. Hans Krüger gießt sich ein Glas von dem Maracujasaft ein, den Maxim (toll, dass der sich an Krügers Vorliebe für Maracuja erinnert hat) mitgebracht hat.

Er nimmt seine Medizin und wartet, auf dem Bett liegend. Zuerst sieht er noch an die Decke, dann schließt er die Augen und hat ein gutes Gefühl. Er wird noch ein wenig mit seinen Erinnerungen Karussell fahren und dann lang schlafen. Er muss morgen fit sein.

Im Pissen werden alle Männer gleich. Zuerst darfst ja noch kein Mann sein. Da zieht dir die Mama die Hose runter und hebt dich in die Höhe, dass du dir nirgends hinbrunzt. Wenn das mal vorbei ist, fängst du an, ein Mann zu werden.

Nur der Martin aus der Grünwalder Straße hat weiterbieseln können, das hat mich gefuchst. Später ist es nicht mehr ums Weiter, sondern ums Länger gegangen. Und wenn du als alter Mann mit einem anderen an der Rinne stehst, gewinnt der, der es schneller erledigt. Wegen der Prostata.

Das Pieseln hat mich begleitet. Mehr als die Frauen. Möchte wissen, wo meine Notizen aus Mexiko sind. Das war damals, in Mexiko hatte ich die Idee von dem Film übers Urinieren der Männer. Da habe ich begriffen, dass gemeinsames Harn-Abschlagen den Frieden bringen würde.

Wie damals nach der Wende. War noch '89. Weiß nicht, was ich da zu tun hatte in Thüringen. Irgendein Film, ist auch egal. In der nächstgelegenen Stadt haben sie die Kammerjäger-Brigade im Hotel gehabt und mich aufs Dorf zu Privatleuten ausquartiert. Ich in die Wirtschaft, gutes Bier, schöner Schnaps. Man hat sich zusammengesetzt, die Männer wollten alles über mein Auto – roter Alfa – wissen. Wir haben geredet und getrunken, Witze erzählt und uns über die Weiber unterhalten. Wir haben uns angestaunt.

Dann hat der Wirt die Stühle auf die Tische gestellt. Wir nach draußen. Da geht die Straße über den Dorfbach. Wir auf die Brücke, sechs oder sieben Mann, ziemlich hacke und lustig. Hosen und Blaumänner auf, Schniedel raus und übers Brückengeländer. Dann: Ahhh!

Weiß noch heute, dass der Mond voll war. Habe gepisst und philosophiert. Erkenntnis, große Erkenntnis: Die pissen wie ich. Die aus dem Osten und ich, der Wessi. Pas de différence.

Rausziehen. Festhalten. Das Jucken im Schwanz genießen, wenn Wasser marsch ist. Das Wedeln zum Schluss. Weltweit das gleiche Ritual. Alle Männer werden Brüder.

An die Männer auf der Brücke in einem Thüringer Kaff habe ich mich in Mexiko erinnert, als ich mit den Jungs gegen die Bar strullte und dieses unsägliche Zeug schluckte. Das war das Letzte, was ich in mein Büchlein geschrieben habe: Ich muss einen Film drüber machen.

Kulturgeschichte des männlichen Urinierens. Toller Stoff. Hitler, wie er vor Erleichterung ächzt. Gargantua ersäuft mit seinem Harn die Menschheit in den Gassen rund um Nôtre Dame. Kanzler Kohl kriegt seinen nicht zu fassen und macht sich die Schuhe nass.

Ich weiß noch, dass ich den Film in der Bar genau im Kopf hatte.

Dann hat mir einer den Stecker rausgezogen.

Jetzt hier.

Das Schlüssel-Mädchen kann fliegen. Keiner mehr, der im Weg ist. Glückliches Mädchen.

Müd bin ich. Hemingway hatte sie nicht alle. Gewehrlauf in den Mund, das macht man nicht. Gibt nur Sauerei. Kein Benehmen.

Très fatigué. Jetzt rafft es mich dahin. Schön, schön. Wie heißt das Zeug noch mal? Distra? Danke, Distra.

❋ ❋ ❋

Ein erstaunlicher Mann, dieser Herr Krüger. Er ist prächtig gelaunt, parliert beim Frühstück mit seiner charmanten Nachbarin, hat einen überraschenden Appetit, bei der Visite erstaunt er die Ärzte durch seine verbindliche Freundlichkeit und Kooperation. Sicher, der Blutdruck ist noch immer bedenklich, auch das Zittern hat nicht nachgelassen. Aber Krüger wirkt zuversichtlich, positiv, gegenwärtig.

Bei der Besprechung nach der Visite erkundigt sich der Chef, was denn mit Herrn Krüger während der Feiertage geschehen sei. Besuch habe er gehabt, von einem bekannten Fernsehstar. Zwei Stunden sei der geblieben. Krüger sei danach sehr gelöst gewesen.

Na ja, meint der Chef, dann habe der Herr Krüger wohl zuerst den Weihnachts-Blues gehabt – und durch den Besuch des Freundes sei der dann eben beendet worden. Sehe doch alles ganz gut aus.

Ja, sagen die Pfleger. Sieht alles prima aus.

Hans Krüger verbringt – man höre und staune! – fast eine Stunde im Raucherzimmer. Vielleicht ist es selbst ihm heute auf dem Balkon zu kalt, nachts hat wieder ein grimmiger Winter die Stadt erreicht. Es wird wohl bald schneien.

Krüger also sitzt im Raucherzimmer und lächelt still. Es ist wie immer in diesem Raum. Die Musik kommt von Bayern 3 – so laut, dass man seine Stimme anstrengen muss, wenn man etwas sagen will. Die Luft ist zu warm und lässt sich kaum atmen.

Eigentlich kein gemütlicher Ort. Aber die Menschen mögen diesen Raum, ihr Wohnzimmer auf der Station. Sie mögen das Zusammensein, das Tratschen über die Ärzte und Pfleger, die Intrigen, die Erzählungen der anderen. Sie reden oft über Schnaps und Wein und Bier – mit dem Behagen von Menschen, die das Ganze nichts angeht. Man trinkt ja nicht.

Trinken tun die draußen. Hier, im Raucherzimmer fühlt man sich stark.

Schön, dass Herr Krüger jetzt auch dazugehört. Sie hatten ja schon gedacht, er sei was Besseres, ein arroganter Pinkel. Aber jetzt hockt er mitten unter den Leuten, pafft eine nach der anderen und erzählt ein bissl. Dass er Filme macht und lange in Paris gelebt hat. Rainer fragt, wie das denn so sei mit den Damen in Paris. Da sagt der Krüger doch wirklich, dass sie ganz nett seien. Ob er welche gehabt hat? Sicherlich, sagt der Krüger und schnalzt mit der Zunge. Frau Le Viseur kichert. Und dann sagt der Krüger etwas ganz Wunderbares: »Aber so ein Münchner Dirndl war mir immer lieber.« Er drückt seine Zigarette aus, meint »Habe die Ehre«, zieht einen imaginären Hut und schlurft hinaus.

Auf Bayern 3 röhrt Grönemeyer. Man sieht sich an. Denkt sich seinen Teil. Dann meint Rainer: »Da schau einmal her. Wie man sich in einem Menschen täuschen kann.«

✳ ✳ ✳

»Wollen Sie wirklich da hinaus? Es ist ganz schön kalt.«

»Das ist nicht so schlimm«, sagt ein aufgeräumter Hans Krüger. »Ich habe lange Unterhosen an und eine Mütze auf. Außerdem will ich nicht weit. Nur einen Cappuccino in der Cafeteria trinken und andere Leute sehen. Wird mir guttun.«

»Okay. Sie wissen, um halb sechs spätestens müssen Sie zurück sein. Viel Spaß wünsch' ich Ihnen.«

Grünes Licht, Tür auf. Raus ins Stiegenhaus. Tür zu, rotes Licht. Langsam, immer die Hand am Geländer hinunter ins Erdgeschoss. Nach links hinaus auf die Rampe, auf der die Notarztwagen die neuen Patienten anliefern. Die Rampe hinunter auf den Bürgersteig.

Hans Krüger geht sehr langsam, aber er bemüht sich, dass seine Schritte nicht zu sehr schleppen. Das ist mühevoll, bereitet aber auch Genugtuung. Krüger fixiert beim Gehen das Trottoir einen Meter vor sich – das hilft. Nach zehn Minuten ist er bei der Cafeteria.

Die lässt er rechts liegen und steuert auf den kleinen Durchlass in der Mauer zu, durch den die Fußgänger das Klinikgelände verlassen können. Er steht draußen, der Verkehr rauscht an ihm vorbei. Als die Ampel auf Grün schaltet, quert er die Straße und läuft weiter stadteinwärts.

Nichts Auffälliges ist an ihm. Ein alter, gut rasierter Mann im teuren Mantel, mit einer Bommelmütze auf dem Kopf. Ein heiterer Mann mit einem gut geschnittenen Gesicht und recht wachen Augen.

Krüger hat einen starken Willen. Auch wenn ihn das Ganze anstrengt, lässt er sich nichts anmerken, als er über den Parkplatz auf den Edeka zu steuert. Er besorgt sich ein Wagerl und schiebt es durch die Reihen. Zwei Zeitungen kauft er, Erdnüsse, die Getränke. Vier Flaschen. Der Mann an der Kasse sieht den Kunden prüfend an. Zwei Tüten hätte er gern, sagt Herr Krüger. Der Verkäufer nickt. Der Kunde zahlt; ein wenig zittern die Hände, doch das ist kaum merklich, weil er die zwei Scheine schon parat hat und das Wechselgeld direkt in die Hand bekommt. Er nimmt die Tüten – sie machen dieses blöde Geräusch – und verlässt mit einem freundlichen Gruß und den besten Wünschen für den restlichen Tag das Geschäft.

So! Das Schwerste wäre geschafft – den Rest wird er wohl auch noch hinbekommen.

Sehr, sehr anstrengend. 100 Meter Lebstraße, bei Grün über die stark befahrene Vockestraße. Rechts. 800 Meter weit neben der Vocke in Richtung Süden. Linkerhand nimmt Krüger die Geländemauern wahr. Als er einmal den Kopf hebt, sieht er – ein gutes Stück weiter – mehrstöckige triste Mietshäuser. Er senkt die Augen wieder auf den Bürgersteig vor sich und arbeitet sich weiter voran. Nur nicht an die Mühen denken. Er muss sich ablenken. Es ist nicht mehr weit.

Wie viel Uhr ist es jetzt? Viertel nach drei. In zwei Stunden kommen sie zurück in ihre Wohnungen. Sekretärinnen. Angestellte. Familienväter. Möbel von IKEA. Kinder, die einem das Leben aussaugen. Sonntags ficken. Leben. Und weiterleben.

✳ ✳ ✳

Nach 800 Metern links abzweigen. Noch 600 kurze Schritte, dann trifft die Gewerbestraße auf die Von-Braunmühl-Straße. Wenn der Mann mit den Tüten, die immer schwerer werden, sich links halten würde, käme er wieder nach Hause.

Aber Hans Krüger – der sehr zufrieden mit sich ist, weil er sich den Ortsplan aus dem Telefonbuch so präzise eingeprägt hat – biegt nicht ab. Er geht über die Von-Braunmühl in den Wald.

Da ist ein Forstweg. Ein paar Pfützen, vereist. Nach 100 Schritten ist der Wanderer vom Wald verschluckt. Er muss sich jetzt recht quälen. Aber eine Viertelstunde möchte Hans Krüger schon noch schaffen. Irgendwann beschließt er, dass es genug sei. Er setzt die Tüten ab und sieht sich um. Perfekt. Alles perfekt. Da vorn haben sie Stämme aus dem Wald gezogen, den Schleifspuren wird er folgen.

Er müht sich so weit über den hart gefrorenen Untergrund – manchmal gerät er ins Stolpern, aber er fängt sich wieder –, bis er einen passenden Baumstumpf entdeckt. Der Forstweg ist von hier aus nicht mehr zu sehen. Ächzend lässt sich Hans Krüger nieder.

Erst mal wieder zu Kraft kommen. Hans Krüger schwitzt kalt. Er ist angekommen, gut.

* * *

Es gibt eine Technik, Schnaps zu trinken. Dazu später.

Es gibt das genüssliche Schlucken von gutem Wein. Mit dem ganzen Zuzeln und Lippen-Spitzen und Riechen und Schnüffeln und Aah-Sagen.

Ein Pils wiederum führt man sich ratsamerweise in langen behaglichen Schlucken zu – 0,3 Liter reichen für viermal Trinken. Dazu passen neunmalkluge Sprüche.

Und wer auf dem Oktoberfest ein rechtes Mannsbild sein will, der zeigt es am besten mit der Art, wie er den Maßkrug bedient: Luft holen, ein wenig ausatmen. Trinkgefäß ansetzen. Speiseröhre, besonders in Gegend um den Adamsapfel, freischalten. Zunge an den Gaumen. Flüssigkeit an Zunge und Rachen vorbei in die Speiseröhre schütten. Ohne zu großen Widerstand in den Magen fallen lassen. Während des Vorgangs nicht ein- oder ausatmen. Durchhalten, durchhalten, durchhalten. Speiseröhre schließen. Gefäß absetzen. Augen öffnen. Lippen abwischen. Vielleicht »So!« sagen oder einfach nur seufzen.

So geht das mit dem süffigen Hellen auf dem Oktoberfest.

Die Bauarbeiter wiederum haben ja keine Maßkrüge, die müssen aus der Flasche. Die einen nuckeln – das sind die Weicheier, aus denen wird nie was. Die wahren Kerle adaptieren die Speiseröhren-Artistik (was kommt, wird ungeprüft durchgelassen) und setzen die Flasche so an, dass zwischen dem Rand und der herausrinnenden Flüssigkeit eine kleine Lücke für die nachströmende Luft bleibt. Perfekt ist, wenn das Bier im bleistiftdicken Strahl im Schlund verschwindet und der Trinkende genug Luft für gut zehn Sekunden hat. Flasche absetzen, rülpsen, Lippen abwischen. Nicht seufzen, man ist ja keine Schwuchtel.

So machen das die Maurer.

Hans Krüger beherrscht alle denkbaren Trink-Techniken. Und er kann Schnaps trinken, als wäre es Bier.

Er holt die erste Flasche aus der Tüte. Erdnüsse und Zeitungen werden unangetastet bleiben. Die hat er nur zur Tarnung gekauft. Er dreht den Verschluss auf. Schließt die Augen.

Und macht den Maurer.

Nordhäuser Doppelkorn. 0,7 Liter. 38,00 % Vol. 13 Sekunden.

Der Trinker schluckt alles, setzt die Pulle ab. Atmet vorsichtig ein. Spürt den Geschmack des Schnapses. Würgt. Unterdrückt ein weiteres Würgen. Schnauft tief durch. Schüttelt sich. Es ist hart, sehr hart. Es wird wahrscheinlich sehr schlimm. Macht nichts.

Hans Krüger is on his way. Il faut le faire. Da muss er jetzt durch.

Flasche zwei schafft er auch noch auf ex. Er kotzt zwar ein bisschen Schnaps zurück in den Wald, aber es hält sich in Grenzen.

Erst mal eine kurze Pause. In Krügers Kopf setzt ein Sausen ein. Er kneift die Augen zusammen, um die Dinge klar zu sehen.

Dann legt er ab. Mütze runter, Handschuhe und Mantel aus. Der Mann auf dem Baumstumpf grinst schief. Also, nun denn. Los! Auf ein Drittes.

Er muss viermal unterbrechen. Macht nichts. Er weiß, dass er schnell machen muss. Die Welt beginnt zu rasen. Nicht nach oben schauen, da dreht sich alles schon so sehr, dass man das nicht erträgt und hinfällt. Sitzen bleiben und trinken.

Alles okay. Schade, trotzdem. Nicht verdient. Nicht aufhören, jetzt, kann gar nicht mehr aufhören. Noch einmal, noch die letzte. Komm, Krüger, geht schon.

Hans Krüger öffnet die vierte Flasche. Er hat keine Augen mehr.

Über Haar hat es begonnen zu schneien. Es wird schon früh dunkel. Von ferne rauscht die Autobahn – und ab und zu hört man das Geräusch einer S-Bahn oder eines Zuges.

Der Mann im Wald kippt vom Baumstumpf.

Das Denken hat ein Ende.

ALTE GEFÜHLE III

Die Sprache in ihrer Ehe verlor die Wörter. Was sie für Wörter gehabt hatten? Herr V. konnte sich nur rudimentär erinnern.

Zuerst redeten sie zusammen:

»Weißt du, wie ich dich liebe, ich habe heute Morgen ein Eichhörnchen gesehen, das war so behände wie du, ich habe einen Steifen gekriegt, als ich an dich dachte.«

»Ach, du, jetzt gibt es Frühstück.«

»Cherie, ich bin froh, dass ich daheim bin, war ein harter Tag, wie war es für dich?«

»Es war okay, wir müssen noch mit den Kindern auf den Spielplatz.«

»Aber sonst geht es dir gut?«

»Ja – schon.«

Dann beschränkten sie sich:

»Ich habe dich lieb. Geht es dir gut? Wie war der Tag?«

Sie sagte die Antworten: »Ich dich auch. Ja, ich war mit dem Hund. Wir haben keine Sorgen. Und wie geht es dir?«

Später wurde es dürftig:

»Ich habe dich lieb. Geht es dir gut? Wie war der Tag?«

»Ja. Ja. Gut.«

Die Sprache war ein wenig limitiert.

Oder genauer: Sie hatten aufgehört, miteinander zu reden.

Herr V. will nicht über sich nachdenken. Aber er muss wohl. Was fällt ihm ein? Seine Gedanken kommen wie im Flug. Und sind dann wieder weg.

Es war ein Nachmittag in Bremen. Weserstadion. V. bekam drei Preise für seine Artikel. Einen für eine Geschichte über den Fußballtrainer Otto R., den er immer für ein ausgemachtes Arschloch gehalten hatte. Er hatte den Mann beobachtet und dann eine Geschichte geschrieben, die unter dem Titel »Autist auf Höhenflug« gedruckt wurde.

Nach der Verleihung kamen Bremer Fußballspieler und der Trainer der Bremer an V.s Tisch und sagten: »Respekt!«

V. kriegte ein Preisgeld und nahm noch vor dem Abendessen ein Taxi zum Bahnhof. Er fand seinen Artikel gar nicht mehr toll.

Er enterte den Speisewagen des Intercity, torkelte in Hannover aus dem Bahnhof. Das Hotel hieß Kaiserhof und war grässlich. Er rief seine Frau an.

»Ich habe gewonnen.«

»Kommst du heim?«

»Nein. Habe den Zug verpasst.«

Gelogen.

Er hat viel gelogen in seiner Ehe. Als er versuchte, das Lügen aufzuhören, war es zu spät. Seine Frau glaubte ihm nicht mehr.

Ironman auf Hawaii. Er lief nicht mehr gut. Jemand sagte »Jesus loves you«. Das glaubte er nicht. Er wollte nur ins Ziel.

Er kam an. Ihm tat alles weh.

Aber er hatte es gemacht.

Auch das war er.

Überhaupt.

Das Lügen.

Das hat ihn begleitet.

Er hat – weil er sich unbeachtet fühlte – nach einer echten Krankheit eine andere nachgeschoben. Er dachte, das mache sich gut. Unfälle, die ihm ständig widerfuhren, mauschelte Herr V. zu GAUs auf.

Er wollte ein Besserer, Bemerkenswerterer sein.

Er traf eine schöne Frau in München. Aus Thailand sei sie, sagte sie. Ob sie sich zu ihm setzen wolle, fragte er.

Nein, meinte sie, das schicke sich nicht. Der Chef sehe das nicht gern. Aber reden dürfe sie mit ihm.

So hatten sie ein Gespräch.

Thailand. Aber schon lange in München. Die ganze Familie. Eigentlich würde sie ausziehen wollen, aber sie traue sich nicht so recht. Sie hatte zwei Kinder von zwei verschiedenen Männern, und jetzt abermals ein neuer Mann in ihrem Leben, der hörte zu und war liebevoll. Er guckte nicht auf ihre kleinen Brüste, sondern in die Augen …

Dann fing sie an zu weinen.

»Was ist?«, fragte Herr V.

Sie guckte ihn an und sagte: »Der neue Mann hat mich gestern verlassen. Er hat eine Frau und Kinder.«

So viel über Männer, die lügen.

In Werdenfeld in einer Kiesgrube begab es sich, dass Herr V. und ein wunderhübsches Mädchen einen halben und einen ganzen Sex hatten. Er war danach so verwirrt, dass er einem anderen ins Auto fuhr. Als der ihn darauf ansprechen wollte, ist Herr V. (damals ein Jungspund) aus dem VW-Käfer gestiegen und hat dem Scheiß-Ami so die Meinung gegeigt, dass der die Muffen bekam und wegfuhr.

Er schlug sich des Öfteren.

Sex ist ein Mysterium für ihn.

Jetzt ist er auf der Station und hat kein Begehr.

Liegt es an der Medikation?

Sein Glied ist unerregt.

Tagelang.

Macht ja nix.

Herr V. verlor sich ins Schreiben. Er verlor sich in die Wahrheit. Zu seinem Hund sagte er:

»Kack in die Ecke, macht nix, hab die Zeitungen ausgelegt.«

Der Hund schaute ihn an. Er sprang an Herrn V. auf. Der Hund wusste, was da vor sich ging.

Scheiße.

Jetzt war es so weit.

Plädoyer.

Der Benahmte hatte sich schuldig gemacht.

Der benahmte Herr V. war schuldig, sein Denken nicht im Griff zu haben.

Es dachte und dachte. Fort und fort. Es riss ihn weg.

Herr V. versuchte, vor seinem Kopf wegzulaufen. Hunderte von Kilometern. Er suchte die Schmerzen, die ihn ablenkten.

Er fand heraus, dass das Saufen ihn saugut abschoss.

Herr V. döst, träumt sich weg.

Hoolahoola. Um den Hals eine Blütenkette. Er ist im Zielraum. Nicht Erster. Aber am Ziel. Er ist Ironman. Er hält eine Dose Bier in der Hand und ist glücklich. Er ist ein guter Kerl …

Viele solcher Momente hat er erlebt. Im Ziel nach langen Läufen. Mädchen. Macho-Sachen. Er hat Preise gewonnen – mit besseren und ordentlichen Geschichten. Er ist gut in der Welt herumgekommen. Er hat sehr, sehr viel Geld verdient.

Familie. Gute Kinder. Sehr gute Kinder.

Dann ist es aus gewesen. Sie waren sich kalt, sie hatten sich nichts mehr zu sagen. Wie die Dinge so gehen. Keine Schuld, nowhere. Es ist einfach so. Ehe in Scherben, Scheidung am Laufen, Job weg.

Herr V. war plötzlich ein ordentlich aussehender, 1,73 Meter mittelgroßer Mann, der sich im Leben nicht mehr zurechtfand.

Er lief jeden Morgen von der Leopoldstraße in München auf den Olympiaberg. Dort erbrach er sich, rannte zurück, besorgte sich an der Aral-Tanke drei »Aviator« vom Schneider-Bräu, frühstückte nass in seiner Wohnung im fünften Stock. Danach marschierte er zum Netto, kaufte zwei Flaschen Riesling und eine Tüte Paprika-Chips.

Zurück in den fünften Stock. Gefuttert, getrunken, geschlafen. Am nächsten Morgen zum Kotzen gerannt.

Bis es nicht mehr ging. Herr V. rief einen guten Freund an.

»Hilf’ mir, bitte.«

Der Freund verständigte die Polizei …

Herr V. öffnet die Augen. Das Zimmer ist kahl. Sein Buch – er hat inzwischen wieder angefangen zu lesen – ist ihm zu anstrengend. Was will ihm Herta Müller sagen mit ihrer Betroffenheit? Er sitzt eingeschlossen in der Station, und es gibt kein Leben außer dem seinen.

Sein Leben.

Sein Leben?

Sein Scheiß-Leben?

Vieles falsch gemacht. Das passiert so vielen.

Er ging über eine Wiese und dachte an nichts Richtiges

Warum auch? Er war ja kein Richtiger.

Die Wiese war in den Bergen. Sie erglomm gerade. Der ganze Scheiß, Schlüsselblumen, Löwenzahn, Gräser, was da so hoch will.

Er taperte drüber und schnallte es nicht. Das war sein Problem:

Dass er sich nicht begriff.

Oder: Dass er sich nicht ahnte.

Diese Wiese war ein Wunder. Ein Teil vom Leben. Sie war voll von unbekannten und bekannten Blumen. Einfach voll war sie.

Wie damals einst.

Er war mit einer brünstigen Frau auf 'ner Decke in 'ner Wiese gelegen. Sie wollte ihn.

Aber er war asthmatisch und hatte Heuschnupfen.

Er nieste.

Sie sagte, es mache nix.

Natürlich machte es was. Bei ihm tat sich nichts mehr. Das war schlimm.

Nicht für sie.

Was die Frauen für Herrn V. waren?

Alles.

Und nur das.

Für sie lebte und schrieb er.

Er hatte sich an Frauen morsch gelettert.

Er hatte sich an Frauen verzweifelt.

Verzweiflung ist ein kleines Wort.

Nun hockt er auf einem Gitterstühlchen und blickt durch die Stäbe vom Balkon auf die Klinikkirche von Haar. Scheußliches Wetter, es nieselt kalt. Er hat gerade ein bisschen Oskar Maria Graf gelesen.

Er sieht ins Scheißwetter und ist sich so nah wie noch nie in seinem Leben. Herr V. lässt sich zum ersten Mal zu. Das tut weh.

Oskar Maria Graf.

Warum konnte der so schreiben? Warum konnten es der Graf und so viele andere besser als er?

Er würde ja jetzt springen.

Aber der Balkon ist vergittert.

Hörig III

Gerd Ammersberger ist auf dem Pürschling. Natürlich nicht real (er sitzt ja nur auf dem Hometrainer der Geschlossenen), aber was macht das schon? Er rubbelt sich mit dem Handtuch den Schweiß aus dem Gesicht. Wache, helle Augen hat er in diesem Augenblick. Eine frühere Freundin meinte, das seien »Gletscheraugen«. Die habe er immer, wenn er mit seinem Körper gut sei. War eine gute Freundin. Warum hat das damals nicht geklappt? Sie war so fügsam gewesen und liebevoll. Intelligent, hat jeden Sport mitgemacht. Und sie war – so er sich noch erinnern kann – ziemlich gut im Bett.

Nun. Tempi passati. Herr V. kommt über den Gang.

»Na, wieder Sport gemacht?«

»Ja.«

»Und jetzt? Duschen?«

»Später. Ich schwitze immer so ein bisschen nach. Muss erst mal runterkommen.«

Sie setzen sich auf zwei Stühle vor dem Kabuff der Betreuer. Ob er etwas von seiner Frau gehört habe, fragt Herr V. Gerd Ammersberger. Der schüttelt den Kopf und meint, da danke er Gott. Die Matz stelle sich tot. »Die Franka glaubt, ich verrecke hier drinnen. Aber ich habe einen Anwalt, der sich um die Dinge kümmert. Sie wird mich nicht kriegen. Geschafft hätte sie es ja fast.«

❋ ❋ ❋

Wohnung Ammersberger, später Nachmittag. Draußen geht der Tag zu Ende. Die Balkontür ist geöffnet. Vögel-Geplärr. Es klingelt. Gerd Ammersberger, der an einem Stehpult gelesen hat, geht zur Haustür. Er trägt eine Trainingshose und ein T-Shirt, ist rasiert, hat die Lesebrille auf. Er öffnet. Draußen steht Franka. Jeans, Holzfällerhemd, Männersakko, die alten Turnschuhe. Sie hat glasige Augen, kaum gekämmte Haare.

Gerd: »Ach, du!«

Franka: »Ja, ich bin's. Kann ich reinkommen?«

Gerd: »Klar.«

Sie huscht an ihm vorbei ins Haus. Er nimmt ihr das Sakko ab, macht eine Handbewegung, sie gehen ins Wohnzimmer. Es ist sonnendurchflutet, auf dem großen Tisch liegen gelesene Zeitungen und Papiere. Daneben die große Kaffeetasse, die er aus Paris mitgebracht hat. Aus der Stereoanlage kommt Filmmusik. »Once upon a time in America.«

Franka: »Ich sehe, dir geht es gut.«

Gerd: »Kann nicht klagen. Ja, ich fühl' mich gut.«

Franka: »Na, das ist ja schön.« Gerd Ammersberger sagt nichts. Er setzt sich auf die Couch und schaut seine Frau an. Sie sieht mitgenommen aus. Wenn ihn nicht trügt, zittern ihre Fingerspitzen ein wenig, als sie sich eine Zigarette ansteckt. Er steht auf, holt einen Aschenbecher, stellt ihn vor Franka auf den Tisch und setzt sich. »Danke.« – »Gerne.« Schweigen. Sie blättert in den Zeitungen, ohne zu lesen. Er steht wieder auf, geht ans Fenster und blickt auf den See. Gerd Ammersberger hat eine große Traurigkeit im Gesicht. Franka sieht zu dem Mann, der mit dem Rücken zu ihr steht.

Franka: »Sag' doch was.«

Gerd: »Was, bitte schön, soll ich sagen?«

Franka: »Na ja, ich weiß auch nicht, aber ...«

Gerd: »Du weißt auch nicht! Versetz dich einfach mal in meine Lage. Du bleibst da in diesem Biergarten mit einem Mann, den du gerade kennengelernt hast – und lässt nichts mehr von dir hören. Das Handy ist aus, ans Telefon gehst du nicht (wenn du überhaupt daheim gewesen bist, was ich bezweifle). Du meldest dich nicht, bist einfach weg. Fünf Tage, wenn ich mich nicht täusche. Also, versetz dich in meine Lage: Soll ich jetzt jubeln und mit dir übers Wetter reden? Ja, da zuckste mit den Schultern. Ich kann so nicht weitermachen. Ich will nicht vor die Hunde gehen. Und wenn wir unser Leben nicht ändern, dann gehen wir vor die Hunde.«

Franka: »Na ja, so schlimm war das doch gar nicht mit dem Biergarten.«

Gerd: »Ich sehe das anders. Man kann sich nicht auf dich verlassen. Ich komme mir vor wie ein Spielzeug. Mal gefällt es dir, dann langweilt es dich. Du scherst dich einen feuchten Scheiß um die Gefühle anderer Menschen.«

Franka: »Aber ich liebe dich.«

Gerd: »Wäre schön, wenn ich da auch etwas merken würde.«

Franka: »Warum bist du so?«

Gerd: »Wie bin ich denn?«

Franka: »Ich weiß nicht: zynisch, sauer, böse.«

Gerd: »Ich bin nicht böse und nicht zynisch. Traurig, ja.«

Franka: »Lass es uns doch einfach noch einmal versuchen. Wir dürfen jetzt nicht aufgeben.«

Gerd: »Wie stellst du dir das vor? Heute sagst du, wir versuchen es noch einmal – und morgen stößt du mich wieder vor den Kopf.«

Sie hat Tränen in den Augen. Steht auf und umarmt Gerd von hinten. Er macht einen kleinen Versuch, sich wegzuwinden, bleibt aber dann doch stehen. Langsam dreht sich Gerd zu Franka um. Sie sehen sich lang in die Augen. Das Telefon klingelt.

Franka: »Geh nicht ran. Bitte.«

Gerd: »Das ist Walter. Mit dem bin ich zum Sport verabredet.«

Franka: »Geh nicht ran. Bitte!«

Sie nimmt seinen Kopf in beide Hände und küsst ihn. Das Telefon hat aufgehört zu klingeln.

✳ ✳ ✳

»Wir haben es wieder versucht«, sagt Gerd Ammersberger. »Da brauchst du gar nicht so zu schauen.«

Aber Herr V. schaut. Das kann er nicht verstehen. Dass sich Ammersberger nach all den Demütigungen noch einmal auf diese Frau eingelassen hat. Was hat er ihm nicht in den letzten Gesprächen über die furchtbare Franka, die kranke Franka, erzählt! Herrn V. sind die Erzählungen seines Spitalfreundes vorgekommen wie eine Dauernachrichtensendung über eine ganz und gar unmögliche Beziehung.

Zermatt/Schweiz. Gerd allein in der Nacht. Franka S. und Gerd A., deutsche Touristen, betraten gemeinsam ein lokales Restaurant. Während eines einvernehmlichen Abendessens genossen sie ein Raclette und zwei Flaschen Weißwein. A., der vor dem Essen noch erklärt hatte, er sei leider ohne Geld aus dem Haus gegangen, und seine Begleiterin gebeten hatte, die Rechnung für ihn zu übernehmen, sah sich nach dem Digestif auf einmal allein in dem Restaurant. Seine Begleiterin hatte ihn wortlos und ohne Hinterlegung von Geld verlassen. Nachdem A. mit dem Besitzer des Lokals eine spätere Zahlung vereinbart hatte, musste er feststellen, dass seine

Lebensgefährtin auch den Schlüssel des Miet-Chalets aus seiner Jackentasche genommen hatte. Er rief sie an und wurde beschieden, er solle doch auf der Straße übernachten. Notgedrungen tat er das, nachdem der Bahnhof von Zermatt um ein Uhr morgens geschlossen worden war.

München. Zugestochen. Mit dem Messer attackierte eine junge Frau zuerst den Rucksack ihres Lebensgefährten und dann den jungen Mann selbst. Als Grund gab sie nach dem Angriff an, sie habe sich über seine ständige »Weglauferei auf die Berge« aufgeregt.

Bregenz/Österreich. Das war knapp! Bei einem Kurzurlaub kam eine junge Deutsche vom Weg ab und konnte von ihrem Freund nur mit Mühe ins Tal gebracht werden. Die beiden waren auf dem Weg zum Pfänder, als Franka S. ohne ersichtlichen Grund zu torkeln begann und sich erbrach. Ihr Freund, Gerd A. wollte den Notarzt rufen, wurde aber von einem Bekannten daran gehindert. Der meinte, sie sei doch »nur besoffen wie immer«. A. und sein Bekannter schafften es mit vereinten Kräften, die Frau zur Bergstation zu geleiten.

Berg bei Starnberg. Handgemenge mit bösem Ausgang. Ein Beziehungsstreit in der mondänen Schlossstraße von Berg hat fast zu einem Drama geführt. PR-Dame Franka S. beschimpfte ihren Mann Gerd A. lauthals und warf ihm vor, er habe sich mit fremden Frauen vergnügt. Auf seine Erwiderung, ihre Anschuldigungen seien nicht haltbar, schlug sie ihm zweimal mit der flachen Hand ins Gesicht. Als er sie durch eine Abwehrbewegung beim dritten Schlag stoppen wollte, rutschte sie auf einem Läufer aus und fiel zu Boden. Der darauf erfolgende Arztbesuch ergab die Diagnose Beckenbruch.

München-Grünwald. Watschn im Supermarkt. In einem Discounter eskalierte am Nachmittag der Streit eines jungen Paares. Der Mann hatte Zeugen zufolge seiner Begleiterin gesagt, er werde sich in den nächsten Tagen nach einem Büro umsehen. So könne man das Private und den Beruf besser trennen. Daraufhin rastete die Frau aus und verpasste ihrem Mann eine Ohrfeige. Das Ganze trug sich in der Gasse mit den Weinen zu – die Streithähne versöhnten sich bei dem Kauf eines Elsässer Edelzwickers.

Berg bei Starnberg. Polizeieinsatz nach Mitternacht ... »Ich weiß nicht, wie oft sie mich gelinkt hat. Sie wollte, dass ich leide. Und ich habe gelitten. Aber jetzt ist Schluss.«

Ob er sicher sei, will Herr V. von Gerd Ammersberger wissen.

Ganz sicher, sagt Ammersberger. Die Frau hat ihn nach Haar gebracht – aber er wird wieder rausgehen und alles hinter sich lassen. Bei ihrem letzten Coup hat sie es einfach überzogen.

Gerd Ammersberger kam an jenem Abend von einem anstrengenden Geschäftstermin. Franka stand in der Küche und machte sich einen Weißwein auf, als er die Haustür aufschloss. Er ging an ihr vorbei – zu sagen hatten sie sich nichts – und nahm sich eine kaum angebrochene Flasche Whisky aus der Bar. »Ich bin dann unten«, murmelte er und verschwand über die Kellertreppe.

So war es ausgemacht, bis die Scheidungsformalitäten durch waren: Sie bewohnte das Schlafzimmer im ersten Stock, er hatte den Hobbykeller für sich. Er mochte es dort. Hatte eine gemütliche Couch, seinen Fernseher, seine liebsten Bücher, seine Messersammlung.

War ein verdammt anstrengender Termin gewesen. Ammersberger hatte gewonnen, sozusagen. Wieder ein gutes Geld für den Verlag. Er war zurück auf der Überholspur. Das mit Franka würde er regeln. Alles okay.

Wochenende. Gott, war er müde. Er trank den Whisky sehr schnell, er wollte betrunken werden. Ging zu seiner Messersammlung und nahm das ganz lange von den Afrikanern heraus. Er schaute es einfach gern an. Er trank und guckte auf die wunderschön geschwungene Schneide und freute sich über diese glänzende Eleganz. Er trank noch etwas und schlief ein.

Geweckt wurde Gerd Ammersberger, ziemlich betrunken, von einem Polizisten, der an seiner Schulter schob: »Herr Ammersberger, wir müssen Sie mitnehmen.«

Er war noch nicht recht wach. Fragte, was denn los sei.

Seine Frau habe Sorge, er werde sich etwas antun. Und jetzt dieses Messer da neben seinem Kopf! Es sei zu seinem Besten, er möge bitte keinen Ärger machen.

Natürlich machte er keinen Ärger, dazu fehlte ihm die Geistesgegenwart. Er ließ sich vollkommen perplex zum Notarztwagen führen – an seiner Frau vorbei, die lächelte und meinte, das werde schon wieder.

Dann war er, Gerd Ammersberger, in Haar.

»Das geht rasend«, sagt er. »Du weißt nicht mehr, wie du mit der Frau umgehen sollst. Du vergisst einfach, wer du bist.«

Er will sagen: Du bist plötzlich überhaupt nicht mehr.

✳ ✳ ✳

Gerd Ammersberger läuft. Er darf wieder. Zweieinhalb Stunden hat er nachmittags Ausgang, die zweieinhalb Stunden nutzt er zum Laufen.

Raus aus dem Gebäude. Rampe runter. Nach rechts. Am Theaterbus des Klinikums vorbei über die verschneite Fläche des Fußballfeldes. Links wuchtet die »Burg« in der Landschaft, ein quaderförmiger Backsteinbau. Die »Burg«. Da sitzen die ein, die nie mehr rauskommen. Sie sehen kein Tageslicht. Wenn sie brüllen, hört sie draußen niemand. Lebendig tot. Marcus, der dort mal Dienst schob, sagt: »In der Burg ist die Hölle.«

Ammersberger läuft weiter am Friedhof vorbei …

Der Friedhof. Gestorbene Pfleger haben dort ihre Grabsteine. Insassen bekommen Holzkreuze. Die vermorschen nach drei Jahren. An ein paar Stellen gibt es auch Massengräber. Wenn einer in Haar stirbt, kümmert sich keine Sau drum.

… und dann weiter am Museum vorbei …

Das Museum: So hat man die Irren früher gehalten. In Kaltwasserwannen und im Geschirr. Das war bestialisch. Ist es heute anders? Klar, sagt man.

… am Café vorbei. Wo es auf der Toilette nach Distra stinkt.

Ammersberger läuft und denkt und läuft und denkt. Zweieinhalb Stunden im Kreis. Er will wieder nach oben.

Dann – er hat noch eine Distra am Tag, also ist er bald fertig mit Haar – kommt er zurück. Die Rampe rauf, in den zweiten Stock. Die Lampe wird grün. Ammersberger darf rein in die Geschlossene.

Und da steht sie. Franka. Schön. Schwarzes Haar. Was für ein berückender Körper! Sie schaut ihm in die Augen. Das ist wie früher. Sie hat einen betörenden Blick. Er spürt die Andacht der Mit-Insassen: solch eine Frau hat man ja fast nie auf der Station. Sie ist von einer großen, übergroßen Schönheit.

Franka kommt auf ihn zu. Sie sieht ihm in die Augen. Sie kann so schön schauen!

»Ach Gerd«, sagt sie. »Komm!«

Er denkt nicht lang nach. Sagt auch ganz wenig.

Nur ein Wort.

»Nein!«

Sarah und Rocco V

Rocco passiert das kleine Café, in dem er gestern noch mit Sarah gesessen hat. Sie haben sich an den Händen gehalten und nur Augen für den anderen gehabt. »Ich muss mir merken, wie du ausschaust. Du gehst mir jetzt schon ab«, sagte sie.

»Du musst dir gar nichts merken. Ich komme jeden Tag zu Besuch. Es ändert sich gar nichts. Und wenn du rauskommst, wird alles gut.«

Sie hatten über ihre Zukunft geredet. Sie würden eine große Liebe und ein ganzes Leben haben. Sie drückte seine Hand sehr fest.

Rocco sagte: »Ich suche mir sofort einen Job. Vom ersten Geld leisten wir uns ein Hotel. Da machen wir die Tür hinter uns zu und sind für uns allein.« Geradezu pathetisch wurde er. »Wir sperren die Welt einfach aus.«

»Ja«, meinte sie. »So machen wir das. Stört es dich, dass wir noch nicht miteinander geschlafen haben?«

»Nein, ich würde das hier drinnen nicht wollen. Das ist etwas Schönes. Da können wir warten, bis alles passt.«

»Es ist so schön, dass du das sagst.«

Er hatte ihr noch einmal erzählt, was für ein Typ Werther ist. Sie hatte gesagt, wie sehr sie sich auf den Hund freut. Dann hatten sie die kommenden Tage besprochen. Er würde den Hund bei den Kumpels holen und einen ordentlichen Schlafplatz organisieren. Er war stark und entgiftet – da musste sich doch irgendein Job finden lassen. Er würde alles machen.

Sie würde den Therapeuten weiter das Gefühl vermitteln, dass sie in Ordnung sei. Sie verletzte sich nicht mehr, sie aß, was auf den Tisch kam. Sarah lachte viel und war ein fröhlicher Mensch. Sie wollte leben. Und die Therapeuten sahen, wie gut ihr das Zusammensein mit Rocco tat. Der seinerseits hatte sich in Haar toll gemacht – da war nichts mehr von dem wüsten Rebellen übrig, den man am ersten Abend hatte fixieren müssen. Als Marcus vorhin die Tür öffnete, schlug er dem jungen Mann auf die Schulter und brummte: »Weiter so – dich will ich hier nicht mehr sehen.« Rocco hatte erwidert, er würde jeden Tag auftauchen, aber als Besucher. Ach so, sagte Marcus, das sei in Ordnung. Das mit dem Nicht-wieder-Sehen habe er anders gemeint. Das wisse er schon, hatte Rocco gesagt, das sei voll okay.

Während er jetzt durch lockeres Schneetreiben am Café vorbeigeht, schildert Rocco seinem Hund, den er in einein-halb Stunden in den Arm nehmen wird, schon mal die wunderbare Zukunft:

Ey Alter, du wirst sie mögen. Sie mag Tiere, hat sie gesagt. Wenn sie rauskommt, holen wir sie ab. Vielleicht machen wir noch 'n Abstecher zu ihr nach Hause. Wenn die Alten nicht da sind, kann sie noch 'n paar Klamotten, den Schlafsack und so was mitnehmen. Was man halt so braucht.

Und dann, glaube ich, machen wir die Biege. Erst mal raus aus München. Irgendwohin, wo uns niemand kennt. Wir suchen uns Arbeit. Ich guck mal, ob ich auf 'ne Abendschule komm.

Vielleicht probieren wir es in den Bergen. Weißte noch, wie wir da rumgestromert sind? War doch eine geile Zeit, was?

Ey Alter, uns wird es schweinegut gehen. Kein Stoff mehr. Alk muss auch nicht sein, und wenn, dann nur, weil es uns gutgeht. Vielleicht werden wir Kinder haben. Aber auf jeden Fall bringt uns keiner auseinander. Hätte ja nicht gedacht, dass in einer Klapse das schöne Leben für mich anfängt.

Eine Viertelstunde später sitzt Rocco in der S-Bahn und sieht aus dem Fenster. Es ist ein trister Tag, aber was macht das schon? Rocco grinst vor lauter Glück.

Am Hauptbahnhof ruft er von einem öffentlichen Apparat einen der Kumpels auf dessen Handy an. Der meint, man sei zurzeit an der Reichenbachbrücke. Da, wo die alten Männer um Geld Schach spielen. Man habe gerade Obstler besorgt, er solle sich beeilen.

Ja, er komme gleich, wolle aber bloß den Hund holen.

Was das denn für ein Unsinn sei?

Das werde er später mal erzählen. Er habe einfach noch viel zu erledigen heute.

Okay, schon gut. Aber das Angebot mit dem Obstler stehe. Das müsse doch gefeiert werden, dass er wieder draußen sei. Wie es denn überhaupt war, so in der Klapse?

Ach, ganz okay.

Was? Ob er jetzt wirklich einen Schaden habe?

Nee, aber jetzt habe er kein Geld mehr. Er komme gleich.

Rocco tritt vor den Bahnhof. Drei Kerle kommen auf ihn zu. 16, 17 sind sie vielleicht. Lederjacken, einer hat eine verspiegelte Brille. Er baut sich vor Rocco auf. »Haste Feuer?«

»Ja, aber ich glaube, das Feuerzeug ist leer.« Er gibt dem Jungen das leere Feuerzeug. Der reibt das Rädchen ein paarmal, schmeißt das Feuerzeug dann auf den Boden.

»Willst du mich verarschen?«

»Nein. Wenn ich gewusst hätte, dass ihr kommt, hätte ich natürlich 'n Neues gekauft.«

»Hört ihr, der will mich verarschen.« Der mit der Sonnenbrille schubst Rocco. »Lass das«, meint Rocco und will gehen. »Du bleibst«, sagt einer und boxt Rocco ins Gesicht.

Zu viel ist zu viel. Rocco wehrt sich. Die Passanten machen einen großen Bogen um die vier kämpfenden jungen Männer.

Einer der Gegner tritt Rocco von hinten in die Kniekehle, er fällt zu Boden.

Die drei sind jetzt außer sich. Sie treten auf Rocco ein. Kicken ihm die Hoden in den Bauch. Zertrümmern mit den Schuhen eine Kniescheibe und einen Arm. Als er die Hände nicht mehr oben halten kann, treten sie auf Roccos Kopf ein.

Dann rührt sich der Mann auf dem Asphalt nicht mehr. Die drei lassen von ihm ab und laufen los. Verschwinden in der Stadt, bevor der erste Polizist erscheint.

Als der Rettungswagen eintrifft, lebt Rocco nicht mehr.

Sarah wundert sich, dass ihr Freund sie nicht besucht. Fünf Tage nach Roccos Entlassung aus Haar muss ihr Marcus erzählen, was passiert ist. Sie weint nicht, sie geht nur in ihr Zimmer.

Eine Viertelstunde später will eine Pflegerin nach Sarah sehen. Das Mädchen sitzt auf einem rot eingefärbten Bett und lächelt. Sarah hat sich die Haare geschnitten und ein Muster in die Oberschenkel geritzt. Sehr akkurate Rauten. Sie hat mit Rocco davon geträumt, dass sie irgendwann ein Haus in den Bergen haben würden. Und davor eine Fahne mit weißblauen Rauten. Das müsste doch fein aussehen.

DRAUSSEN

»Ich hoffe, wir sehen uns nicht mehr. Alles Gute«, sagt Marcus, der gute Pfleger.

Herrn V. wird die Tür aufgemacht.

Zwei Stockwerke runter. Raus, auf die Rampe, auf der er vor nicht so langer Zeit eingeliefert worden ist. Nach links, in Richtung Westen. Ein paar halb Irre im Weg.

Das Café. Das ist ein drolliger Ort. Da ist mal der Paolo eingelaufen und hat den Guiness-Rekord für Haarer getoppt. Das war so:

Paolo hängt am Hauptbahnhof rum. Wie üblich. Wodka. Bier, Cola. Dann die Bullen. Haar.

Er genießt es. Weißes Schlafzeug, geregeltes Essen, ein paar Distra. Er will noch nicht entlassen werden, weil er sich wohlfühlt.

Dann kommt der Oberarzt – einer, der keinem in die Augen schauen kann – und zetert gegen Paolo los. Er sei ein Schmarotzer, so einen könnte das Gesundheitssystem nicht vertragen. Er sei solche wie Paolo leid. Also: Raus!

Paolo also ab ins Café, bestellt ein Weizen und dann noch eins und einen Schnaps – und dann geht er an den Nebentisch und säuft dem Kollegen sein Bier weg. Zahlen kann er eh nicht. Der Wirt lässt die Muskelmänner kommen, die den Paolo sofort wieder auf die Station bringen.

Schöne Geschichte! Herr V. geht am Café vorbei und verlässt das Klinikgelände. Er wandert am Edeka vorbei zur S-Bahn. Dort gibt es einen Kiosk und ein Café. Juckt nicht, Herr V. will heim.

S-Bahn. Müde Frauen und Männer. Gronsdorf. Berg am Laim. Ostbahnhof. Rosenheimer Platz.

Kichernde Mädchen. Ein Mann liest in einem Buch. Jemand hat dicke Muskeln. In der Zeitung scheinen wichtige Dinge zu stehen.

Am Marienplatz steigt Herr V. um. Odeonsplatz. Uni. Noch mal ein Wechsel an der Münchner Freiheit. Es schneit, als er in den Bus steigt. Ihm ist schlecht.

Drei Stationen. Vor der Aral-Tankstelle steigt er aus. Es schneit mehr als an der Münchner Freiheit. An der Aral gäbe es »Elephants« oder »Aventinus« von Schneider. Er guckt zu der Tankstelle mit ihrem warmen, blauen Licht.

Dann sieht er auf das Hochhaus mit seiner Wohnung. Fünfter Stock, die Heizung ist aus. Da oben ist es kalt und nicht gastlich. Das ganze Leben ist nicht gastlich.

Nun gut! Er wird da jetzt raufgehen.

EPILOG

Herr V. überlebt.
So jedenfalls fühlt es sich an.
Er geht durchs Leben und wundert sich.

Du bist einer aus der Klapse,
Sagt er sich und
Er weiß:

Die aus der Klapse
Das sind die Verlierer.
Die haben nichts mehr zu sagen.

Herr V. geht einkaufen.
Roastbeef. Ciabatta. Wasser und Saft.
Netter Plausch an der Wursttheke.

Er schiebt so den Wagen in Richtung Kasse.
Da trollert aus der Schnapsgasse
Juliane Le Viseur.

Verheert.
Betrunken.
Und weint.

Herr V. spricht die Frau an,
Sie blickt ins Leere und keift,
Dass er sie nicht belästigen solle.

»Ich bringe dich nach Hause«, sagt er.
»Fick dich«, sagt sie.
Und dann ist sie weg.

Herr V. bezahlt und würde gern trinken.

In der Nähe eine Bank,
Auf der er schon viele
Elephants niedergemacht hat.

Er setzt sich
Und lässt
Die große Hoffnungslosigkeit zu.

Wolken ziehen über München.
Die Bäume rauschen.
Die Stadt lebt.

Manchmal wünscht sich Herr V.
Zurück in die falsche Geborgenheit
Von Haar.

Herr V. nimmt seine Einkäufe
Und geht los.
Die Rückkehr ins Leben ist ein bisschen hart.

288 Seiten
Preis: 17,99 € (D) | 18,50 € (A)
ISBN 978-3-86882-219-9

Katja Schneidt

GEFANGEN IN DEUTSCHLAND
Wie mich mein türkischer Freund in eine islamische Parallelwelt entführte

Katja Schneidt ist eine junge, moderne, selbstbewusste Frau, die ihr Leben liebt und jede Menge Spaß hat. Bis sie Mahmud kennenlernt. Sie verlieben sich, ziehen zusammen und Mahmud zeigt sein wahres Gesicht – das Gesicht eines Tyrannen.

Die junge Frau darf das Haus nur mit Einwilligung Mahmuds verlassen, muss Kopftuch und lange Kleidung tragen und wird brutal misshandelt. Sie wird immer stärker in einen Abgrund hineingezogen, in dem sie Zeugin von Zwangshochzeiten, Hochzeiten mit minderjährigen Bräuten und schlimmsten Auswüchsen von Gewalt wird – vor allem gegen Frauen. Erst als sie zum wiederholten Mal halb tot geschlagen wird, sammelt sie all ihren Mut und flieht, um Mahmud anzuzeigen und damit zur Geächteten zu werden, der bis heute die Blutrache von Mahmuds Familie droht.

Eine erschütternde Geschichte aus der islamistischen Parallelgesellschaft, in die plötzlich auch deutsche Frauen hineingezogen werden.

Wenn Sie **Interesse** an
unseren Büchern haben,

z. B. als Geschenk für Ihre Kundenbindungsprojekte,

fordern Sie unsere attraktiven Sonderkonditionen an.

Weitere Informationen erhalten Sie bei

Melanie Gunzenhauser unter +49 89 651285-154

oder schreiben Sie uns per E-Mail an:

vertrieb@mvg-verlag.de

mvgverlag